病縁の映像地域研究

タイ北部のHIV陽性者をめぐる共振のドキュメンタリー

京都大学東南アジア
地域研究研究所
地域研究叢書
38

直井里予 著

京都大学
学術出版会

市場で卵売りをするアンナ

1970年パヤオ県チュン郡フアイカオカム（Huay Kao Kum）村生まれ。前夫からHIVに感染した。前夫が亡くなった後，1999年12月末，前妻をエイズで亡くしたばかりのポムとDCCで出会い（下），翌月結婚した。毎朝市場で卵売りの仕事をし，日中はエイズ孤児施設で働いている。

1 映画の主人公アンナ

エイズ孤児施設「思いやりの家」で働くアンナ

エイズ孤児のケアを行うアンナ。看護師からケアを受けていたHIV陽性者は，のちに准看護師となり，エイズ孤児をケアする側へと変化する。

2 HIV陽性者と地域との関わり

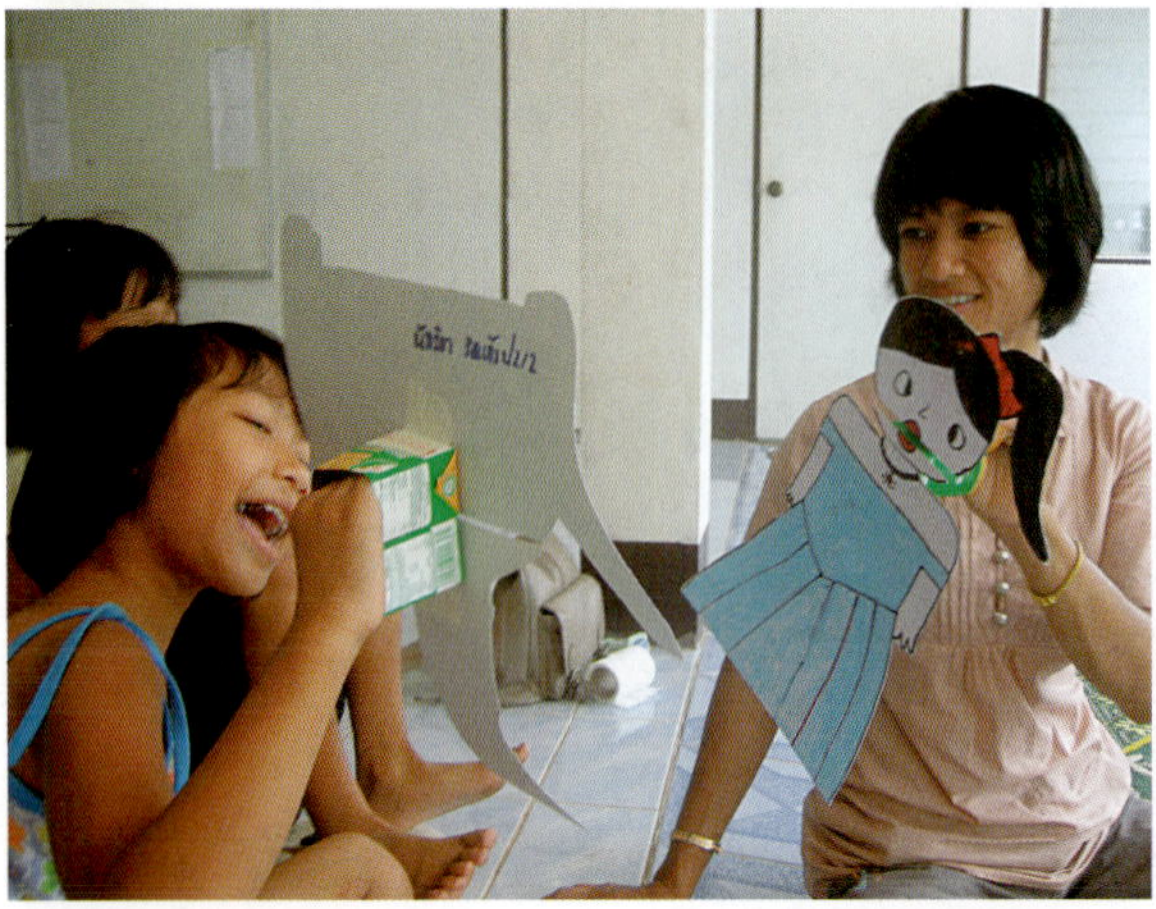

エイズデイケアセンター（DCC）「幸せの家」で，啓蒙活動をするアンナ

HIV陽性者が地域で啓蒙活動などを行うことで，自助グループが形成されていく。HIV陽性者の一部は，地域のリーダー的存在となり，協働作業を通し，HIV/AIDSの活動以外にもさまざまな地域問題に取り組みながら，活動を展開していった。

3 映像による民族誌におけるメタファー表現

テキストによる地域研究／民族誌の場合にはあまりないことだが，映像化する場合，目に見えない，匂いや音，空間を表現するフィールドの基層にある関係を表現することができる。観客に解釈の余地を残しながらも，メッセージ性をもたせるためにメタファー表現を使った。

『いのちを紡ぐ』のファーストシーン。ゆるやかな関係性の有効性を蜘蛛の巣で表現。稲にかかる露は時の流れの儚さを象徴。蜘蛛の巣は，人と人，そして自然と人との関係性や，つながりを象徴している。「粘りと張りのある」横糸と縦糸の「ゆるやかな」つながりを持続可能な共同体として象徴している。また，蜘蛛が糸を操りだすことを，HIV 陽性者の生の営みにおける「自律性と創造性」に例えた。

水を，目に見えない「情」や「儚さ」のメタファーとして映画の中に表現する。
また，心情を映し出すものとして，小雨が湖に降り注ぐ湖面の揺れを映し出した。さらに，水の持っている反面要素として，人間の絆を遮ってしまうものとして大雨が降り注ぐシーンもインサートしている。

『アンナの道』のファーストシーン。アンナの住むチュン郡フアイカオカム（Huay Kao Kum）の全体風景。人を自然の一部として，そして人と人との関係性以外にも，人と自然，虫や植物などの生き物の関係などにも観る者の視点を促すため，夜明け前の薄暗いシーンを20秒近く映しだしながら，虫の声や風の音を強調した。

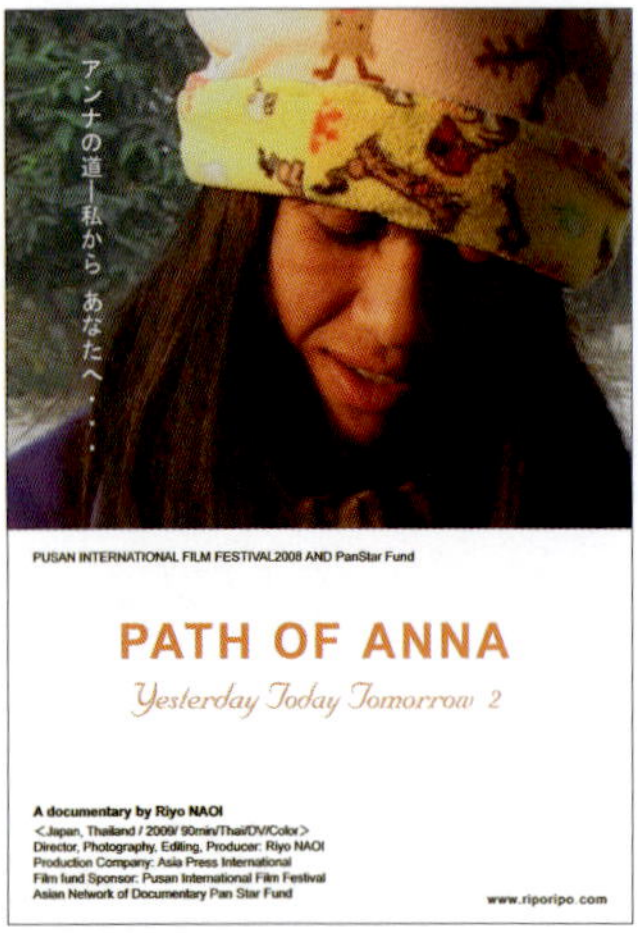

『アンナの道――私からあなたへ…』の釜山国際映画祭2009出品用チラシ。2000年での北タイ，パヤオ県チュン郡でのアンナやHIV陽性者らの出会いを機に，12年間にわたり主人公の家族たちとの交流を続けながら撮影を続けたものである。本書で引用した『アンナの道――私からあなたへ…（完成版）』（2018）は，2009年に発表した『アンナの道』を再編集し，更に2012年10月から2013年11月にかけて追加撮影したものを足し，制作したものである。

4 新しい価値の創出と公共空間の生成の場としての上映会

『いのちを紡ぐ』上映後の質疑応答20分（言語：日本語）2017年12月２日（ひろしま国際センター）映画上映後の質疑応答ではさまざまな議論がうまれた。制作者の視点が観る者の視点と重なり，さまざまな意見が交わされる（共振する）中で，お互いの固定観念が崩れ，新たな視点が生まれる可能性がある。それぞれの視点が重なり合わさった時，まったく新たな価値の創出がそこに生まれ，その価値の多様性が新たな公共空間の形成へとつながっていく。

病縁の映像地域研究

——タイ北部のＨＩＶ陽性者をめぐる共振のドキュメンタリー

目次

第I部 HIVをめぐる関係のダイナミクス——ドキュメンタリー映画制作からの考察——

第Ⅱ部 映像表現の可能性と限界
――「共振のドキュメンタリー制作」におけるリアリティ生成と制作者の視点――

写真・動画一覧

動画一覧

序論

1　映像を用いた社会研究の確立のために——はじめに

私が、北タイに生きるHIV陽性者の人々を主題としたドキュメンタリー映画制作をはじめたのは、二〇〇〇年のことだった。テレビ放送用のドキュメンタリー番組を制作中に偶然、HIV陽性者のアンナと出会い、それまで抱いていたHIV陽性者へのイメージを崩された私は、番組制作を終えた翌年、再びアンナに会うために、アンナの住むパヤオの町へと向かった。当初の主たる関心は、HIV陽性者の日々の生きざまを映し出すことで社会的現実を表象することにあった。長期にわたって撮影対象者と生活をともにしながら撮影を行うことで、主人公の個々の日常生活を内側から描くことを試みた。それは、HIV陽性者たちの生の営みや人間性の回復の過程を映像で映し出し、社会に対して作品を提示することで、ステレオタイプ化されてきたHIV陽性者の描かれ方とは別の解釈や理解を生みだすための試みであった。[1]

そうした参与的な撮影を続ける中で、私の関心は、HIV感染が要因となる人と人との関係性の変化と新たな関係性の形成へと向かっていった。このような変化は、撮影の対象となった人びとの間はもちろん、長期にわたる撮影・調査を通じ、私と撮影対象者との関係性が親密になる中で、私自身を巡っても形成されたものだった。

ドキュメンタリー映画は、その映像がたとえ選び取った映像であれ、時間にそって流れていく出来ごとをあるがままに表現(記録)しているという点で、リアリティを有することが期待される。しかし同時に、生きた人と人の関係に深甚な影響を与えずにはおけないものであり、その捉え方、またその過程への制作者の関与も映像に大きく影響を及ぼしている。何かを撮るという際、つまり、撮影者が撮られる対象に向かう際に、その関係において、撮影者の視点が不可避的に影響をおよぼす。[2]社会的現実は、一枚の織物ではなく、多面的であり、多重的である。しかも、それは、絶えず生起する(創られ続ける)現実である

[田中・深谷 1998：202]。では、映画制作者の視点の関与という問題を含むドキュメンタリーは、どういう現実を――何をどこまで――表象しうるのであろうか。

これまでも、ＨＩＶ感染のような社会的問題を映像で捉える人もいれば、学術論文の形で議論する人もいた。その際、映像化と学術論文化は別個の営み（アプローチ）とみなされてきた。しかし、私は、ドキュメンタリー映画制作の実践の中で学術研究の重要性を知り、ＨＩＶをめぐる関係性を描く上で、映画制作者の視点の関与という問題をどう理解するかが重要な課題となることを痛感した。これは、カメラを持って現地に入った当初は、あるがままを捉え映し出そうと、なるべくカメラが現地で起きる事象に介入しないように注意をしていた私が、撮影を重ねていくうちに、カメラをむしろ撮影対象者との関係性の中に入れていく（介入していく）スタンスへと変化させていったという経験から浮上した問題意識でもある。

映像は、テキストでは説明しきれない、人間関係の多様さ、背景に映る文化やその変容などの事柄、そしてそれらの相互関係を明らかにしうる。調査後においても、映像を何度も繰り返し観ながら分析が可能なため、調査時には気づかなかった事象に、改めて気づくことができる。しかし、制作者の視点関与（恣意的な選択）が不可避的に生じる。一方、テキストは、書き手が慎重に内省すれば、映像に比べてより俯瞰的・客観的な考察が期待でき、その分、映像では伝えきれない学術的考察を可能にする。しかし、事柄の細部にわたって記述することが難しく、映像に比べ、人間の複雑な行動や行為、表情や容貌の変化などは捉えにくい。

本書は、言語と映像というこれまでは別個に扱われていた領域を相互に往還させ、両者を相互に貫入し合いながら、ＨＩＶ陽性者の日常の主体的関係形成に着目し、ＨＩＶをめぐる関係性を考察する。そして、「ＨＩＶをめぐる関係性」を主題に据えた2本のドキュメンタリー映画を、改めて分析者の観点から考察し、撮影者の視点の関与がどのように映像作品に反映され、カメラは「関係性」をどれくらい「リアリティ」を持って捉えることができるのかという問題を考察する。つまりは、映像という手法と視点を用いた社会学的考察であると同時に、映像というメディアそのものへの批判的・学術的な問いである。

その際、本書は、撮影者と撮影対象者、そして観る者を含めた関係性の中で映像は構築されるという立場に立つ。とすれば、撮る側の視点は主観であり、しかも主観性は排除すべきものではなく作品を作りあげる眼差しであり制作過程において最重要なものである。つまり本書では、映像とは三者の関係性によるリアリティの構築であるという立場から論じたい。

具体的には、第I部では、既存のＨＩＶ表象に関する考察を踏まえた上で、北タイのＨＩＶ陽性者に関する筆者の制作したドキュメンタリー映画『いのちを紡ぐ――北タイ・ＨＩＶ陽性者の12年』（以下、『いのちを紡ぐ』）と『アンナの道――私からあなたへ…（完全版）』（以下、『アンナの道』）を事例に、ドキュメンタリー映画の対象になったＨＩＶをめぐる社会関係を明らかにする。第II部では、ドキュメンタリー映画制作者の「視点」が制作中にどのように変容するのかに注目した反省的分析をすることで、リアリティ表象における映画制作者の視点の関与を論じる。このように本書は編成の上でも、北タイにおけるＨＩＶをめぐる関係の動態の議論と、それを映像で表象することに関わる議論との二重の構造をとることにする。

なお、本書における「関係性」というときに、そこには、ＨＩＶをめぐる現地の調査対象者間の関係のみならず、撮影者と撮影対象者の関係も包含されている。筆者はその関係こそが映像におけるリアリズムの不可欠な要素であると考える。つまり、撮るという関わり方を通して、撮影者が撮影対象者とどのように関係性を形成することで作品が創られたのか、制作のプロセスを重要視する。

また、「リアリティ」とは、「現実世界を撮影することにより作られた（構築された）映画世界＝もうひとつの現実」という定義に留まらず、作品制作における「撮影―編集―上映」の諸段階における映画制作者の視点関与のあり方を捉える枠組みそのものとする(3)。

これは、単にビデオカメラをフィールドワークの補完的・技術的な道具として用いて筆者の実践を振り返るのではなく、ドキュメンタリー映画作家であると同時にフィールド調査者でもある筆者が、制作過程を詳細に論じることのできる立場を有効に利用することによって、ドキュメンタリー作品における現実表象の問題一般への還元可能性の模索を試みたものである。そしてこの方法論的模索を通して、映像制作の現場においてこそ顕現する社会的弱者と他者の関係性について、新しい考察を試みる。その際、医療人類学／社会学の視点から濱雄亮が提起した「病縁」の概念［濱 2012: 272］を深化させて用いる。すなわち、【ビデオカメラを前にした】活動の中で、ＨＩＶ陽性者とそれを取り巻く人々、コミュニティが如何に変化していくのかという、「病縁」のリアルな相互性、経時的な変容性の考察である。

具体的には、調査者であり撮影者である私が北タイで長期にわたって生活をおくり関係性の一員となり、関係性の内側から

ＨＩＶをめぐる関係性を見つめながら、自らの視点変容を含めた関係性の変化の過程を分析する。こうした私の経験を、身体感覚の共振を通してリアルに読者に伝えたいのである。

本書の特長は、映像を撮った人間が、自らの作品を研究対象として長期にわたって反省的見地から分析したところにある。近年、フィールドワークを研究方法の中心とする地域研究や人類学など、広く人文・社会科学の学問領域において、映像を用いた研究に関心が寄せられている。しかし、学術的文章と映像を並行させる学術的な方法論は確立されてはいない。そのため、表象における視点関与の問題や映像利用の倫理的問題など、映像利用の理論化に関する議論が進んでいない。

本書は、ドキュメンタリー映画作成者の視点関与を自己再帰的に考察する手法を用いた研究の成果であり、映像を学術研究に有効な方法として活用した事例である。すなわち、映像を使用した学術研究が増加する中、映像の撮影・上映における映像利用許可など倫理的問題への対処、さらには映像表象をめぐる議論を投げかけるものである。そして、地域研究における映像によるアプローチ手法と理論を確立することによって、地域研究における調査・分析に一石を投じ、独自の知的な領域を切り開くことを試みたものである

2　病縁と動画による映像分析――本書の基本概念と方法

（1）病縁論――ＨＩＶをめぐる関係性

本書の第Ｉ部では、映像と文章（テキスト）の両方を用いた考察と分析を行うことで、映画の主人公の行為がどのようなリアクションを生み、その連鎖がどういう関係を生み出すのかを考察する。ＨＩＶはどのように陽性者たちの日常生活や家族の関係などに影響をあたえ、そこにどのような新たな関係が構築されてきたのか。地域社会、家、エイズデイケアセンターから立ち上がる関係性に着目し、北タイにおけるＨＩＶ陽性者の「生の営み」に焦点を当てる。

その際、前述したように、病を軸とする人間関係の構築を捉える「病縁」の概念を基本に据える。濱雄亮は、慢性病化した糖尿病患者らの経験を理解するために「病縁」の概念を提唱し、病を共有しない人を含めた関係性（医療専門職や家族との関係）を捉えることが可能になることを提示した［濱 2013］。本概念は、慢性化しつつあるＨＩＶ感染症をめぐる関係性の考察にも

一助となると考える。しかし、濱の「病縁」をめぐる考察は、キャンプ場や病院など特定の場における対象者への聞き取り調査による個の経験の記述と分析が主である。自己エスノグラフィによる貴重な分析であるが、そこでは、病をめぐる関係性が、日常生活の場面において、どのように形成され変容したのか、関係性の動態に関して詳細には論じられてない。

そこで本書では、「病縁」の概念を基本に据えつつ、一人のＨＩＶ陽性者女性の日常生活における会話場面に着目し、長期的・通時的な分析を通してＨＩＶをめぐる関係性が「病」を超えて多様に広がるさまを追う。そして、タイにおけるＨＩＶ感染への対策に対して陽性者が組織する運動を通じて人間関係が形成される過程を明らかにする。

具体的には、北タイにおけるＨＩＶ自助グループが、どのように形成され、あるいは、弱体化し、あるいは、持続しているのか、映画『いのちを紡ぐ』を通して考察する。また、ケア（配慮や気遣い／世話や介護）を契機としながら生成する多様な関係性を、映画『アンナの道』を通じて考察する。

（2）映像地域研究——共振のドキュメンタリー制作による地域研究

第Ⅱ部では、視点内在的な社会的現実とはどういうものであるかを分析していく。具体的には、ドキュメンタリー作品制作における「撮影—編集—上映」の過程で生じる、「撮る者—撮られる者—観る者」の相互関係の中で、撮る者（筆者）の視点が主人公のアクション（行為）にいかに関与し共振しあうことで、現実がどのように表象（構成）され、「観る者」も含む地域社会にどのようなインパクト（影響）をもたらしたのか考察する。

その際、『いのちを紡ぐ』と『アンナの道』の映画場面構成や、一つひとつのシークエンスを文中に取り上げて論じる手法をとる。そのことにより、文章記述のみでは表現することは困難な日常におけるＨＩＶ陽性者の身体的相互作用や空間配置を考察することが可能となり、ＨＩＶ陽性者自身による日常から立ち上がる関係性、具体的には、ＨＩＶ陽性者であることが時に立ち現れ、時に消失するような他者との関係を明らかにできると考える。また、撮影後（あるいは撮影中）の編集過程を分析し、編集におけるシークエンスのつなぎ方に焦点をあてて、映画におけるフィクションとノンフィクション性についても考察していく。さらに、作者の狙い（意図）は何であり、そもそも作者の狙いを考慮することなく映像を見た場合、そこに何が表現されていると観る側は受け止めるか、つまり、映画がどのように観客に受容されるのか、上映過程における作品を介しての撮る側と観る側との相互行為を考察する。

前述した通り、映像は、地域における人間の関係や文化・自然の変容など、多様な現実とその相関関係を伝え複眼的な解釈を促すことが可能である。特に、本書のような特定の地域における関係性の変容を長期にわたって捉える研究においては、撮影した映像を、繰り返し見直し分析することで、フィールドでの撮影中には気づかなかった主人公たちの声や身振り、表情の変化や空間の変容など、複雑な動態を捉える可能性があり、関係性のより深い考察・分析へと繋がる。

また、映像場面分析の際に、調査者（撮影者）の視点関与を自己再帰的に考察しながら、関係性の形成過程を個の視点により詳細に分析することで、「いま、ここ」という流動的な場における人間関係のダイナミクスを捉えることが可能となると考える。こうした映像分析の方法を取ることから、本書には随所にQRコード（二次元バーコード）を付して、ドキュメンタリー作品をスマートフォンなどで視聴しながら本文の考察を読んでいただけるように工夫している。

3 本書の舞台

タイで最初にＨＩＶの感染が報告されたのは、一九八四年のことである。その後、ＨＩＶ感染は爆発的に拡大し、八〇年代後半には感染率が人口の一％を超えるまでになり、国家レベルでのエイズ予防対策が展開された。行政機関と医療機関、そして地域コミュニティが一体となって、ＨＩＶ感染予防教育や陽性者や家族のケアが行われた。またＨＩＶ陽性者自助グループ活動などが一九九一年以降、政府保健省と他省庁との協力のもと実施された。

このようなとり組みの結果、懸念されていた感染の爆発的増加を押さえることに成功し、発展途上国で最初のエイズ予防成功例とされた［Wiput 2005］。そのような中で、北タイでは各地で自助グループが立ち上がり、さまざまな活動を展開していった。しかし、二〇〇五年以降、抗ＨＩＶ薬の普及やタイ政府のＨＩＶ対策における予算の減少などにより、ＨＩＶ陽性者の日常生活や自助グループ活動の内容が変化しはじめた。

タイ北部に位置するパヤオ県は、バンコクから北へ約七八〇キロメートルのラオス国境に位置する。同県は九つの郡と六八の行政区、そして六三二の村から成る（地図1）。一九七七年に、タイ国内において七二番目に登録された県である。人口は約

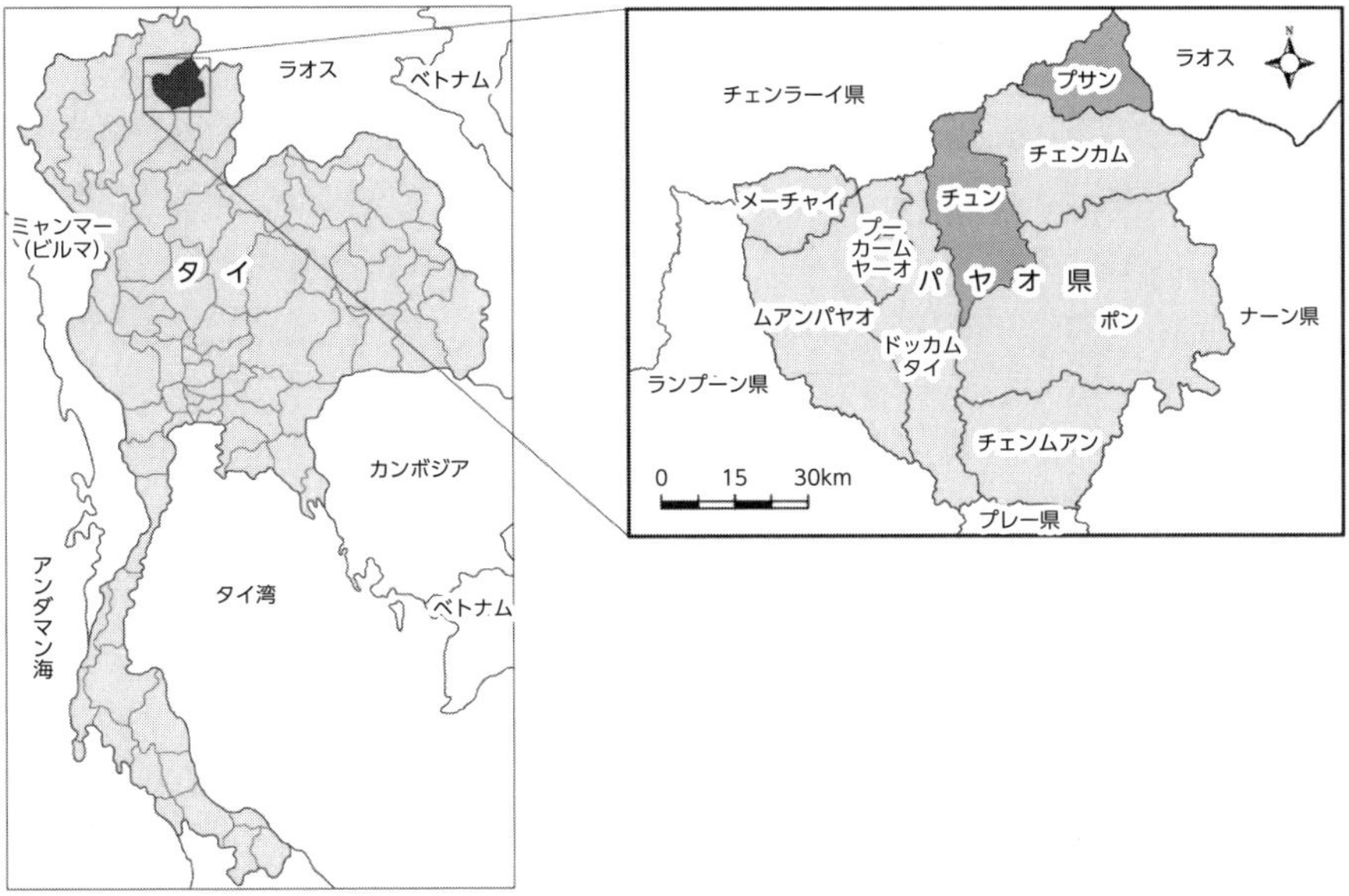

地図１　パヤオ県チュン郡・プサン郡の地図

出所：DCC レポート［DCC 2012］を基に筆者作成
注：本地図では煩雑さをさけるため、パヤオ県内の各「郡」は省略した。

五二万人（そのうち少数民族が約二万人）で、労働者の約六〇％は稲作を中心とした農業に従事している。ラオス国境沿いには、メコン川が流れ、県全体の面積の三七・七％は森に覆われ風光明媚な自然に囲まれた土地である［Pakdeepinit 2007］。

　パヤオ県における一九八九年から二〇一四年のＨＩＶ陽性者／エイズ患者の総数は一万七六五一人であり、五〇人に一人（二％）がＨＩＶに感染している。そのうち七七四五人がエイズで亡くなっている［Phayao Provincial Health Office：以下 PPHO 2014］。男女比は、男性一万一〇〇七人に対し、女性は六六四四人（一・七対一）で、一九八九年の四対一の割合と比べると、女性ＨＩＶ陽性者の割合が大幅に増えている。二〇一一年のＨＩＶ陽性者／エイズ患者の総数は一万七一二四六人と、パヤオ県の感染率は、二〇一一年三月一一日時点で、タイ国内で最も高い値であった［PPHO 2014; Jeefoo 2012: 38］。つまりは東南アジア大陸部のＨＩＶ感染地帯としては最も典型的な地域であり、伝統的な社会関係の変容を観る上でも、最も適した農村地帯である。このような地域を対象としたエイズ予防をめぐってどのような関係性が形成され、市民レベルの活動が生じ、新たな共同性がどのような相互関係のプロセスを通して形成されたのか、ＨＩＶにかかわる映像表象の研究を通して考察することの意義はこの点にある。

4 本書の構成

前述したように本書は二部構成をとるが、本論は以下の八つの章からなる。

第Ⅰ部（第1章～第3章）では、ＨＩＶをめぐる関係性に関するドキュメンタリー映画制作を通して描いた事象について考察する。

第1章は、ＨＩＶをめぐる関係の動態に関する先行研究を考察する。まず、タイのＨＩＶ／ＡＩＤＳの概況とメディアにおける予防キャンペーンを考察し、次にＨＩＶがどのように表象されてきたのかを論じ、タイにおけるＨＩＶをめぐる社会関係について先行研究を概観する。

第2章では、実際の映像制作を通して描いた事象について考察している。北タイにおける一二年間のＨＩＶをめぐる関係性の変容を描いた作品『いのちを紡ぐ』を通して、彼女が関わるエイズデイケアセンターにおける自助グループの活動が共同性を形成していく過程を論じる。その際、病院の管轄下にない別の自律型の自助グループがその活動と比較考察される。

第3章では、北タイにおける一人のＨＩＶ陽性者女性の日常生活に焦点を当てた作品『アンナの道』を通して、ＨＩＶをめぐる人々のケアと関係性（彼女の家族、エイズ孤児、ＨＩＶ陽性の母親、及びＨＩＶ陽性者と病院の看護師たちの関係）の変容と、新たな関係性の形成過程を考察する。

第Ⅱ部（第4章～第7章）では、ＨＩＶをめぐる関係を主題に据えた二本のドキュメンタリー作品制作過程を、自己再帰的に考察する。

第4章では、社会的現実の捉え方、民族誌的表象と映像表象をめぐる問題に関して、文化人類学や社会学、および映像論における議論を取り上げて、視点の関与に関する課題を論じている。

第5章では、調査地での撮影における、撮影者と撮影対象者の関係性と撮影者の視点関与の関係性を分析する。カメラがＨＩＶ陽性者の生活空間に入り込むことにより、撮影対象者の言語相互行為と身体的コミュニケーションにどのような影響を与えたのか考察する。その際、ビデオカメラという既成の機械と、撮影者によるその操作との相互作用から創出される〈現実〉

構成の過程に着目する。

第6章では、編集作業における制作過程を考察し、制作者の視点が編集中にどのように変化し、作品が編集作業を通してどのように形成されたのか分析する。その際、メタファーや編集効果などに着目して考察する。

第7章では、上映を通して、作品を観る者のリアリティ認識がどのように形成されたのか考察する。具体的には、観客のＨＩＶ／ＡＩＤＳに対するイメージが映像表象を介してどのように構成され、〈現実〉として受容されていくのか分析する。また、上映によって公共空間がどのように形成されるかの考察を試みる。

結語においては、ＨＩＶ感染によって構成された人間関係のありようと変容過程を映像は一体どのように捉えることができたのか、撮影・編集・上映を通して映画制作者の視点関与の問題に焦点をあてて、その可能性と限界をまとめる。そして、学術研究におけるドキュメンタリー制作の有効な方法論を提示する。

本論に入る前に、次節で、本書で論じるドキュメンタリー作品について、制作の意図を提示する。

5 二つのドキュメンタリー映画の企画意図と調査・制作手法

(1)『いのちを紡ぐ――北タイ・ＨＩＶ陽性者の12年』

本作は、北タイにおけるＨＩＶ陽性者とエイズ孤児、村人たち、病院、ＮＧＯ関係者などの関係性が、自助グループの活動を通して公共空間を形成する過程を一二年間にわたり追いながら、北タイにおいて生み出された新たな人と人との関係を描くことを試みた作品である。病にかかったとき、家族や大切な人を失ったとき、人はどのような関係の中で立ち上がって生きていけるのだろうか。人が生きて行く中で大切なものは何なのか、我々を支えているものは何なのか。経済・政治・文化的な変動の中で考察した。

(2)『アンナの道――私からあなたへ…（完全版）』

北タイに住むある一人のＨＩＶ陽性者女性の生きざまと日常生活を通し、ＨＩＶ感染が、母と娘、妻と夫、祖父母と孫の関係、また、彼女をとりまく親族やエイズ孤児、村の人々との関係を映し出す。家や市場などの日常生活を通した考察から、北タイのある地域で生まれたＨＩＶ陽性者とエイズ孤児の血縁関係を超えて形成された親密な関係性を明らかにする。

作品は、二〇〇〇年での北タイ、パヤオ県チュン郡でのＨＩＶ陽性者らの出会いを機に、二〇〇一年から北タイでの取材をはじめ、主人公の家族たちとの交流を続けながら撮影を続けたものである。

(3) 調査手法と映画制作手法

調査は、映画制作を主としつつＨＩＶ感染が関係にどのような影響を与えたのかを、歴史的・経済的・政治的背景のコンテクストを明示化するために、パヤオ県チュン郡の事例を中心に文献に基づく分析とともに、フィールドに長期滞在し、ビデオカメラを用いた参与観察によるフィールドワークを主として行った。

また、「対話的構築主義」［山田（編）2004］の概念を用い、調査対象者の語りを、理論を作り出すためのデータとしてではなく、対象者たちと協働で、いま進行中の現実を作りだすものとして捉え、調査者自身が調査の中でどのように変化していったのか記述することを重視した(4)。

映画制作においては、長期にわたって生活をともにし、関係性を形成し、協働作業をしながら調査・撮影・編集を進め、フィールドにおける調査者を含む人間関係の生成変化を通して、ＨＩＶ陽性者たちの生きざまを描きだすことを目指した。

また、映像作品は、英語や日本語の字幕版でも制作・上映し、作品を媒介にして地域と社会、各国の研究者と映画制作者を結んでいく。それは、地域研究・文化人類学・映像社会学・芸術分野に貢献するのみならず、ＨＩＶ陽性者の理解に寄与するとともに、支援のありようや地域のあり方、またその背景となっている社会的問題の考察へつながると考える。

＊　＊　＊

本書で用いるデータと映像は、二〇〇〇年八月〜二〇〇三年一〇月、二〇〇七年二月〜二〇〇八年二月、二〇一二年一〇月〜一二月、二〇一三年二〜三月、一一月、二〇一四年九〜一〇月の現地調査に基づく。使用言語はタイ語と英語である。調査にあたって記録した映像は、約二〇〇時間である。また、現地のデイケアセンターから、センターの統計資料を収集した。

撮影期間（時間）は、二〇〇〇年一〇月〜二〇〇三年一〇月の三年間の撮影一一三時間、二〇〇七年二月〜二〇〇八年二月

に三二時間、この時点で一度まとめて編集し、『アンナの道』を二〇〇九年に完成させた。その後、二〇一一年一〇～一二月に五五時間、二〇一三年二月に二時間の追加撮影をし、一二年間にわたり、計二〇二時間の映像を併せ再編集し、『いのちを紡ぐ』と『アンナの道（完全版）』を制作した。

注

（1）シュッツは「社会的現実」を、「自らの日常生活を営んでいる人びとが常識的な思考を通して経験している、諸々の対象や出来事の総体」［シュッツ 1983：115；田中・深谷 1998：197］と述べている。

（2）視点＝Perspective はラテン語の perspectus＝per［通して］＋specere［見る］に由来する［田中・深谷 1998：154］。

（3）菅原祥［2010］は、映画の現実に関して、映画によって何らかの形で参照されることになる素朴な実在としての「現実」、社会的構築物である映画に描かれた表象としての「現実」、現実の認識・構築のありかたを枠付けているような、現実の捉え方をめぐる社会的コミュニケーションや実践・想像力の三つのレベルを挙げ、映画に描かれた事象を取り囲む枠組みそのもののレベル、つまり、「現実の構築をめぐる意識・知覚の枠組みのあり方そのもの」に焦点をあてた。本書においても、三つ目のレベルに焦点をあてた。

（4）田中・深谷は、山田の方法は「ガーフィンケルのエスノメソドロジーを含めた、およそあらゆる分析もまた一つの構成過程にあるものとして捉えるもの」と述べている［田中・深谷 1998］。

第Ⅰ部

ＨＩＶをめぐる関係のダイナミクス

――ドキュメンタリー映画制作からの考察――

第1章

HIV／AIDS表象

本章では、ＨＩＶをめぐる関係と表象に関する問題の所在、そして先行研究の考察及び現地調査による文献考察を、次の流れで論じる。まず、第1節では、タイのＨＩＶ／ＡＩＤＳ概要とメディアにおける予防キャンペーンの背景、第2節では、ドキュメンタリー全般におけるＨＩＶ表象の変遷を考察する。第3節では、ＨＩＶ／ＡＩＤＳ表象に関する先行研究を、整理する。

1 タイのＨＩＶ／ＡＩＤＳ概況とメディア戦略

(1) タイのＨＩＶ／ＡＩＤＳ概況

一九八四年にタイで初めてエイズ[1]が確認された患者は、男性同性愛者だったと言われている。その後、六つの感染の波がタイを襲った。感染はまず、一九八四～八七年の間、男性同性愛者のあいだで拡がった（第一ステージ）。一九八七～八八年にかけては、男性同性愛者に加えて薬物注射の回し打ちをするグループの間（第二ステージ）、一九八九年には、性産業に従事するグループの間で爆発的な感染が起こり（第三ステージ）、一九八九～九〇年ごろにその顧客に感染が拡がった（第四ステージ）[2]。一九九一年には、顧客からその妻や恋人に感染（第五ステージ）。そして、妊娠した母親が出産する際に赤ちゃんに感染、いわゆる母子感染が増えた（第六ステージ）[Patchanee 2012: 32][3]。

二〇一三年のタイにおけるＨＩＶ陽性者数は、四五万一二六八人（女性一九万三九六五人）、エイズ患者数は二万九六二〇人（女性六二八二人）である。新規ＨＩＶ陽性者は八一三四人（女性二二三五人）と、年々減少しているが、二〇一三年のエイズ発症者数は増加している[4]。一五歳以下の子どものＨＩＶ陽性者数は八四三〇人、新規ＨＩＶ陽性者が一一二人となっている。また、二〇一二年までに約七〇万人がエイズで死亡している [UNAIDS 2014]。

職業別ＨＩＶ陽性者の割合は、第一位は一般の会社員やＯＬ。第二位が農業従事者。第三位は失業者。そして第四位が子ども、続いて主婦となっている [MOPH 2012a]。

ＨＩＶ流行初期において、ＨＩＶ／ＡＩＤＳは、特定の社会集団の病としてメディアで描かれたため、「一般人」とは無関係の病として受け止められことも、家庭内におけるＨＩＶ感染の爆発的な増加の原因の一つにあるだろう。

表1　タイのＨＩＶ陽性者とエイズ患者数患者　（人）

	2000年	2005年	2011年	2013年
新規ＨＩＶ陽性者	28,241	15,266	9,503	8,134
（中：女性）	15,716	7,237	2,919	2,235
（下：15歳以下）	1,378	748	176	122
エイズ患者数	55,079	30,805	19,511	20,962
（中：女性）	12,036	7,153	6,133	6,282
（下：15歳以下）	452	406	173	158
ＨＩＶ陽性者数	676,005	544,743	475,638	451,268
（中：女性）	217,860	212,351	204,767	193,965
（下：15歳以下）	7,836	11,065	9,709	8,430
タイ人口（百万）	60.6	63.1	64.1	64.5

出典：［UNAIDS 2014］のデータより作成。
http://www.unaids.org/thailand/en/（最終アクセス 2014年6月）

次に、タイのメディアにおいて、どのようなイメージ戦略が行われてきたのか見てみよう。

(2) タイのメディアにおけるＨＩＶ／ＡＩＤＳ予防キャンペーン

タイでは一九九一年以降、政府保健省と他省庁の協力のもと、ＨＩＶ感染を抑えるための「イメージ」戦略が盛んに行われてきた。政府とＮＧＯによりエイズ流行の告知が始まったのは、はじめてタイでＨＩＶ陽性者が発表された五年後の一九八九年のことであった。国中で、ポスターやスティッカーなどが配布され、「エイズは感染したら治らない病気である」、「薬物使用のためにハリを共有すると死に至る」などのスローガンが掲げられたポスターが出回った［Lyttleton 2000: 53］。

初期のキャンペーンは、グラフィックイメージが利用され、エイズ関連の病気を一般の人々に公共の場で知らせることを目的とされた。一九九一年に任命されたアナン首相は、同年、国家エイズ委員会を立ち上げ、翌年からＨＩＶ／ＡＩＤＳ予防キャンペーンを開始した。ラジオとテレビ番組の間に、義務的に一分毎のエイズ教育広告（宣伝）を含ませるなど、エイズ予防に焦点があてられた［Wiput 2005: 1］。

また、テレビやラジオの他にも、ドキュメンタリー番組、ハンドブック、パンフレットやポスター、オーディオ・ビジュアル、トレーニングマニュアル、スライドセットやマンガなどによる徹底的なキャンペーンが行われた［Wathini *et al.* 1995］。中央地域においては、二五二のＨＩＶ／ＡＩＤＳに関するニュース、六五八のラジオスポットやスローガンを一九九一年の六月から九月の間に放映し、二九のドキュメンタリーと七一のトークショー、五二の討論番組、そして六三のインタビューなどを流した。また、七つの特別番組が同時期にテレビで流された［Nakai 2006］[5]。

しかし、ＨＩＶ／ＡＩＤＳ流行初期におけるタイ政府やＮＧＯが行ったメディアキャンペーンは、特定の社会集団の病としてＨＩＶ／ＡＩＤＳが描かれていたため、「一般人」とは無関係の病だと受け止められた。そのため、セックスワーカーのコンドーム使用率は高まったが、北タイにおいては一般男性のコンドーム使用率は一八％に留まった［Celentano *et al.* 1994; Wantana 1998: 18］。また、治療不可能で死にいたる病として描かれたため、感染者への差別や恐怖を引き起こした［Lyttleton 2000: 199］。

さらに、政府によって隔離政策が推し進められ、エイズホスピスがタイ各地につくられた。その代表的施設であるワット・プラバード・ナームプット（パバナム寺）がメディアに何度も取り上げられることで、「無力で死にゆく者」としてのエイズ患者のイメージが創り上げられた。

このように、タイのメディアにおけるＨＩＶ表象は、悲劇的かつ特定の人々に付与する否定的な描写が多く利用されてきた。その映像は、エイズ予防キャンペーン対策におけるＨＩＶ感染予防には一役かったが、エイズの恐ろしさを強調した映像で危機感を煽ることを目的に制作された広告やテレビ番組などにより、ＨＩＶ新規感染者への差別と偏見の助長へと繋がっていった［Borthwick 1999］。つまり、タイでは、ＨＩＶがネガティブに表象されてきたがために、ＨＩＶ陽性者のみならず、特定のＨＩＶ感染リスク集団とされるカテゴリーの人々に対する否定的なステレオタイプが形成された。

次節では、欧米や日本の地域を含め、世界においてＨＩＶ表象はどのようになされてきたのかを検討する。主には、人類学者の佐藤知久の合衆国におけるＨＩＶ／ＡＩＤＳ映像表象に関する研究の事例と、合衆国以外の地域におけるドキュメンタリー映画の変遷を紹介するが、後者に関しては、世界三大ドキュメンタリー映画祭の一つである山形国際ドキュメンタリー映画祭[6]に応募されたＨＩＶ／ＡＩＤＳをテーマとした作品（一九八九〜二〇一一年）を中心に、年代別に代表的な作品をとりあげ、内容の傾向の分析を試みる。

2　ドキュメンタリー映画におけるＨＩＶ／ＡＩＤＳ表象の変遷

（1）一九八〇〜一九九〇年代

ＨＩＶ／ＡＩＤＳのドキュメンタリー映画の先駆的なものの多くは、アメリカで生まれた。ＨＩＶがアメリカで発見された一九八四年直後のＨＩＶ／ＡＩＤＳ表象は、マイノリティ（ゲイ男性）や薬物使用者の罹る恐ろしい病気という偏見的なものが主であった。ニューヨークにおけるエイズ啓蒙のためのキャンペーン運動や教育活動やMoMA（The Museum of Modern Art. New York＝ニューヨーク近代美術館）でのＮ・ニクソンの写真展「人々の姿」（一九八八年）における「エイズの犠牲者」として描かれた表象は、差別や偏見を生み出すことへと繋がった［Crimp 1988］[7]。

一九八七年になると、ニューヨークにおいてゲイコミュニティACT-UP（the AIDS Coalition to Unleash Power）が立ち上がり、劇作家ラリー・クレーマーを中心に、当時のレーガン政権へ治療対策など早急なエイズ対策対応を求め、様々な活動が展開された［Altoman 2013］。活動メンバーには、芸術、広告や演劇業界とかかわりの強い者も多数含まれていた。彼らは、それまでのネガティブなイメージの創出に傾斜しがちであったＨＩＶ／ＡＩＤＳ表象に対する抵抗運動も始めた。八〇年代からアメリカでの感染者運動に身を投じた彼らは、差別や無理解の根底にある「間違った」表象を異化し、修正・対抗する表象を提示することを戦略的に運動の中心に据え、貧困層への啓蒙や感染防止のために、さまざまな活動を展開しコミュニティを形成していった。そして、彼ら自らの活動を通して、ＨＩＶ陽性者／エイズ患者としての新たなアイデンティティを獲得していった［Crimp 1988；Juhasz 1990］[8]。

九〇年代に入ると、小型ビデオカメラがオルタナティブメディアとして現れることで、当事者であるＨＩＶ陽性者やエイズ患者たちが、自らを被写体としてビデオカメラで撮りはじめた。その代表作として、当時者であるＨＩＶ陽性者の撮影者とそのパートナーが並んだポスターが印象的な一九九三年に制作された『Silverlake Life：The View From Here』（写真①）がある。制作者（撮影者）でもある主人公（写真右）とそのパートナー（同左）は、互いの思いや経験をビデオカメラの前で語る。彼らは、死の恐怖に向き合いながらも、パートナーや家族の愛に包まれながら終末期をともに過ごす。そして映画のラストは、二人の死とともに、灰になる姿が描かれる。抗HIV薬がまだ普及していなかった当時、エイズ＝死というイメージは、避けられないものであった。

佐藤は、HIV／AIDSへのスティグマを回避するために始まったこのHIV陽性者らによる既存の表象イメージへの抵抗と修正のための啓蒙的表象行為、つまり「正しい」HIV／AIDS表象の希求は、病の「苦しみ」の描写が多く映しだされることに繋がり、その映像描写が逆に、観る者の「同情と共感」を生み出し、HIV陽性者やエイズ患者と「普通の人々」のあいだに却って溝を作ってしまったことを指摘している［佐藤 2004: 11］。そして、「同情と共感」を超えてHIV陽性者／エイズ患者と向き合い、「社会的他者」と自分自身のあいだに折り合いをつける必要性を、次のように示唆している。

> 求められるのは、「自己」が他者化されていくプロセスがどのようなものとして人びとに経験されているのかを明らかにすることであり、さらには、他者化という経験に対して、かれらが（そしてHIVに感染していない人びとが）どのように対処しうるのか、その可能性を具体的に追求していくことである。こうした点を考慮しないかぎり、「同じ人間なのだから」という共感と同情は、「結局のところ、HIVに感染していない人には、感染している人のことはわからない」という声の前で、力をもちえないだろう。（中略）共感による啓蒙という解決策を超えて、現在の社会において「他者」とされるという経験に立ち戻って考えることこそが、いま必要とされている［佐藤 2004: 61-62］。

写真1：映画『Silverlake Life: The View From Here』ポスター

九〇年代半ばになると、当事者でも活動家でもない映像作家によるＨＩＶ陽性者への理解と表象への新たな試みが除々にはじまった。

日本国内においては、一九九四年、テレビドキュメンタリー作品『彼のいない8月が』が是枝裕和により制作された。日本で初めて性交渉によるＨＩＶ感染を公表したある男性の日常生活が描かれたこの作品では、闘病シーンは一切使われることなく、主人公の日常の生きざまが淡々と描かれている。そこに我々が見出すのは、普遍的な人間の「生」の孤独や哀しみである。是枝は、悲劇の病というＨＩＶへの視線をずらしながら、一人の「人間の生」に焦点を当てることにより、「生きる」という、普遍的なテーマをわれわれに突きつける。作品に一貫しているのは、ＨＩＶ／ＡＩＤＳという病を感傷的に捉えず、ＨＩＶとともに生きる主人公の日常をみつめ続ける是枝の「まなざし」である。病を抱えながらも、人は日常を送り続けていく。起きて、寝て、食べて、人との交わりの中で生計を立て、人を愛し、恋し、普通の人となんらかわりのない生への思いを持ち続けながら生き続ける。そんな主人公の男性は、次第に体力が衰えはじめ、食べられなくなりやせ細り、死をむかえる。その姿を「悲劇的な」生と捉えるか否かは、映像をみる観客に委ねられている。

台湾においては、『ハイウェイで泳ぐ』（英語：*Swimming on the Highway*）が一九九八年に制作された。二六歳の呉耀東（ウー・ヤオドン）がＨＩＶ感染した同性愛者の友人との会話を一年間にわたり撮影した作品である。監督がカメラの前で戯れる友人に翻弄されながら淡々と物語が展開し、劇的なストーリー変化は何も起きることもない。ラストシーンで友人がこれまで隠し続けてきた心の葛藤を語りながらカメラの前で号泣するが、それも戯れか本意かは判じえないような微妙なカットで編集されている。

ＨＩＶ／ＡＩＤＳに関するセルフドキュメンタリー作品は、それまでは主に欧米で制作されてきた。そうした中で、ウーの作品は、アジアにおけるＨＩＶ／ＡＩＤＳに関する初期の代表的なセルフドキュメンタリーとなった。単なるＨＩＶ陽性者の人生を描いた映画というだけでなく、カメラという装置を意識しながら映像を映し出すことにより、観る側にもドキュメンタリー映画における真実とは何かというテーマを突きつける映画にもなっている。山形国際ドキュメンタリー映画祭では、アジア千波万波部門において最高賞の小川紳介賞[9]を受賞し、世界各国の映画祭で上映された作品である。

九〇年代後半は、血友病患者などが輸血によってＨＩＶ感染したことが社会問題化した時期でもあり、エイズを医学的見地から記録した映像が多くみられるようになる。輸血によるＨＩＶ感染に関する作品も制作されはじめた時期である。日本では、『埋もれたエイズ報告――血液製剤に何が起こっていたか』（ＮＨＫ 一九九四）が制作され、アメリカでは、『イーグル・スカウト――ヘンリー・ニコルス物語』（英語：*Eagle Scout: The Story of Henry Nicols*）（マイケル・ライアンエレン・ストークス 一九九四）というＨＩＶ陽性者が実名で出演した作品が制作された。一九八〇年代半ば、一三歳の時に輸血によりＨＩＶに感染したヘンリーが、中学三年時にＨＩＶ感染を公表する決意をし、ＨＩＶ感染防止活動などに取り組みながら、エイズとともに生きていく姿を、モザイクなしで映し出し、また彼の家族や友人などのインタビューなどを含め、描いた作品である。

日本においても、一九九五年、川田龍平という一人の輸血で感染した血友病患者の少年（当時一九歳）が、ＨＩＶ陽性者であることをカミングアウトした。川田の政府への訴え、ＨＩＶに感染したという事実の語り、母親とともに前を向きながら必死に生きていくその生きざまは、メディアでも何度も紹介され、ドキュメンタリー作品『龍平への日記――薬害エイズ・母の闘い』（テレビ東京 一九九七）などが放送された。

(2) 二〇〇〇～二〇〇四年

二〇〇〇年代に入ると、アジアやアフリカ諸国において、欧米資本による映画制作、さらにアジア人による多様な視点からのＨＩＶ／ＡＩＤＳの表象がなされはじめた。その中でも、イラン人映画監督であるアッバス・キアロスタミによって制作されたウガンダを舞台にして描いたドキュメンタリー映画『ＡＢＣアフリカ』（英語：*ABC Africa*）（二〇〇一）（写真②）は、それまでのアフリカにおけるＨＩＶ／ＡＩＤＳ表象とは異なった視点と制作方法によりアフリカのエイズを描いた作品として、国際映画祭などで注目を集めた。

この映画は、キアロスタミが、アフリカのエイズ孤児救済センターでの活動に関するドキュメンタリー制作の依頼を受けたことをきっかけに、制作がはじまった。映画スタッフたちと共にウガンダへむかったキアロスタミは、村で出会ったウガンダのエイズ孤児たちの表情を、解説を一切つけずに淡々と映しだす。本編中には、エイズの悲惨さを象徴するような映像は、全く使われていない。一見すると、アフリカの表面をさらっとなぞっただけの旅行記のような映像である。しかし、映画のエンディングには、エイズ孤児を養子としてアフリカを去る慈善家の西洋人夫妻の姿が映し出される。富裕層の観光客が自らの勝手な都合で「かわいそうな」原住民をアフリカの土地から連れ出すという、ロマン主義の植民地支配的な「まなざし」そのものを揶揄しながら、「支援とは何か」というメッセージを映像に含めている。

箭内匡はキアロスタミのこの描写を、悲惨な状況を直接的に伝えずに、「表面的」な映像にこだわり、それを言葉による説明をあえて省くことにより、観客が自分自身の「人類学」を行なうことを可能にしたと分析する。そして、HＩV感染の現実を「悲惨な現実」などという陳腐な言葉に還元せず、「説明」的な映像表現を用いないことで、HＩV陽性者らの「生の限りない現実の重さ」を捉えることが可能になった映画であると述べている［箭内 2008b：2］。

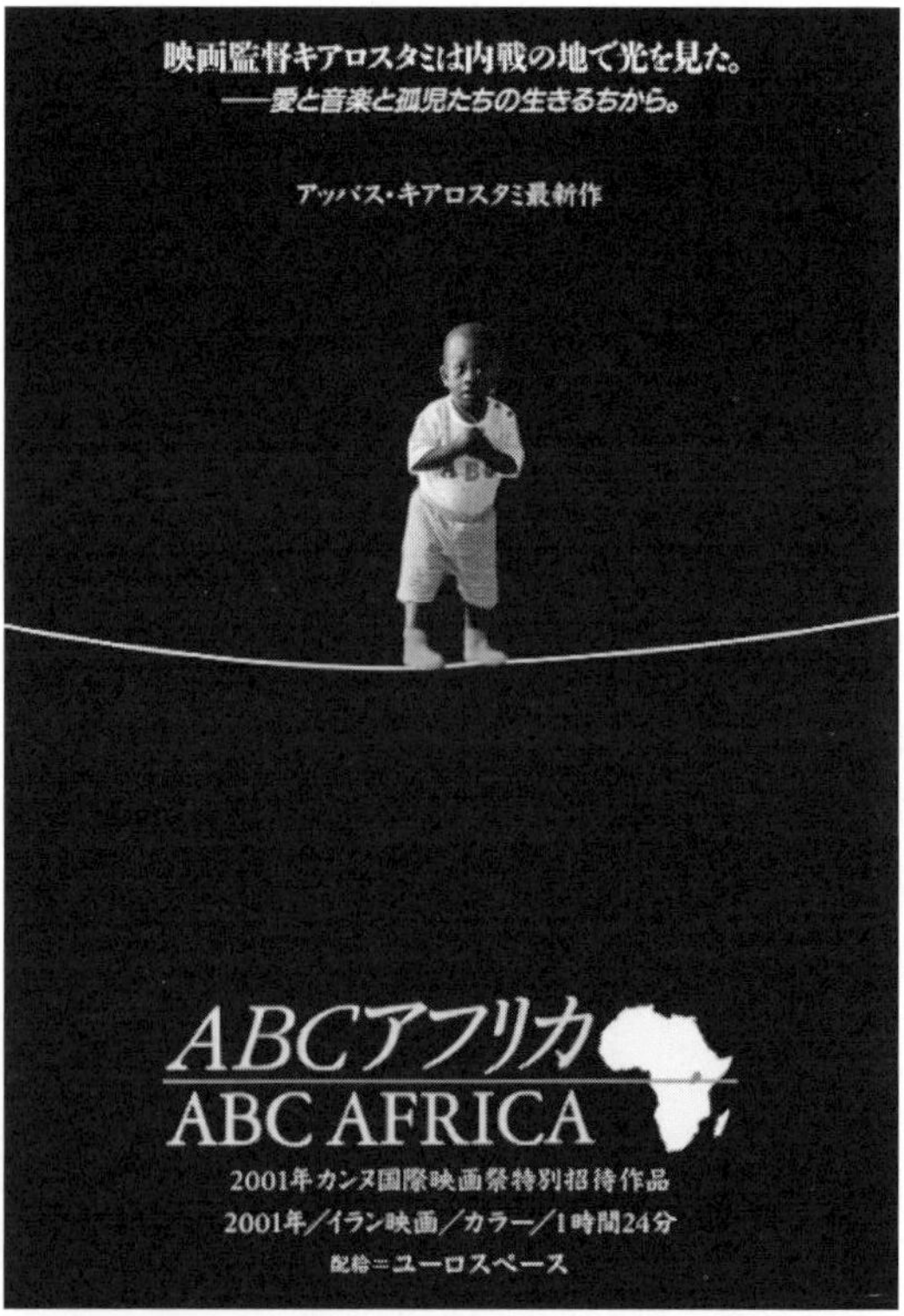

写真２：映画『ABC アフリカ』ポスター

二〇〇〇年代前半は、欧米のNGOなどの資本により、エイズ孤児を主人公とした作品が制作されはじめた時期であった。タイでは、二〇〇二年に『マーシー／ルクナムの命』（英語：*Mercy*（*med-dah*））（ジャンヌ・ハラシー、ジャムロン・サヨット）など、エイズホスピスを舞台に、エイズ孤児が病に蝕まれ亡くなっていくというストーリーの作品が制作された。一方で、この時期は、HＩV／AＩDSをめぐる状況が大きく変化するという転換期でもあった。その一因が抗HＩV薬の浸透である。投薬で生き延びる慢性病となり思春期をむかえる孤児のケア、そして孤児の面倒をみる祖父母たちの高齢化の問題など、多くの問題が出始める。その結果、エイズ以外にかける国家予算手当も膨らみはじめ、HＩV陽性者のケアに当てられる予算なども減りはじめる。そんな中でNGOや病院スタッフの葛藤や挑戦などがテーマとなった作品がふえはじめるなど、作品の内容やテーマの拡がりが見られる。

二〇〇四年の作品『天国の草地〜バーン・ゲルダの小さな思い』（英語：*Heaven's Meadow: The Small Wonders of Baan Gerda*）（Deflev F. Nevfert）は、ドイツとタイの共同制作である。バーン・ゲルダは、タイ中央部のロッブリー県にドイツとタイの共同NGOによって立てられたエイズ孤児施設である。施設で暮らす子どもたちの日常生活やスタッフたちの孤児のケアなどが描かれているが、描写の中心は、NGO創始者であるカール・モールスバッハのインタビューや活動記録となっている。設立当初は、死にゆく子供たちのホスピスという活動目的があったが、抗HIV薬の投与によって、子どもたちはエイズを発症せずに生きていけるようになった。その変化に対しNGO側の対策にも変容が求められ、抗HIV薬への対応や、思春期をむかえる子どもたちへの援助体制など、設立当初は予期していなかった現実に向きあうNGOの活動姿勢がクローズアップされた作品である。

中国においては、二〇〇三年に、『魂を救う』（英語：*Save Our Souls*）という作品が李林（リー・リン）によって制作された。中国四川省成都のホームレスの子どもたちに密着取材する中で、子どもたちが薬物の注射針によりHIVに感染し、中国の街をさまよい生き続ける様子を描き出した作品である。検閲の厳しい中国でHIVに感染したストリートの子どもたちが映し出された映像は貴重である。この作品の製作国のクレジットは中国ではなく、オーストラリアとなっている。

（3）二〇〇五〜二〇一〇年代

二〇〇〇年代半ばに入ると、アジア人（監督、資本ともに）によるアジアにおけるHIV／AIDSの映像表象が多くなる。また、ゲイ男性や薬物使用者のみならず、家庭内感染による女性のHIV陽性者も増加するに伴い、さまざまな視点で撮られたドキュメンタリー映像が生まれた。

ベトナムで撮影した韓国人の監督の作品、カンボジア、中国などでも、自国製作のクレジットがつく作品が増えていく。日本人である筆者がタイでHIV陽性者の女性とエイズで亡くなる少年を主人公とした作品を初めに制作し発表したのも、二〇〇五年のことであった[10]。

翌年二〇〇六年には、同じく日本人監督により、タイ北部に位置するチェンマイ郊外でエイズ孤児施設「バーンロムサイ」

を運営する日本人スタッフ名取美和を描いた、『Think once again!』（谷岡功一 2006）という作品が制作されている。活動当初、施設のスタッフが子どもへの抗ＨＩＶ薬投与を躊躇していた中で、子どもたちが次々になくなっていたその過程を描きながら、援助側の葛藤や、村の中でのエイズ孤児への差別や偏見などの問題に焦点があてられている。

二〇〇七年には、北タイを舞台にした、神父が経営する寮に住むタイの少数民族の子どもたちを描いた『空とコムローイ』（三浦淳子 2007）をはじめ、援助側と援助される側（ＨＩＶ陽性者）との交流の記録を描いた作品などがある。

中国においては、中国の貧しい農村を舞台に、「売血」で感染したエイズ孤児を描いた短編ドキュメンタリー映画『中国 エイズ孤児の村』（英語：*The Blood of Yingzhou District*）（写真③）がルビー・ヤンとトーマス・F・レノンによって二〇〇六年に制作された。翌年二〇〇七年のアカデミー賞で短編ドキュメンタリー映画賞を受賞し話題となった作品である。

二〇〇〇年代後半になると、タイ国内では、抗ＨＩＶ薬の普及によってＨＩＶ陽性者や彼らをサポートするＮＧＯの活動が一変した。そうした中で、ＨＩＶ陽性者やケアする側それぞれの葛藤や生きざまが描かれていった。タイでもタイ人自身によるエイズを主題とするドキュメンタリー映画制作が増えその内容も多岐にわたるようになり、それまでのネガティブなイメージに対し、比較的ポジティブなＨＩＶ／ＡＩＤＳ描写が増えていった。この傾向は、ＡＲＶが配布されるようになり、ＨＩＶ／ＡＩＤＳが「慢性病化」してゆくにつれて強くなっていった。

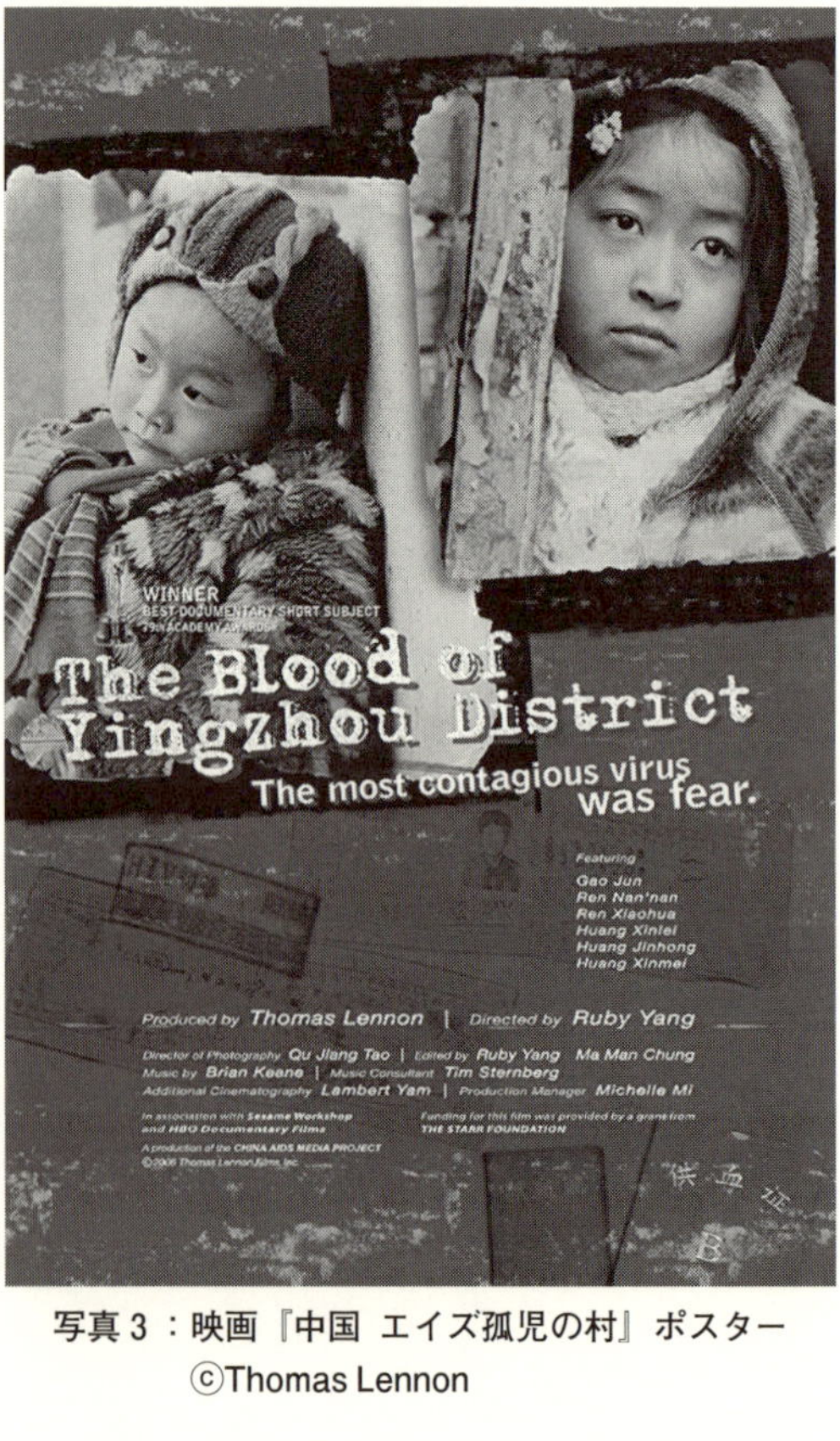

写真３：映画『中国 エイズ孤児の村』ポスター
ⒸThomas Lennon

二〇〇九年には、タイ人の映像作家による、海外のNGO活動を描写する映像も制作されている（『クロントイを歩く』（英語：*Walking Kongtoy*）シェーン・ブンナグ 2009）。しかし、タイで制作された作品の多くが、NGOの資本で制作された作品である[11]。NGOなどが主催して、映画コンクールなども開催されている[12]。そのため、映画の内容は、ホスピスやエイズ孤児施設で暮らすHIV陽性者やエイズ患者たちの姿を捉えつつ、外国のNGOの活動が主体となった広報的な映像が主であった。

以上、HIV表象の変遷を年代別に追ってきた[13]。これまで、ドキュメンタリー映画制作者によりそれぞれの関心や動機に基づき様々な形でHIVが表象されてきた。

初期のアメリカにおけるアクティビストたちによる「正しい表象のため」の参加型のドキュメンタリー制作とは異なるアプローチで制作された作品（例えば、是枝やキアロスタミの視点から作られたような作品）は未だ数少ないのが現状である。そのため、「HIV陽性者／エイズ患者＝犠牲者」というネガティブなイメージは未だに根強く残っている。

では、こうしたHIV／AIDS表象に関して、学術研究においてはどのような議論がされてきたのか、次節では、HIV／AIDS表象をめぐる先行研究を整理し、HIVと表象に関する議論を展開する。

3 HIV／AIDS表象に関する先行研究

HIV／AIDS表象という主題は、これまでの間、主に社会学や医療人類学などにおいて、さまざまな観点から議論が展開されてきた。

アメリカの歴史学者であるサンダー・ギルマンは「病」がどのように「芸術」の分野において表象されてきたのか、中世からルネッサンス、そして現代のHIV／AIDS表象まで、歴史的な文脈から分析し、現実に対する理解の構築のされ方がイデオロギー的な束縛によって作られ、そのイデオロギーの内部で認められた表象のカテゴリーによって社会的現実が構成されてきたことを明らかにした［ギルマン 1996：15］。

さらにギルマンは、病に対する「視覚的イメージ」が作られていく過程とその言語による表象、つまり、作家や芸術家が病のイメージをどのように構築していくのか、表象の作られ方から表象の構造を分析し、病へのイメージ（フィクション）を自己がどのように現実として受け入れているのか、その内面のプロセスを考察した。そして、境界線をつくることで、身を守ろうとするわれわれの「病気認識における矛盾した構造」［ギルマン 1996：382］を分析し、「病を見る」という行為に含まれている社会的な記号を読み解くために、「痛み」を持つ患者に対する視点を再構築させること、そして、病に関するカテゴリーの構築過程とイメージが内面化される過程に焦点を当てながら議論を展開する必要性を指摘した［ギルマン 1996］。

スーザン・ソンタグはウィルスを軍事的な隠喩として記述した『タイム』［1986］や『ニューヨーク・タイムズ』の一面記事での記述内容における病への〈隠喩〉を次のように批判している。

かつては病気に闘いを挑んだのは医者であったが、今では社会全体である。（中略）近代的戦争の場合の敵と同じで、とくに恐ろしい病気が外から来る「他者」とみなされるさいの方途を、隠喩が提供するのである。病気をデーモン化する発想から、患者に罪をきせる方向への移行は必然である。患者を犠牲者と見ることなど平気なのだ。もちろん無垢だからこそ犠牲者ということになるのだが、すべての関係概念を支配する鉄則によれば、無垢は罪につながる。軍事的な隠喩は在る種の病気にスティグマを押しつけ、さらにすすんで、病気の人人にもスティグマを押しつける［ソンタグ 1992：144-146］。

ソンタグは自らの病の体験の中でスティグマを感じ執筆に至った経緯を述べ、病気になったこと自体以上に、病への偏見に苦しめられたことを語る［ソンタグ 1992：146］。しかし、ソンタグの語りは、病気に関する偏見が治療への妨げになることへの議論に焦点が当てられており、一人の患者としてソンタグ自身がどのように「病」を受け止め、向きあい、「病」への恐怖を乗り越えていったのかという自らの「経験」からの語りの記述は多くはない。ソンタグの目的は「想像力を掻立てることではなく、鎮めること」であった［ソンタグ 1992：149］。そこでは、病の表象批判のみが主に論じられている。

医療人類学者のアーサー・クラインマンとジョーン・クライマンが指摘しているように、「苦しみ」の表象は、現実が文化的・政治的に変形され、不可避的に政治的に利用されてしまう危険性にいつも晒されている。そのため、クラインマンは民族誌的なコンテクストの中で表象を捉えることの必要性を述べている。そして、「苦しみ」が地域住民にどのように受けとめられているのかを考察するための手段として「生の実態」を観察し、さらに、地域住民と協働で観察手法に関する計画を立案し評価へ参加することを提案している［A・クラインマンとJ・クライマン 2011］。

ポール・ファーマーもクラインマンらと同様、HIV／AIDS表象に関して、苦しむ個人のみを問題にしている点を指摘し、民族誌のなかでHIV／AIDSを捉えなおす必要性を強調している［2011］。ファーマーは構造的暴力により生じる苦しみが、それぞれ全く異なるにも関わらず、「アイデンティティ・ポリティックス（同一性の政治学）」により多様な苦しみが覆い隠されてしまったことを批判し、苦しみの原因を多面的に分析することの必要性を主張する［ファーマー 2011：96］。そして、地理的・人種的・文化的に隔たりのある人たちの「苦しみ」を理解すること、数字や事例だけで伝えることの限界を指摘し、社会的要因の分析においては、個人の経験を文化、歴史、社会的・経済的要因など、より大きな枠組みのなかで捉え直しながら分析しなければならないことを強調している［ファーマー 2011］。

一方で、アメリカにおけるPWH（＝People Living With HIV：以下PWH）の相互支援活動を人類学的アプローチで参与観察した佐藤は、HIV陽性者を構造の「犠牲者」として分析する医療人類学的なHIVへのアプローチに疑問を投げかける。HIV陽性者たちを個としてみつめ、理解することは可能なのか。佐藤は、NYにおけるHIV陽性者たちを支援する非営利組織でのエスノグラフィック・フィールドワークによる「他者理解」に関する考察において、「HIV陽性者たちを「健常者」たる「私たち」と文化的に区別された他者として理解するという方向をとらない方向性」を探る［佐藤 2004：10］。そして、HIV陽性者たちを「他者」として描くことを脱出し、彼らを理解するために、「HIVとともに生きる」という「経験」が彼らにとってどのようなものであったか、彼らがどのような生を生きているのかを理解することが必要であると述べている。さらに、そのために必要な土台とは、HIVとともに生きる人々を「私たち」と別の共同体に押し込めることのない、これまでとは違う「共同体」のあり方を模索することである示唆している［佐藤 2004：161-162］。

アフリカにおけるHIVとHIV陽性者をめぐる関係に関する研究をおこなった西真如も、HIV感染予防を考える際には、ウィルスの排除ではなく、むしろ共存という視点からHIV陽性者を捉えることが必要であることを示唆している［西 2010：48］。

映画におけるHIV／AIDSなどの病の「語り」を考察した西山智則は、狂牛病や梅毒のような「過去の病」と同様、HIV／AIDSに関する「語り」が恐怖と絶望の「語り」として繰り返されてきた過程を提示し、HIV／AIDSという単なる病気に「意味」を見出そうとする言説、つまり「なぜエイズは蔓延したのか」「この病はどこで発生し、誰が、いかにして国内に持ち込んだのか」といった「謎」に対して、たとえば「同性愛者の疫病」「娼婦が撒き散らす毒」といった「他者の病」、あるいは「ドラッグ」「アナル・セックス」の乱交としての病という「自己責任の悪」とするような無数の「物語」が紡がれてゆくことにより、ＨＩＶ／ＡＩＤＳへの偏見が創られてきたと指摘している［西山 2004］。

社会福祉研究者の小坂啓史［2014］は、ビデオエスノグラフィーによって言葉によらない身体的行為を考察することにより、ケアの相互関係の分析が可能であることを提示している。一方で、ビデオカメラという機材の現場への介入がどのように調査に影響しているのかについての分析が課題として残されていると指摘している。

そこで本書では、ビデオの介入に着目しながら、映像によるケアの相互関係を分析する。その際、ＨＩＶ陽性者たちの経験を、「他者」の絶望的な物語に押し込めることなく、社会的・経済的要因の枠組みで捉え分析することで、「彼らの生」と「私（たち）の生」の関係性への理解を試みる。

本書の第2章と第3章では、一人のＨＩＶ陽性者女性の日常生活における会話場面に着目し、ＨＩＶとともに生きるという「経験」が彼らにとってどのようなものであったか、ＨＩＶ陽性者の生きざまを通して考察し、ＨＩＶをめぐる関係性が「病」を超えて多様に広がるさまを、長期的・通時的な分析を通して明らかにする。

注

（1）ＨＩＶ（Human Immunodeficiency Virus＝ヒト免疫不全ウィルス）は、ヒトの免疫細胞に感染するウィルスである。主に、ヘルパーT細胞と呼ばれる、免疫において重要な役割を担うTリンパ球の一種に感染する。感染したヘルパーT細胞は、機能不全に陥ったり死滅したりするため、適切な治療を受けなければ、次第に質・量とも減衰していく。しかし、こうしてヘルパーT細胞が徐々に減少していく間、多くの患者は無症状である。個人差はあるが、この期間は数年から数十年にわたる。やがてヘルパーT細胞が免疫を維持できる限界以下にまで低下してしまうと、免疫不全による種々の日和見感染（通常は病原性を有さない弱毒微生物が原因となる感染症）や悪性腫瘍をきたすが、このような症状を伴ってはじめてエイズ（AIDS：Acquired Immune Deficiency Syndrome＝後天性免疫不全症候群）と診断される。治療を受けなければやがて死に至る。ＨＩＶ陽性者の健康状態や治療の効果をはかる指標としては、血液中に含まれるヘルパーT細胞の数を表す、ＣＤ４陽性細胞数（以下、ＣＤ４）という値がよく用いられる。健康者では、およそ一立方ミリメートルあたり八〇〇から一二〇〇の値を示すことが多い。ＣＤ４の低下は免疫機能の低下を示し、その値が二〇〇以下になるとエイズを発症する可能性が高い。

（２）一九八九年六月には、チェンマイ県において性産業に従事する女性の四四％が感染しているという統計が出ている。

（３）一九八九年から二〇〇六年の間の感染経路の約八割が異性間性交、続いて麻薬、母子感染となっている。

（例：下記の統計①＝一九八九年時、全人口の三・四七％が感染。性産業従事者全体の三三・一五％が感染）。

①性産業従事者：一九八九年三・四七％、（ピーク一九九四年三三・一五％）、二〇〇九年三・八八％

②性産業従事者からの間接的感染：一九九〇年二％、（ピーク一九九六年一〇・一四％）、二〇〇九年二・二一％

③妊婦：一九九一年〇・六八％、（ピーク一九九五年二・二九％）、二〇〇九年〇・七六％

④ＭＳＭ：一九九〇年二・五〇％、（ピーク一九九四年八・五％）、二〇〇九年五・四九％

⑤輸血：一九八九年〇・二八％、（ピーク一九九二年〇・八一％）、二〇〇九年〇・二一％

⑥薬物注射：一九八九—一九九七年約三〇—四三％、（ピーク一九九七年五〇・七七％）、二〇〇九年三四・九八％

[Ministry of Public Health Thailand、以下：MOPH 2012c: 182]

（４）ＨＩＶ陽性者数（人）（一九九〇～二〇一一年）

一九九〇年 二四万六二〇〇、一九九一年 三九六万、一九九二年 五九万七〇〇、一九九三年 五九万九四〇〇、一九九四年 六六万七〇〇〇、一九九五年 七一万、一九九六年 七三万一七〇〇、一九九七年 七三万三〇〇〇、一九九八年 七二万二二〇〇、一九九九年 七〇万六〇〇〇、二〇〇〇年 六八万六七〇〇、二〇〇一年 六六万六九〇〇、二〇〇二年 六三万一〇〇、二〇〇三年 五九万四〇〇〇、二〇〇四年 五六万四〇〇、二〇〇五年 五三万五一〇〇、二〇〇六年 五一万八六〇〇、二〇〇七年 五〇万四四〇〇、二〇〇八年 四九万〇九〇〇、二〇〇九年 四七万八二〇〇、二〇一〇年 四六万六四〇〇、二〇一一年 四五万五三〇〇、二〇一二年 四万四三一〇〇

エイズ患者数（人）（一九八四～一九九九年）

一九八四年 三、一九八五年 二、一九八六年 二、一九八七年 一四、一九八八年 一四、一九八九年 七三、一九九〇年 一七二、一九九一年 六〇四、一九九二年 一八三八、一九九三年 六六三六、一九九四年 一万三八七六、一九九五年 二万六八一、一九九六年 二万四九〇二、一九九七年 二万六九五三、一九九八年 二万七四八五、一九九九年 二万六一一四 出典：[UNAIDS 2004] http://data.unaids.org/publications/Fact-Sheets01/thailand_en.pdf（最終アクセス 二〇一四年六月）参照：「AIDS Epidemic Update」[UNAIDS 2012]。

（５）Thongthai and Pitakmahaketni によるインタビュー調査によると、一九八五年から一九九三年までの間、政府の恐怖を煽るキャンペーンにより、調査対象者（一五—四九歳、約四〇〇〇人）のほとんどがＨＩＶ／ＡＩＤＳについて見識があり、その内、約三分の二が、主にテレビやラジオなどのメディアからＨＩＶ／ＡＩＤＳの感染、兆候、治療に関する正しい知識を得ていた [Thongthai and Pitakmahaket 1994: 54]。

（６）オランダのアムステルダム国際ドキュメンタリー映画祭、スイスのニヨンドキュメンタリー国際映画祭と並んで、世界の三大ドキュメンタリー映画祭の一つである山形国際ドキュメンタリー映画祭は、一九八九年に山形市一〇〇周年の社会事業として山形市ではじめて開催された。アジアで初めての国際ドキュメンタリー映画祭である。インターナショナルコンペティションへの応募は約一一〇〇本。アジア千波万波プログラムは、アジアの映画作家の登竜門とされ、毎年アジア各国から六〇〇本近くの応募がある（その内コンペティション部門で上映されるのは約三五本（インターナショナルコンペティション一五本、アジア千波万波約二〇本）である）[参照：山形国際ドキュメンタリー映画祭オフィシャルウェブサイト http://ww.yidff.jp（最終ア

クセス二〇一四年六月二日)」。応募された映画は全て、山形市にある山形フィルムライブラリーに収められている。

(7) そうした活動の記録を映像にした八〇年代～九〇年代のアメリカにおけるドキュメンタリー映画の代表作としては、ローザ・フォン・ブラウンハイム Rosa von Praunheim の『Silence＝Death』[1990] がある。

(8) AID the Band Played on [1993] は、ランディ・シュルツ Randy Shilts によって、エイズという病名がつく前の段階から、マスメディアにおけるゲイへのネガティブ表象まで、当時の様子を克明にドキュメントしている。本著は、ロジャー・スポティスウッド Roger Spottiswoode によって映像化 [1993] されている。

(9) 山形国際ドキュメンタリー映画祭創設の提唱者。山形県上山に長期にわたり住み込みながら、農民たちとともにドキュメンタリー映画制作を継続した。小川のドキュメンタリー映画制作手法は、日本人監督のみならず、日本以外のアジアやヨーロッパ諸国の映画監督にも影響を与え続けてきた。小川の代表作品に、『ニッポン国　古屋敷村』(1982) と『一〇〇〇年刻みの日時計　牧野村物語』(1987) などがある。

(10) 『昨日 今日 そして明日へ…(英語タイトル：*Yesterday Today Tomorrow*)』〈監督・編集・撮影・製作：直井里予／日本―タイ／二〇〇五／九〇分／タイ語(日本語・英語字幕)／DV／Color〉(写真④) 台湾国際ドキュメンタリー映画祭二〇〇六審査員特別賞(アジア部門)受賞作品。二〇〇五年にタイで制作された筆者の処女作。HIVに感染した少年とその家族、そしてアンナ・ポム夫妻の新婚当時の日常生活を三年間にわたり描いた作品。二家族の生活の中にゆっくりと流れる時間、そしてHIV陽性者らの生きざまを通して、生の根をじっくりと見つめた(『昨日 今日 そして明日へ…』映画公式サイト www.riporipo.com 参照)。バンコク国際映画祭二〇〇五をはじめ、山形国際ドキュメンタリー映画祭二〇〇五、韓国EBSドキュメンタリー映画祭や国際エイズ会議などをはじめ自主上映会などで多数上映された。

(11) 二〇〇四年に開催されたタイのノンタブリ県で開催された第一五回国際エイズ会議においては、先述の作品『マーシー／ルクナムの命』の他に、以下のタイ作品が上映されている。『Life: Cost of Living』(2001)、『Speak your mind』(2001)、『Speak your mind』(2003)、『Young hopes in Elderly Arms』(2003)、『Sexuality Short Films』(2004)、『Partners for Health』(2004)。同じく、二〇一三年にバンコクで開催された第一一回アジア・太平洋地域エイズ国際会議では、『Overseas』(2012) などのタイ作品が上映された。

(12) 出典：Raks Thai Foundation サイト：http://www.raksthai.org/new/news-events-detail.php?option=&task=&tr_id=27&cat=&lang=en、Thaiplus.net HP：http://www.thaiplus.net/Clip.aspx?Id_Content=181 (最終アクセス二〇一四年六月)。

(13) HIVをテーマとしたタイの劇映画に関しては、一九九一年に『Rew-Kwaa-jai Klai-kun-fan』(心より早く、夢より近く)が、Phenphed Penkul により制作されている。この作品は、当時タイにおいて問題とされていた静脈麻薬による感染を背景に、暴走族の男性と恋に落ちて駆け落ちした女性がその男性から感染してしまうという作品である。HIV感染により病弱になる前の段階で物語は終わるが、悲観的なストーリーには陥らず、残された人生を、前を向き生きていこうとする青年の姿を描写してエンディングを迎える。監督のHIVに感染した若者たちへのHIVの感染防止啓蒙のみならず希望をもって生きていくことへのメッセージが含まれている。続いて一九九六年には、Chartrichaloem Yukhon (チャートリーチャルーム・ユコン) によるインディペンデントの長編劇映画『Sia-daai 2』(英語タイトル：Daughters 2) という作品が制作された。当時、タイで社会問題化されていた輸血によるHIV感染をテーマに、ある上流階級の一家が娘のHIVによって家族が偏見と差別にさらされ崩壊に至る物語である。しかし、家族のHIVとともに生きていく覚悟が物語の最後では描かれおり、家族の崩壊のみならず、再生が描かれた社会派ドラマである。当時の社会情勢などもドキュメンタリータッチで描かれており、監督がＨＩＶというテーマと正面から向き合いながら制作している姿勢が作品ににじみ出ている作品である。

近年では、『Friendship』（2008）や、『Love＋／Buok Mai-tit-lonh』（2013）といった、青少年のラブ・コメディータッチのドラマにＨＩＶ感染のストーリーが入れ込まれている作品などが制作されている。

写真4：映画『昨日 今日 そして明日へ…』ポスター

第２章

共同性の生成

――『いのちを紡ぐ――北タイ・ＨＩＶ陽性者の12年』制作からの考察

本章では、ドキュメンタリー映画『いのちを紡ぐ』[1]の内容分析にもとづき、チュン病院エイズデイケアセンターでの〈場（空間）と語り〉に焦点をあてながら、北タイにおいて、自助グループの活動を通して共同性が生成されていった過程を考察する。考察の際、病院の管轄下にある自助グループと独立系自助グループの活動の相違に着目し、北タイにおけるＨＩＶ陽性者の自助グループが、どのように形成され、あるいは、弱体化し、あるいは、持続しているのかについて明らかにする[2]。

1　映画の舞台

（1）背景（所得格差と移動労働）

タイは八〇年代後半以降、外資を積極的に導入した結果、急スピードで経済成長を遂げ、八六年から九六年の平均成長率は約一〇％という高度成長率を示した［野崎 2007: 1］。しかし、富が首都バンコクに集中したために、都市と地方の所得の格差が拡大した。一九九四年当時のパヤオ県における一世帯（平均三・三人）の平均収入は四三四九バーツ［UNAIDS 2000: 17］であり、当時のバンコクの平均収入の一万六四一八バーツと約四倍の開きがあった［国際協力銀行 2001: 4］。UNAIDSの報告によると、一九九四年のパヤオ県内の四カ所の村でおこなった調査では、一七〜二四歳の男女の約五〇％が一九九三年に一カ月以上他県へ移動している。その約四分の一が教育のためであり、残りの四分の三は労働のためである。移動労働者の多くは農民たちで、男性の多くは建設現場などのブルーカラーの仕事につき、女性の多くが性産業に従事していた。一九九一年には、パヤオ県チュン郡の一五〜三四歳の女性の一四・六％にあたる一六九二名が性産業に従事した経験があり、そのうちの一四・五％（二四五名）がアジアやヨーロッパなど海外で働いていたという報告が出ている［Pramualtatana *et al* 1994; UNAIDS 2000 17］。

パヤオ県におけるＨＩＶの感染の高さの要因[3]は、パヤオ県という土地が、売娘で有名であったという特殊性にもあるといわれている。北タイのラーマ時代において植民地化されていたという歴史的背景や、北タイの女性の肌の色が東北タイや南タイの女性よりも白いということなども、ＨＩＶ感染率の高い要因の一つであるという議論がされてきた［Skrobanek 1987］。また、ベトナム戦争時代にアメリカが東北タイに七つのベース基地を持つことにより、バンコクが兵士たちの娯楽の場と化したことも背景の一要因として挙げられた。戦争終結後もバンコクの歓楽地化は衰えることがなく、バンコクのセックスワーカーは一九八〇年までに五〇万〜七〇万にも達したと言われている［Patchanee 2012］。

北タイからバンコクへの移動者数は、一九五五〜六〇年五〇四七人、一九六五〜七〇年が二万一九〇九人、一九七五〜八〇年が二万二三三三人、一九八五〜九〇年が七万三六九人と八〇年代に激増した。しかし、一九九〇年以降は徐々に減り始め、一九九〇年に三・五％だった移動率は、二〇〇〇年には三・二％と減少した［池本・武井 2006：291］。一方で、パヤオ県に県外から移入した者は、一九九〇年の六・一％から二〇〇〇年には一二・〇％に増えた［NSO 2000］。

タイ全体における物価や教育費の高騰などの影響で、農民たちの日常生活費の支出も同時に増加した。農業だけでは生計がたてられなくなった若者たちが都市に働きに出はじめ、性産業に従事する女性も増えていった。そして、移動労働中に感染した労働者たちが、自分の感染に気づかずに帰省の際に家庭に持ち込み、妻や夫、そして恋人にＨＩＶを感染させてしまうケースがパヤオ県で増えたのである［入江 2000］。

パヤオ県では、一九九三年頃から、エイズ患者が増加し、死亡者も増加する中で、村でのＨＩＶ／ＡＩＤＳに対する意識が徐々に変化した。それまで、性産業従事者や男性同性愛者の間での問題として認識されていたＨＩＶ／ＡＩＤＳが、家庭内でも起こりうる身近な問題として村人たちに意識されるようになった。そして、医療的視点からのみでなく、経済的な問題を含んだ地域全体の問題として、ＨＩＶ陽性者のケアをどのように行っていくか、という議論が展開されるようになった。

さらに、ＨＩＶ感染という病の経験が困難であったのは、単にＨＩＶに感染したという生物学的な事実や症状だけでなく、ＨＩＶへの無理解がこの病気を一層複雑なものにした。こうした背景が伴い、ＨＩＶ陽性者やエイズ患者への国家プロジェクトによるケアの取り組みへの組織化が必要とされるようになった。

そこで、県は、一九八九年にエイズ予防コントロール委員会（The Provincial Committee for AIDS Prevention and Control）を立ち上げ、一九九四年には、パヤオ・エイズ・アクションセンター（The Phayao AIDS Action Centre：以下ＴＰＡＡＣ）を新たに立ち上げた［UNAIDS 2000：39］。

ＴＰＡＡＣは、パヤオ保健局の支援を受け、県内の五カ所（チェンカム郡、ドッカムタイ郡、チュン郡、プサン郡、ムアンパヤオ郡）にエイズデイケアセンターを立ち上げ、一九九六年には、約三〇〇〇万バーツの予算をあて、七五のプロジェクトを施行した。中でも、コミュニティと家族を対象とした活動に対しては、パヤオ県全予算の約二割があてられ、その内、四六％が治療とケア、二八%が予防対策、そして二三%が福祉支援にあてられた。そして、これまでのタイ保健省の政策（県や病院における会議などに予算の比重をおいていたもの）とは全く違った新たなプロジェクトがパヤオ県において、パヤオ県の主導ではじまった［UNAIDS 2000：40-42］。

タイ政府（保健省）も、このような地域におけるプロジェクトの重要性への理解を深め、一九九六年、「家族」と「地域」にエイズ対策の重点を移行することを決定し、ＨＩＶ陽性者やエイズ患者の生活改善の実現を公約した［関 1997］。

パヤオ県のチュン病院とパヤオ病院は、タイ政府が指定した「エイズ予防対策国家五カ年計画（一九九七～二〇〇一年）」の国内四カ所のパイロット地域の一つとして選ばれ、両病院のケアセンターを中心に、ＨＩＶ陽性者とその家族、村の行政機関、教育関係機関、青少年、仏教僧（寺）、そして地元の国際ＮＧＯ機関や国連機関などが連携し、地域全体における活動が展開された。これらの政策の結果、コミュニティから排除されたＨＩＶ陽性者たちが自助グループを結成し、ＮＧＯや病院側と一体となって、地域における啓蒙活動を進めることにより、村人たちがＨＩＶに対する高い意識を持ちはじめ、コミュニティ・ケアがはじまり、ＨＩＶと共生するコミュニティの形成にむけて村全体が動きだした。その変容の背景には、ＨＩＶ陽性者自身の変化が大きな要因としてあった［入江他 2007］。

パヤオ県で活動するＮＧＯの役割に関する調査を長期にわたって行った入江らは、パヤオ県におけるＨＩＶ陽性者らの自助グループの成長過程について以下のようにまとめている［入江他 2007：60-61］。

① 一九八八～一九九二年　恐怖と排除の時代
② 一九九三年　ＮＧＯの介入と政府への抗議、ＨＩＶ陽性者の連帯のはじまり
③ 一九九四年　ＮＧＯの連携と支援による自助グループの結成と拡大
④ 一九九五年　ＨＩＶ陽性者の自助グループによる政策提言と政府ＮＧＯ基金による地域活動支援の開始
⑤ 一九九六年　北部自助グループネットワークの設立による相互扶助の開始
⑥ 一九九七年～　地方分権化と地域住民のエンパワーメント

このような活動は、予防活動や差別撤廃運動、抗ＨＩＶ薬請求の組織化されたデモ、そして自助グループのネットワーク拡大へとつながり、活動の主体は徐々に行政や病院側からＨＩＶ陽性者たちへと移っていった。では、具体的にはどのように活動が展開されていったのか、映画の〈場と語り〉から考察していきたい。

考察の前に、ドキュメンタリー映画の内容と主人公のライフストーリーを以下で、簡単に紹介しておきたい。

(2) 内容：『いのちを紡ぐ』

二〇〇〇年一二月世界エイズデー。この日、タイ北部に位置するパヤオ県の国立チュン病院に併設して建てられたエイズデイケアセンター「幸せの家」（Aids Day Care Center：以下、ＤＣＣ）の新築祝いの式典が盛大に行われた。ＤＣＣは行政自治体やＮＧＯなどさまざまな機関や個人からの寄付によって建てられた。

式典には村の僧侶も参加し、黄褐色の袈裟に身を包んだ僧へタムブン（喜捨・功徳を積んで幸福を得ること）をするＨＩＶ陽性者たちの姿が多くみられた。また、建設に携わったＮＧＯ関係者をはじめ、病院の医師や看護師、そしてＤＣＣのメンバーたちが大勢参加した。

その後、ＤＣＣでは、主人公のアンナを中心にさまざまな活動が展開された。カウンセリングやケア、家庭訪問などの活動を通して、ＨＩＶ陽性者の自助グループも形成され、バンコクで抗ＨＩＶ薬の特許を求めたデモに参加するものや、カウンセリングを自ら行うものも出てきた。二〇〇二年以降、抗ＨＩＶ薬の浸透により、エイズは必ずしも死の病ではなくなり、感染したエイズ孤児の寿命が長くなったことで、思春期をむかえる十代の子どもたちの精神的ケアなどの新たな問題が浮上した。

病院では、看護師によるケアから次第にＨＩＶ陽性者自身によるケアが進められていくようになる。そうした変化の中で、ＤＣＣでの自助グループの役割、そして看護師の立場も徐々にシフトしていった。タイの経済成長も背景要因として影響を及ぼしながら、ＤＣＣの空間が変容していった。

一方、チュン病院のＤＣＣの新築祝いの式典が行われた同じ年に、同県内のプサン郡でも、ＨＩＶ陽性者の自助グループが立ち上がり、活動を開始させていた。病院から独立した形でグループを形成していったＨＩＶ陽性者の自助グループは、リーダーであるＰを中心にチュンとは別の新たな活動を展開していく。彼らは自ら資金を集め、病院には属さない形で活動を続け

表２　登場人物（年齢は2012年６月の撮影時）

登場人物	性別	年齢	
アンナ （映画の主人公）	女性	41	1970年チュン郡フアイカオカム（Huay Kao Kum）村生まれ。前夫からＨＩＶに感染した。前夫が亡くなった後、1999年12月末、配偶者をエイズで亡くしたばかりのポムとＤＣＣで出会い、翌月結婚した。毎朝市場で卵売りの仕事をし、日中は、エイズ孤児施設で働いている。
ポム	男性	39	アンナの夫。南タイ出身。 前妻からＨＩＶに感染。
ジップ	女性	19	アンナと前夫の一人娘。 ＨＩＶには感染していない。
アンナの母	女性	62	アンナの妊娠時に前夫と離婚。アンナが小学生の時に再婚した。ゴミ拾いなどをして、アンナを支えてきた。
ケサラ	女性	42	看護師。エイズデイケアセンターで働いている。
N	女性	13	両親をエイズで亡くす。祖父（母方）の家で、母の弟の娘、そして母の弟とともに暮らす。エイズ孤児施設に２～７歳まで通う。
P	男性	41	プサン郡の自助グループのリーダー。 ゴム園を経営している
R	女性	44	夫からＨＩＶに感染。大学３年生の娘がいる。 親子ともＨＩＶ陽性者。

出典：調査を基に筆者作成

ていきながら、ＨＩＶ陽性者の自助グループの活動を拡げていった。

ＨＩＶ陽性者の自助グループが立ち上がり、活動を開始してから一二年、ＤＣＣのＨＩＶ陽性者の自助グループが終焉し、Ｐの自助グループが活動を展開していった原因は何だったのか。『いのちを紡ぐ』は、アンナとＰの家族の日常と彼らをとりまく人々の関係の変容を描いた作品である。

（3）主人公のライフヒストリー

登場人物を表2に示したが、本項では主な人物の生活史を紹介する。

アンナ（写真⑤）

アンナは一九七〇年チュン郡フアイカオカム村[4]に生まれた。アンナの母チャイナーイは、美容室で働いていたアンナの実父と出会い結婚。アンナを二〇歳の時に妊娠した。しかし、出産前に夫と離婚。アンナはその後、母が再婚するまでの三年間、母子家庭で育った。母は、その後再婚し、現在のアンナの父、チャレムがアンナ家に一緒に住みはじめた。その後、父と母の間に男の子が誕生した。母は彼にアナンという名をつけた。アンナに弟ができ、親子四人での生活がはじまった。しかし、生活は決して楽ではなかった。アンナは小学校を卒業後、家計を助けるために、中学へは進まずに働きはじめた。洗濯屋でのアルバイトやベビーシッター、そしてレストランのウェイトレスなど、色々な仕事をこれまでしてきたという。農繁期になると、農作業を手伝った。

アンナはしばらく実父とは会ってはいないが、暮らしている場所は分かっている。アンナの母も、目鼻立ちがはっきりしていて美人だ。アンナは一九歳の時、村の美人コンテストで優勝したこともある。そんな彼女にお見合い話が持ち込まれたのはアンナが二〇歳のときだった。相手は同じ村に住む美容師だった。父親と同じ職業の美容師をしていたのは偶然だった。アンナはそんな彼と出会ってすぐ一九九〇年に結婚。二年後の一九九二年に長女ジップを出産した。

ジップが一歳になり育児が落ち着いてきた頃、夫の美容室で一緒に働きはじめることを決意。美容師の資格をとるために七カ月間専門学校に通いはじめた。チュン郡からバスで一時間、パヤオ県の中心街にある専門学校まで、毎日通った。その後、学校を無事卒業し、夫の美容院で働きはじめた。夫婦一緒に仕事をし、お店は軌道に乗り始めてい

写真５：市場で卵売りをするアンナ

た。しかし、アンナが働き始めてまもなく、夫が急に体調を崩した。頭痛が急に襲いかかったのだ。病院へ行くと、すぐに血液診断をすすめられた。そして診断の結果、ＨＩＶ感染が判明した。しかも、すでにエイズを発症している段階だという。

一九九〇年代前半、抗ＨＩＶ薬はまだ流通してはおらず、北タイの人たちにとっては、購入が難しい高価なものだった。その後、前夫はモルヒネなどの痛み止めの注射を打ち頭痛をごまかしながらの日々を過ごした。注射を続けていくとある日、体の左側全体が麻痺しはじめ、何も感じなくなってしまったという。そして夫はしばらくの間、病院に入院することになった。

アンナが検査を受けたのは、その前夫が入院中の一九九五年のことだった。医者から血液検査をすすめられ、ＨＩＶ検査を受けることになった。そして、検査の結果、アンナもＨＩＶに感染していることを医者から告げられる。思いもよらない感染の告知に、アンナは悲しみに沈んだ。アンナは普通の主婦だった。夫以外の男性との性行為は一度もなかった。夫は、アンナと結婚する以前にＨＩＶに感染していたのかもしれないし、結婚後、外で感染してしまったのかもしれない。夫は自分がＨＩＶに感染にしていることに気づかずに、知らぬ間に妻であるアンナにもＨＩＶを感染させてしまった。アンナは、ショックでしばらくの間、仕事がまったく手につかなくなってしまった。その間、病院で夫につきっきりで看病を続けたという。

一カ月後、夫の体調が少しよくなり、退院することになった。仕事も少しずつ出来るほど体力が回復していったという。精神的にも落ち着きを取り戻した二人は、再び美容室を開くことにした。しかし、その頃すでに、二人のＨＩＶ感染のことが村中に知れわたっていた。店への客の足取りがパタっと止まってしまった。その後、美容室を訪れる客はいなかった。アンナが感染した一九九五年当時、村の中ではエイズに対する差別と偏見が強く残っていた。

その頃、村の中にＨＩＶ陽性者やエイズ患者があまりいなかった。やせて、頭が痛くなりすぐに死んでしまう人が多かった。村人たちは、エイズをとても恐れていたわ

仕事を失い、村の人々からも偏見を受け、外に出られず家に篭る日々が続いた。そんな時に、アンナの弟がバイクの交通事故で亡くなるという悲しみが降りかかる。しかし、その時アンナの「生」を支えていたのは「子どもへの思い」だったと言う。その頃、長女のジップはまだ二歳になったばかりだった。

あの時、死ぬことがとても恐かった。ジップがまだ二歳だったから、とても心配だった。タイの伝統薬や、漢方薬など、勧められたものはなんでもすぐにためしてみたわ

その間、アンナはゴミ拾いの仕事をしながら家計を支え、夫の看病とジップの育児を続けた。自分が夫からＨＩＶに感染したことは、夫には伝えなかったという。体調を崩して苦しむ夫に、これ以上余計な心配をかけたくなかったという。アンナは自分がＨＩＶに感染しているという事実を、両親にも、友人にも、誰にも直接打ち明けることができずにいた。

そんなある日、チュン病院の医師と看護師が家を訪れ、デイケアセンターを紹介してくれた。一九九六年、病院にデイケアセンターが設立された翌年のことだった。医師たちに誘われ、夫と一緒にデイケアセンターへ足を運んだアンナは、驚いた。そこには、自分と同じＨＩＶに感染した人たちが大勢いたのだ。センターに通い続け、皆と一緒にご飯を食べたり、情報を交換したりするうちに、親しい友人もできた。

そうして徐々に自分一人で抱え込んでいた悩みを他人に打ち明けるようになり、心が癒され、家の外にも少しずつ出るようになっていく。自分の居場所が見つかり、気分がとても楽になったという。その後、毎日のようにアンナは、夫と一緒にセンターに通うようになった。夫の体調が悪い日も、夫はアンナに支えられながら、センターに通い続けた。しかし、その後再び夫は体調を崩した。急に食欲が衰え、何も食べられない状態に陥ってしまう。一九九七年六月、夫が亡くなった。アンナは、最後まで夫の側を離れなかった。

一九九八年一月、一九九七年一二月末に配偶者をエイズで亡くしたばかりのポムがセンターに通いはじめていた。デイケアセンターの中で、まだ知り合いも友達もできずに、一人寂しそうにご飯を食べていたポム。そんなポムの姿を目にしたアンナは、皆の輪の中に入って一緒に食事をするようにと、声をかけた。ポムの心がアンナのその一声でどれほど安らいだことだろう。同じ村に長年住みながら一度も会ったことがなかった二人が、デイケアセンターでその日はじめて出会うことになる。

その後、ポムとアンナは、デイケアセンターで頻繁に会うようになり、お互いの悩みや生活のことを、話すようになっていった。アンナは、ポムには悩みをなんでも話すことができた。ポムはアンナの気持ちをよく理解し、いろいろ相談にのった。ポムと話をすると気持ちが楽になった、とアンナは言う。ポムにとっても、アンナの存在は、かけがえのないものになっ

ていった。仕事のパートナーとして、相談相手として、二人は時を一緒に刻み始めていくようになった。ポムは、毎晩のようにアンナ家に訪れるようになり、夕食を一緒にとるようになっていった。

ポム（現在のアンナの夫 写真⑥）

ポムは一九七二年、南タイのナコンシータマラートで生まれ、四人兄妹の次男として育った。両親はポムが2歳の時に離婚。母親は家を出てすぐに再婚した。音信不通で今はどこで暮らしているのか分からないという。父親は、ポムが五歳の時に病気で他界。兄は、一九九五年に自ら命を絶ったという。ポムの弟と妹は今も南タイで暮らしている。高校を卒業後、ポムはプーケットに行き、機械工の仕事をはじめる。そしてプーケットで出会った前妻と結婚後、仕事を辞めて妻の実家のあるチュン郡に移り住んだ。

妻の体に急変があったのは、一九九七年一二月、チュン郡で生活をはじめて五年目のことだった。急に頭痛を訴え始めた妻を抱えて、ポムは急いで病院に駆けつけた。診断の結果、エイズが判明。病気の進展は早かった。妻は一週間後に亡くなった。そしてポムもその後の診断の結果、ＨＩＶに感染していることが判明した。

突然、配偶者を亡くし、自分がＨＩＶに感染しているこ

写真６：アンナとポム

とを告知され、親戚も知り合いも誰もいない見知らぬ町での暮らしは心細く寂しかった。実家のある南タイに戻ることも考えられなかった。南タイではＨＩＶ陽性者／エイズ患者の数も少なく、エイズに対する理解も、当時、あまり進んでいなかった。家族にも親戚にもＨＩＶに感染したことを打ち明けることができないポムには、帰る場所がなかった。デイケアセンターの存在を知りアンナと出会ったのは、そんな時だった。アンナは身寄りのないポムに同情するようになっていく。ポムもアンナといると気持ちがとても安らいだ。ポムはアンナの家に毎晩のように通い、アンナ家と夕食を共にするようになった。

二人はいつも一緒だった。デイケアセンターのメンバーからいつ結婚するのか、といつも聞かれてからかわれた。ポムは毎晩のように、家に泊まりにくるようになる。食事をともにし、朝になると、自分の家に帰っていった。

ポムは、このまま恋人同士のままではよくないと思った。人生のパートナーとしてアンナとずっと一緒に歩いていきたい。そう思って結婚を決意した。そして、アンナへプロポーズ。しかし、アンナはすぐには答えられなかったという。責任をとらなければならない子どもがいたこと、そして、ＨＩＶ陽性者の恋愛や結婚なんて、ありえない。そう思っていた。当時、ＨＩＶ陽性者やエイズ患者同士で結婚すると、早死にしてしまうという噂もあった。でもアンナは、皆と同じように人生を送りたかった。だからポムと結婚したという。元気だった頃と同じように働いて、家族を持ちたかった。ＨＩＶ陽性者でも、普通に生活ができることを、分かってもらいたかったという。

一九九八年二月一五日、二人は結婚。そして、共に人生を歩みはじめた。二人が出会って一カ月も経たない日のことであった。そうして、彼らは新たな人生を歩みはじめていった［直井 2010：23-31］。

そして、彼らが出会った二年後の二〇〇〇年に筆者は二人と出会い、ドキュメンタリー映画制作がはじまった。次節では、彼らの出会いのきっかけとなったチュン郡エイズデイケアセンターにおける活動を見ていこう。

2　チュン郡における自助グループ（国立病院の管轄下）

(1) エイズデイケアセンター「幸せの家」（ＤＣＣ）の活動内容

映画の舞台であるチュン郡は県の中央に位置する人口五万一六九六人（男性二万五〇六三人：女性二万六六三三人）、七行政区、八六村を擁する地域である。郡内には、国立チュン病院の他、コミュニティ病院が一カ所、そして保健所が九カ所にある。チュン郡のエイズ患者／HIV陽性者数（一九八九年～二〇一二年七月）は、次の通りである。エイズ患者数一四七六人、HIV陽性者数七三七人、エイズ患者数とHIV陽性者数の合計は二二一三人、男女比は一・四対一［DCC 2012］である。感染経路は、九三・七％が性交渉、ついで母子感染、静脈麻薬摂取による感染である。年齢別には、三〇～三四歳が一番多く、次いで二五～二九歳が多い。職業別人口では、農業従事者が六〇％を占め、ついで自営業者、公務員が多くを占めている［DCC 2012］。タイ全体では、総人口およそ六四〇〇万人のうち、HIV陽性者とエイズ患者の数はおよそ四五万人で〇・七％の割合になっている［UNAIDS 2014］。この値から見ても、チュン郡のHIV感染率（約四％）の高さがわかる。

DCCは一九九五年三月チュン病院内に併設して建てられた。(5)二〇一四年の報告書によると患者登録者数は五三七名、うち、男性二四三（子ども一七）名、女性二九四（子ども一七）名である。フルタイム・ヘルスワーカー三名と有給のHIV陽性者スタッフ一名、他に、二六名のHIV陽性者のボランティア・スタッフ（うち、一〇名はコミュニティ内の家庭訪問専門のボランティア・スタッフ）が働いている［DCC 2014］。

DCCでは、カウンセリング、診断、薬の配布とアドバイス、HIV陽性者のカウンセラーの養成、学校でのエイズ啓蒙教育、他県からの訪問看護師などを対象としたワークショップが行われ、毎週水曜日には抗レトロウィルス薬（ARV）(6)による治療が行われている。子ども向けのグループカウンセリングは毎月最終木曜日に行われる［DCC 2012］。

撮影を開始した二〇〇〇年当時、DCCには机も椅子もおかれていなかった。コンクリートの床にゴザを敷き、輪になり、看護師によるHIV／AIDSに関する講義や、HIV陽性者らによる話し合いなどが進められていた。チュン郡のHIV陽性者は、二〇〇〇年当時一五一三名であり、うち、抗HIV薬を飲んでいる人たちは、一六人と少なかった［DCC 2014］。死に至る病としてエイズはこの頃まだ恐れられていた。しかし、DCCではそんな雰囲気は全く見られず、いつも穏やかな雰囲気だった。強制的に集められているわけではないこの会合には、毎回七〇名近い患者たちが参加していた。

DCCが設立された一九九五年当時はまだ薬の配給の対象が一部の患者のみであったため、エイズ＝「死の病」という意識から、多くの患者が不安とストレスを抱えていた。そうした中で、DCCにおけるカウンセリングでは、タイの上座部仏教思想に基づいた取り組みが導入された。まず、カウンセリングの前に瞑想実践が行われる。建物の中央には仏像がおかれ、患者たちは、講義がはじまる時間になると仏像の周りに集まりはじめる。午前九時、看護師が仏壇のロウソクと線香に火をつけ、メンバー全員でお経を唱える。その後、五分間の瞑想がはじまる。座禅を組み、目を閉じ、心を無にして呼吸に集中する。瞑想を五分間した後、読経を行う。

瞑想実践が終わると新メンバーの自己紹介がはじまる。輪になり、自分の名前と出身村などを伝える。その際、DCCへ通い始めたばかりの新メンバーの心がほぐれるように、ゲームやダンスなどをし、新旧メンバーの交流に十分な時間をかける。

『いのちを紡ぐ』シークエンス1—6　一一：〇〇〜一二：〇〇　エイズデイケアセンターの一日（写真⑦）

オイ：こんにちは。オイです。チュン村から来ました。
アンナ：こんにちは。アンナです。ファイカウカム村から来ました。
ポム：こんにちは。ポムといいます。ファイカウカム村から来ました。
女性：独身ですか？（笑）

話し合いの内容は、薬の話から私生活の悩みなど多岐に及んだ。当時、結核を併発する患者も多く、DCCの活動を通じて色々な課題が浮き彫りにされていった。患者側からも質問や意見が頻繁に出て、看護師たちが一つ一つ、丁寧に質問に答えていた。看護師たちも必死に最新の医学情報の収集に力を入れていた。

DCCは、医者や看護師による診断やHIV／AIDSに関する講義のみならず、HIV陽性者同士が出会い、親密な関係を構築する場を提供してもいた。

午前一一時半をすぎると、昼食をとりながら雑談がはじまる。DCCでの昼食は無料で支給される。材料費は病院側から出されているが、NGOなどから寄付された野菜など、持ち寄りの材料で賄われる時もある。コンクリートの床にゴザを敷き、座敷に丸くなって座り、おかずを共有しながら、ゆっくり時間をかけて食事をとる。それぞれの近況報告や情報交換をしながら食事の時間をともに過ごす。DCCの正面入口には、売店も作られ、病院を訪れる患者たちが多く足を運ぶようになった。

昼食後、診断を受け、薬を受け取った後、看護師によるカウンセリングがはじまる。病院が閉まる夕方4時まで、DCCには、人が絶えず訪れる。待ち時間の間に、陽性者同士らは、情報交換やたわいのないおしゃべりなどをして各々過ごす。時には、村の行商人がセンターにやってきて、果物やら衣類などの商品を並べて、メンバーや看護師ら、スタッフたちを相手に、商売をはじめたりする。

ＨＩＶ陽性者たちは、ＤＣＣでカウンセリングや治療を受けるのみならず、ＨＩＶ陽性者同士、お互いの悩みを語り合ったり、情報を交換する関係も形成されはじめ、ＨＩＶ陽性者間の関係性が形成されていった。その過程は、次のアンナのラジオ放送出演時（二〇〇二年一一月）の語りの事例によっても示されている。パヤオ県の中心街に位置する三階立てのフラットアパートの一室に、パヤオラジオ局が入っている。ここから北タイ全域に放送が発信されている。

以下の事例は、この放送局で、アンナたちが「市民はどう考えるか？」というコーナーに出演した時のアンナの語りである。

写真７：エイズデイケアセンター（幸せの家）

ＱＲコード
動画１

『いのちを紡ぐ』シークエンス1―7　一四：〇〇〜一八：一三〈ラジオ局でのアンナの語り〉
（動画１・写真⑧）

「これからＨＩＶ陽性／エイズ患者の代表のアンナさんを紹介します。今日は、標準語と北タイ語の両方使ってこの番組を放送しています」というＤＪの出だしの語りから、アンナが名前を隠さずに公表している状況が分かる。

ＤＪ：いつＨＩＶに感染しましたか？
アンナ：一九九五年です。
ＤＪ：どうして感染したのですか？
アンナ：亡くなった夫から感染しました。
ＤＪ：ご主人から感染したことをどうして分かったのですか？
アンナ：夫の具合が悪くなり、病院に行きました。その時、医者に告げられました。
ＤＪ：その時、どんな気持ちでしたか？
アンナ：とても哀しかったです。私は普通の専業主婦でしたから。外に遊びにも、仕事にも行かないのに。
ＤＪ：自分の夫からの感染は、ショックですよね。哀しいですね。
アンナ：家にずっと閉じこもっていました。でも、センターにいくようになり、精神的に立ち直っていきました。友達ができ、お互いに励ましあえたのです。
ＤＪ：今は社会からどのように、受け入れられていますか？
アンナ：昔と比べると、とてもよくなりました。昔はすごく嫌がられましたが、今は社会から受け入れられるようになりました。屋台を出すことも、出来るようになりました。焼きとりなどを売っています。お客も大勢います。村の活動にも参加しています。

DJ：よかったですね。お祭りなどにも参加しているのですね。昔と違って今は村の中で、受け入れられているのですね。九四、九五年ごろは、皆怖がっていましたね。でも今はＨＩＶ陽性者やエイズ患者のことを、皆よく理解し、同情しているのですね。エイズになりたいと思う人はいないはずです。先程アンナさんは、センターで友達ができ、励ましあえたと言いましたが、どんな活動をしていますか？

アンナ：毎週木曜日活動があります。登録をすませ、瞑想をし、その後、お医者さんから色々アドバイスを受けます。病気になった時の処置などいろいろな助言を聞きます。メンバー同士、自分の症状を伝えあい、情報交換します。それから薬を一緒に昼食を料理し食べて、それから薬を

写真８：ラジオに出演するアンナ

貰って帰ります。
ＤＪ：センターに通いはじめて、自分自身の変化は何かありましたか？
アンナ：はい。成長したと思います。自己管理の仕方を学び精神的に強くなりました。
ＤＪ：そうですね。一人でいると、考えすぎてしまいますが、友達と一緒にいると、自分のことを心配してくれる人がいることに気づくのですね。

パヤオ県全域で流されるラジオでのアンナの出演は、翌日にエイズデーを控え、そのＰＲも兼ねての、ＤＣＣとＮＧＯ団体との合同の企画であった。これまでＤＣＣをサポートしてきたＮＧＯのスタッフと、ボランティアをしている一般の高校生の出演が決まっていた。そして、ＤＣＣからは、ＨＩＶ陽性者／エイズ患者のメンバーの代表として、アンナが選ばれた。ラジオは、北タイ全域へ流れる。そこで、アンナは実名で出演することを決心していた。

ラジオ放送でのアンナの語りは、アンナがなぜＨＩＶに感染したのか、感染後の苦痛、そしてどのようにその痛みを乗り越えていったのか、アンナがＨＩＶに感染してどのような経験をしてきたのかを示している。アンナが自発的にＤＣＣでの講義を通して知識を吸収し、ＨＩＶを理解し病とともに生きる自己を受け入れながら、病とどのように向き合ってきたか、アンナにとって、ＤＣＣという場の存在の意味がこの語りから見える。

（2）看護師とＨＩＶ陽性者間、及びＨＩＶ陽性者同士の関係性の生成（写真⑨）

アンナが社会へ踏み出すきっかけを与えた大きな要因の一つとして、病院における看護師との関係があげられるであろう。アンナのライフストーリーでも触れたように、アンナが病院に足を運ぶようになったのは、看護師らの家庭訪問がきっかけだった。

ＤＣＣの看護師たちは、ＨＩＶ陽性者たちとの関係性を構築するための時間と努力を惜しまなかった。カウンセリングをはじめた当初、ＨＩＶ陽性者たちが何を欲しているのか、彼らの悩みや行動が理解できなかったという。そこで、看護師たちは、カウンセリングのある木曜日の昼食を、ＨＩＶ陽性者たちと一緒にとることにより、関係性を形成するという手法をとっ

た [Bongoch *et al.* 2009]。

看護師らは、食事の準備を手伝い、一緒のお皿とスプーンを使用し、食事の輪の中に入って食をともにした。そのような相互関係性を継続していく内に、ＨＩＶ陽性者らとの関係性が親密になっていった。ＤＣＣには、台所が設置されており、その場を中心に人が集まり、雑談をしながら、たわいのない会話がとびかっていた。台所の存在が、関係性の構築に大きな影響をあたえていた(7)。

カウンセリングは、ＤＣＣにある個室でＨＩＶ陽性者一人ずつ行われる。特に制限時間は設けてなく、ＨＩＶに関する相談のみならず、個人の日常生活における悩みの相談などにも応じる。看護師のカウンセリングは、言語相互行為だけではなく身体的コミュニケーションも含みながら実践されていた（第5章 事例2参照）。必要な場合は家庭訪問によっても行われる。看護師は、ＨＩＶ陽性者の家を訪問し、家族全員に対するカウンセリングをすることもあった。このように、看護師によるケアは、ＨＩＶに関するケアだけに収まらず、日常の悩みや家庭での問題などの相談事にも対応し、一人ひとりの生活事情も考慮しながら行われていた。ＨＩＶ陽性者と看護師らは、患者と医療関係者という枠を超えて、私生活の相談も交わすプライベートな関係を持つようになっていた。

写真９：看護師と食事をするアンナ

ＤＣＣはまた、ＨＩＶ陽性者同士が出会い、村の中で、親密な関係性を構築する場を提供してもいた。アンナとポムとの出会いも、ＤＣＣという場を通してであった。二人は、ＤＣＣで頻繁に顔を合わせるようになり、お互いの悩みや生活のことを話すようになり、次第にお互いの存在がかけがえのないものとなっていった。ＨＩＶ陽性者たちは、ＤＣＣでカウンセリングや治療を受けるのみならず、待ち時間や昼食時などを通して、ＨＩＶ陽性者同士、お互いの悩みを語り、情報を交換しながら親密な関係性を形成しはじめた。

こうした中で、二〇〇一年から抗ＨＩＶ薬の配布がはじまり、看護師や医師による投薬に関する指導がはじまった。二〇〇二年からは三〇バーツ医療制度(8)が導入され、抗ＨＩＶ薬の無料配布開始により、薬を飲み始めるＨＩＶ陽性者が徐々に増えていった。抗ＨＩＶ薬は、いったん服用をはじめると生涯にわたって服用を続けることが求められる。また抗ＨＩＶ薬は、人によって副作用が出たり、効能を発揮しない場合がある。一人ひとりにきめ細やかな服用指導が必要であった。慣れない服用に患者たちも精神的なサポートを必要としていた。さらに、二〇〇三年には、タイでは、ＧＰＯ－ＶＩＲという名称の抗ＨＩＶ薬（スタブジン・ラミブジン・ネビラピンという三種の成分を含む合剤）の国内生産が開始され、無料提供がはじまったことにより、薬を服用するメンバーが激増した。

このような状況の中、ＤＣＣでは、二〇〇一年からＡＲＶクリニックがはじまった。新規服用者に対して、ＨＩＶのＣＤ４（細胞表面抗原）(9)を説明する際に、国を守る兵隊に喩えるなど、わかりやすく説明する講義などが看護師や医師らにより、頻繁に行われ始めていた。カウンセリングの内容も、薬に関するものが多くなった。薬を継続して飲み続けていけるのか不安によるストレスを抱える患者へ、投薬のアドバイスと同時に、私生活に関するアドバイスも含んだカウンセリングが行われた。ＤＣＣにまで出てこられない患者に対しては、家庭訪問によるカウンセリングが実施されはじめた。

しかし、当時、投薬の副作用や定期的に薬を飲むことへの不安を抱き、投薬をためらう患者たちも少なくなかった。そうした一人ひとりへのカウンセリングが増え続ける一方で、看護師たちの患者一人あたりのケアにかける時間は減らさざるをえなくなった。ＤＣＣの看護師たちは、「ケア」に関して試行錯誤しながら、センターでの自らの役割を自問自答する日々を続けていた。看護師たちの語りから、彼らが目指していたものが示されている。

〈看護師の語り〉

看護師：私は以前、ＨＩＶ陽性者やエイズ患者たちが生き延びるために病院が必要とされていると思っていました。しかし、最近では、私たちは彼らに逆にサポートをしてもらいながら活動しています。病院側が彼らを必要とし、依存している体制に気付きました。医者や看護師が足りない中、私たちは一人一人への十分なケアが施せません。たとえ、資金があったとしてもです。私たちは彼らのような心（精神）を持った人たちを雇用することはできません。

［Ms. Katesara　チュン病院、カウンセラー／看護師］［Bongoch *et al.* 2009: 1］

看護師たちは、最終的にはＨＩＶ陽性者たちが主体となってＤＣＣの活動が続けられることを望んでいた。そこで、看護師たちはＨＩＶ陽性者に対してカウンセラー養成の指導も行うようになっていった。カウンセラーを志望するＨＩＶ陽性者を募り合宿が開かれ、さまざまなプログラムを取り入れながら、実践指導などが行われ始めた。

（3）村における啓蒙活動を通した関係性の構築

抗ＨＩＶ薬の無料配布の開始でエイズの発症が抑えられるようになったことも一因となり、ＨＩＶ陽性者への差別は減少した。一方で、エイズを発症した患者に対する村の中での差別は完全にはなくならず、依然、学校に入学できないＨＩＶ感染の子どもたちが存在していた。

二〇〇一年に、村の中に建てられたエイズ孤児施設「思いやりの家」（詳細は次章で述べる）は、二〇〇五年には、政府の予算不足のため突然閉鎖され、建物だけが村に残され、閉鎖後、子どもたちも居場所を失うことになった。子どもたちの親代わりとして面倒をみていたＤＣＣのＨＩＶ陽性者の自助グループメンバーは、市内の学校を回り、子供たちを学校に受け入れてもらえるように、教師へＨＩＶ／ＡＩＤＳの理解を求める活動をはじめた。

こうした中、ＤＣＣの看護師は、地域におけるＨＩＶ／ＡＩＤＳの理解促進のために、ＨＩＶ陽性者たちと村の集まりなどに参加して、啓蒙活動をはじめた。看護師は、ＨＩＶ陽性者の自助グループとＮＧＯスタッフと一緒にコミュニティでワークショップなどの活動を展開した。この活動はＨＩＶ陽性者のスタッフとボランティアによって企画が調整されながら進行し、

ＤＣＣのスタッフはメンター（助言者）としての役割を果たしていたという。

一方で、抗ＨＩＶ薬が浸透しはじめ、エイズは薬を飲めば必ずしも死に至る病気でないという認識により、エイズ予防の意識が低下し、エイズへの関心が若者たちの間で薄れていた。また、タイにおけるインターネットの普及（二〇〇一年五・七％から二〇〇八年一七・三％［MOPH 2012c］）で性的な刺激を早い年齢で受ける青少年たちが増加し、中学時代に最初の性行為を体験する子どもたちが増えていた。医療・ＮＧＯ関係者たちはＨＩＶ感染拡大の再発への危機感を抱き始めていた。

そこで、ＤＣＣのスタッフは、アンナを中心とするＨＩＶ陽性者の自助グループと共に市内の小中学校と高校を回り、生徒たちへのエイズ啓蒙活動を開始した。差別防止のためのＨＩＶ／ＡＩＤＳ理解への啓蒙活動と同時に、コンドームの使い方なども、生徒たちに伝えていき、エイズ予防啓蒙活動も同時に進めていくようになっていった。それは、ＨＩＶ感染防止と同時にＨＩＶ／ＡＩＤＳ理解を促し、さらに生徒たちからその親へ情報が伝わることで、地域における理解にも繋がった。ＤＣＣでは、二〇〇三年から、ＨＩＶ陽性者スタッフとＴＡＯ（Tambon Administration Organization＝タムボン自治体）の協力を得て、スティグマや

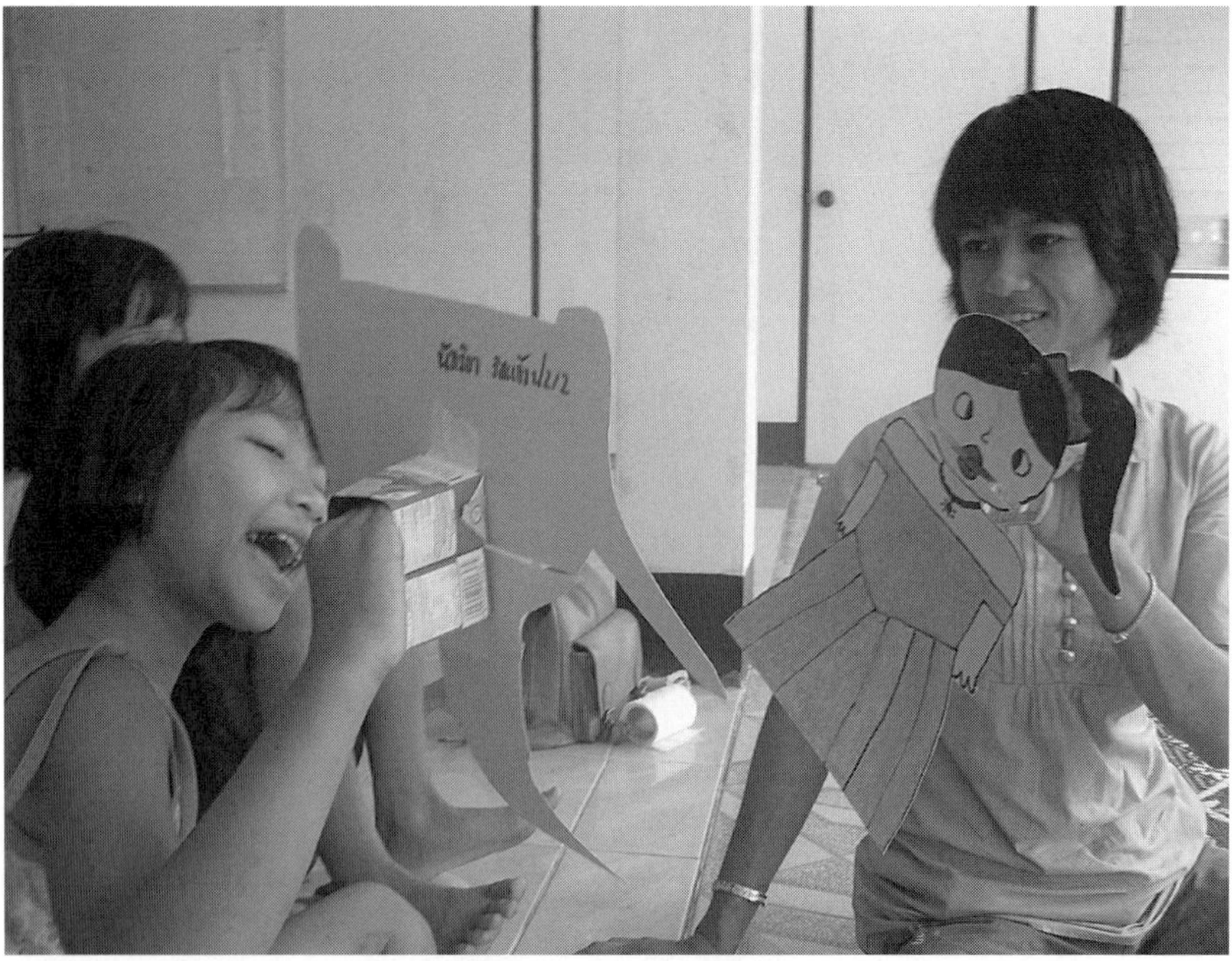

写真10：エイズ啓蒙活動

差別を減らすためのエイズ啓蒙活動が一年間に七回行なわれた。地区の委員会へのアドバイス、そして地域におけるエイズ啓蒙活動も行い、コンドームの着用や行動のモラルに関する啓蒙活動を展開した（写真⑩）。

また、同年中頃よりＧＦＡＴＭ（The Global Fund to Fight AIDS, Tuberculosis and Malaria＝世界エイズ・結核・マラリア対策基金）のサポートを得ることにより活動がさらに拡がり、ＤＣＣの活動の認知度が国際ＮＧＯの間で除々に高まることで、国際機関のサポート獲得へと繋がった。二〇〇三年よりUNICEF-Thailand の資金のもと、ＨＩＶ陽性者であるボランティア・スタッフとＤＣＣのスタッフが協働で、四五カ所の学校でエイズ啓蒙活動を行った［Bongoch *et al.* 2009: 23］。

しかし、新規ＨＩＶ陽性者数が低下したことで、エイズ支援活動のための国家予算は、一九九八年をピークに年々減少し、ＤＣＣの運営やＮＧＯによる活動の継続が困難になっていった。そうした中、思春期を迎えるＨＩＶ陽性の孤児が増加し続ける。彼らの精神的なサポートをどのようにしていくかが問題となった。学校では、教師がＨＩＶ陽性者の生徒だけのために時間を割くことは期待できなかった。

そこで、アンナを中心にＨＩＶ陽性者の自助グループによる、ＨＩＶ感染の孤児たちの家庭訪問がはじまった。病院登録証や緊急治療室の予約の方法、薬の処方箋など医師から伝えられたことを近親者に伝えたり、生活に関して話し合ったり、孤児たち一人ひとり、家族を含めてのケアが行われはじめた。

『いのちを紡ぐ』シークエンス１―12　三一：三八～三四：〇〇　エイズ孤児Ｎをケアするアンナ（写真⑪）

アンナ：熱ある？　痛い？（Ｎ頷く）
アンナ：熱があったり風邪の症状の時は、この薬を飲ませて下さい。（祖父への語り）これは、風邪薬だから一緒に飲んで。鼻をすすっている時はこの薬も一緒に飲ませてくださいね。ちゃんと飲ませないとあぶないから。
　薬は二種類あります。全部なくなるまで飲み続けてください。特に抗生剤は大切です。ちゃんと飲ませてくださいね。
祖父：わかったよ、飲ませるよ。

アンナ：Nは「お父さんのお金を隠しておかなくちゃ」、って言ってますよ。そうしないと、全部お酒に費やしてしまうからって。
祖父：もうお酒は飲んでないよ。かなり前から止めてるんだ。
アンナ：Nは学校へ行くために、お小遣いを貯めているんですよ。学校に行くときのお小遣いはいくらもたせてますか？
祖父：一〇バーツだけだよ。
N：本いっぱい買ったよ。とっても重いんだから。だから先生に鞄を買うように言われたの。今日は土曜日だから、週末市場へ行かないと。
アンナ：これ使っていいわよ。お母さんも昔は洗剤箱を使ってたのよ。
N：嫌よ。先生は鞄に本を入れて持ってくるように言ってるのに。鞄がないんだもん。
アンナ：大きいのがいいの？　それとも小さいの？
N：大きいの。だって、こんなにいっぱい本があるんだもん。
アンナ：N、お母さんはもう行くね。
N：うん。
アンナ：また来るからね。
N：うん。

写真11：エイズ孤児Nの世話をするアンナ

ここでアンナが自らを「お母さん」と呼んでいるように、エイズ孤児の子どもたちの精神的ケアを通して、ＨＩＶ陽性者女性らは、エイズ孤児たちの母親的存在にもなっていった。

このように、チュン郡では、ケアの主体がＤＣＣの看護師からＨＩＶ陽性者自身とシフトしながら、地域の中で、親密な関係が形成され、地域での活動なども活発に展開されていった。一方で、毎週ＤＣＣで開かれていたミーティングは月に一度の薬の配給が中心になり、ＨＩＶ陽性者の自助グループメンバー同士による活動の時間などが減らされていった。ＤＣＣにおける自助グループの活動は病院外のものが主流となる。ＤＣＣにおける親密な関係は、徐々にその形を変えていった。ＤＣＣまで出てこられないＨＩＶ陽性者に対しては、家庭訪問によるカウンセリングが実施されていた。さらに、ＨＩＶ陽性者たち自身によるカウンセリングが行われるようになり、彼らは、看護師たちのサポートを超え、看護師たちをリードしていく存在にもなっていった。

ケアがＨＩＶ陽性者主体で行われていく中で、ＤＣＣ設立当初から勤務していた看護師の離任も相次いだ。ＤＣＣでは、新しいスタッフが赴任してくることで、また新たな関係が構築されはじめた。アンナのような古いＨＩＶ陽性者の自助グループメンバーが、看護師を主導していく立場へと変化し、エイズ孤児のみならず、地域全般におけるケアがＨＩＶ陽性者の自助グループ主導で行われはじめた。ＨＩＶ陽性者の自助グループのボランティア・スタッフたちによる看護師を伴った家庭訪問がはじまった。

訪問先では、アンナがＨＩＶ陽性者と日常生活の話を交わしながら血圧の測定などを行い、看護師は、投薬の状況、検査のために病院に行っているか、などを確認する質問をしていた。アンナたちＨＩＶ陽性者の自助グループスタッフに対する看護師の信頼感は高く、ＨＩＶ陽性者の自助グループが中心となって、活動が行われはじめた。

（４）エイズデイケアセンターの変容

映画の後半、二〇一二年に入ると、ＤＣＣはリフォームされ、建物内の配置が一新した。設立当初から勤務していた看護師たちの離任後、医師、看護師らの二回目の総入れ替えが行われた。

ＤＣＣの活動の立ち上げから携わる看護師長のＮ看護師は、三〇バーツ医療制度導入により仕事が増えたという。中には、よい給料を求めて私立の病院へと転勤したものもいるという。そうした中、ケアの担当は、看護師から古参のＨＩＶ陽性者の自助グループへと完全にシフトしていた。ＨＩＶ陽性者の自助グループは病院の有給スタッフとして、朝八時から夕方四時までＤＣＣで働きはじめた。

リフォームされたＤＣＣには、長椅子が一方向に並び、待ち時間の間に患者たちはテレビを見たりスマートフォンを眺めていた。アンナは中央の席に座り、患者の登録や薬の配布などを担当し、ＤＣＣでの中心的な役割を担いはじめた。しかし、政府による医療支援が滞る中、ＤＣＣは人件費を十分に確保できず、ＨＩＶ陽性者の自助グループスタッフは有給スタッフといえども、一日二〇〇バーツの支給でほぼボランティアとして働いていた。交通費や昼食代は支給外であった。

ＤＣＣには、パソコンが全室に導入された。看護師と医師により患者の診断データは全てパソコン内に管理される。医師や看護師スタッフらによるカウンセリングも、パソコン上にデータや内容を打ち込みながらの作業が続く。一日につき七〇人近い患者を診なくてはならないため、一人あたりにあてられる時間は限られている。ＨＩＶ陽性者への診断やカウンセリングは形式的なものになっていた。

映画の前半では、看護師が手書きのノートにメモをとっていたが、この一〇年間で、センターの建物は一新され、後半には全ての患者の記録がＰＣにデータ化され保存されるようになった。ＨＩＶ陽性者たちは、看護師に番号で呼ばれはじめた。語り合いの場となり、親密圏の中枢を成していた台所は撤去されトイレが増築された。ＨＩＶ陽性者らと看護師スタッフらが昼食をとりながら雑談などをして過ごす時間もなくなっていった。

そんな中で、二〇〇五年以降、アンナのようにＤＣＣでボランティアとして働くＨＩＶ陽性者は減っていく一方であった。チュン郡の自助グループのコミュニティにおける活動は縮小され、かつて二〇名ちかくいたＨＩＶ陽性者の自助グループのボランティア・スタッフも時折仕事の合間を縫って訪れる数人のメンバーのみになった。ＤＣＣの変化の様子をもう一人のスタッフであるＲは次のように語る。

『いのちを紡ぐ』シークエンス1—16　四二：四〇～四五：〇〇　ボランティアスタッフＲの語り

昔は何人か一緒に仕事をしていたわ。でも今は皆、自分の生活が忙しくて。ボランティア精神がなくなってしまったのかな。病院の仕事をやめて他の仕事を探しに行ってしまったわ。今はアンナと私しか残ってないの。でも私はずっと仕事を続けたいわ。たとえ無給だとしても続けるわ。娘が大学を卒業したら経済的負担が無くなるし。ずっと活動を続けたいわ。娘が大学を卒業することをとても誇りに思うわ。でも心配ごとは減らないの。就職する時に健康診断があるかもしれないし、何か差別されるかもしれない。仕事をすることをずっと夢見て、一生懸命勉強してきたのに。いざ卒業するとなると、社会に出た時のことがとても心配で……。

ＨＩＶ陽性者の自助グループらがＤＣＣを離れていった背景には、抗ＨＩＶ薬で体調が管理できるようになり、二〇〇五年以降、男女ともに、県外へ出稼ぎ労働に出る者が増えていったことが大きい（表3）。移動労働の背景には、経済的な理由があげられる。タイの経済成長はとどまる所を知らずチュン郡のような田舎町にも資本の流れが押し寄せ、町中にはスーパーマーケットが建設され、国道沿いには、トヨタやホンダなど外資系の会社の支店も並びはじめた。市内の道路は乗用車やバイクで埋まっていく。病院の駐車場にも、車やバイクがずらりと並ぶようになっていた。経済成長の陰でより高い給料を求めて、ＨＩＶ陽性者たちも、移動労働に出るようになった。

先述のように、保健省のＨＩＶ／ＡＩＤＳにあてる予算が減少しはじめ、ＮＧＯの活動などに分配される額は一九九八年をピークに減少した。

このような予算削減の中、病院側では、ＨＩＶ陽性者のケアにあてる財源を十分に確保できない状態に陥り、チュン病院ＤＣＣのＨＩＶ陽性者の自助グループの活動範囲も縮小し、ＨＩＶ陽性者の自助グループ活動の内容も、次第にその形を変えていったのである。

以上、タイ北部に位置するパヤオ県におけるＨＩＶ／ＡＩＤＳの現状と映画の場面考察から、自助グループ形成の背景とチュン病院におけるケア活動と政府やＮＧＯの対応を考察した。ＨＩＶが投薬によって生き延びる病気となり大きく変化する転換期にあって、パヤオ県では思春期を迎える孤児のケア、そして孤児の面倒をみる祖父母たちの高齢化の問題など、多くの問題を抱えている。エイズ以外にかける国家予算手当も膨らみはじめ、ＨＩＶ陽性者のケアにあてられる予算が減少する中、

表3　DCCメンバーの移動労働者数　（人）

年	バンコクへ		その他の県		計
	男性	女性	男性	女性	
1996	5	5	7	8	25
1997	7	8	8	6	29
1998	4	6	5	10	25
1999	4	5	6	11	26
2000	5	5	5	15	35
2001	5	5	7	20	37
2002	5	5	5	20	37
2003	4	4	6	18	32
2004	6	7	7	18	38
2005	7	7	10	25	49
2006	9	10	13	36	68
2007	8	7	15	40	70
2008	4	6	18	42	70
2009	6	9	19	46	80
2010	8	10	20	51	89
2011	7	12	27	50	96
2012	4	10	27	50	87
2013	5	11	24	48	88
2014	6	12	26	50	94
計	112	145	253	562	1,072

出典：［DCC 2014］のデータより筆者作成

多くの自助グループが解散状態に陥っている。

一方で、政府の予算削減にもかかわらず、自助グループのネットワークを広げ活動を継続している独立系自助グループも存在する。次節では、別の郡の事例を通し自助グループ組織の形態や予算配分など、チュン郡のDCCとの間にどのような違いがあったのか比較分析し、国立病院に属さない独立の自助グループがその活動を広げていく過程を考察したい。

3　プサン郡における自助グループ（独立系）

（1）「ハクプサン」の活動

ハクプサンは、病院の自助グループに属さないHIV陽性者同士のための互助組織の自助グループとして一九九九年にパヤオ県プサン郡でスタートした。設立当初、メンバーは約五〇名であったが、二〇一四年には一二〇名へと増加した。そのうち女性が三分の二で、三〇代が主を占めている。一〇～二〇代前半の子どもたちは約二〇名いる。メンバーの九割は農民であり、その他、商人や日雇い労働者などである。自助グループの運営活動資金は、設立当初から行政に頼るのではなく、主体的に国際NGOや郡役員などと交渉しながら得ている。プサン自助グループは、チュン病院の自助グループとは対照的に設立当初のメンバーが今も残り、活動が継続されている。

活動の拠点は、パヤオ県の北東部、プサン郡（プサン郡はラオスの県境に位置する人口三万一四〇七人、五行政区八一村を擁する地域である）に位置する「慈悲の家」（Baan Namjaai）という、パヤオ県を拠点にするNGOの支援によって建てられた建物である。設立当初の活動は、その他の自助グループと同様、精神的なサポートや、情報交換などメンバー同士による活動であったが、現在は、エイズ孤児支援や学校におけるエイズ啓蒙教育、そして毎日行われているラジオ放送など、その活動を公的スペースの場へと広げている。DJを担当するのは、ハクプサンHIV陽性者の自助グループの三名のメンバーたちである。毎日、持ち回りでラジオ放送を担当している。放送は郡全体へと流れる。彼らは実名を公表し、放送では個人の携帯電話の番号も知らせている。一方的なエイズ啓蒙活動に終始せずに、電話での会話を通してリスナーからの質問や悩みにも応じている。

「慈悲の家」は、メンバーが気楽に足を運べる場となっており、そこでは、毎月一度、メンバーによる会合が行われ、積極的な議論が自主的に行われている。会合は、形式張ったものではなく、自由な出入りが可能であり、NGO側の参加も時にあるが、その参与の仕方は、メンバーの自主性を促す方法となっている。具体的には、ハクプサンの運営はメンバーが一日一バーツずつお金をだしあって、年に一度、利子付きで一定額内の資金をハクプサンの活動資金から借りることができるシステムになっている。その総額は二〇一三年時点で二〇万バーツとなっている。金を借りると、一％の利子がつくが、メンバーの生活、例えば、商売や農業などをはじめるにあたりまとまった資金が必要な際などに活用できる。また、その利子の二〇％がグループの運営や活動資金にもあてられている。メンバーの活動は主に、メンバーの見舞いや村での会議や研究会への参加などである。往復にかかるガソリン代なども資金から賄われる。そういった資金はメンバーから選ばれた一五名の運営委員会によって管理されている（表4参照）。

表4　デイケアセンターとハクプサンの相違

	デイケアセンター（幸せの家）	ハクプサン（慈悲の家）
設立目的	家族や地域社会を含むケア 生活の質向上	病院の自助グループに 属さないHIV陽性者互助
活動内容	カウンセリング、家庭訪問 メンバー同士のケア 啓蒙活動	カウンセリング、家庭訪問 メンバー同士のケア ラジオ放送DJ、会議参加
メンバー数 職業	537 農業60％、自営業など	120 農業90％、日雇い労働者など
資金	病院の予算（国から） 行政自治体、NGOから 資金を得ている	メンバーが1日1バーツ資金として出し合う。感染者自身がNGOや郡役員などと交渉して資金を得る
組織の運営	看護師とHIV陽性者 によって運営	15名の代表メンバー委員によって 運営
継続性	活動終息	活動展開

（2）郡レベルの会議から全国会議の展開へ

プサン郡では、HIV陽性者の支援活動を行うNGOの担当者と村の有識者たちによる協議会が行われはじめ、プサン郡の郡長や村の医師たちなどが参加しはじめた。映画の中で描写される会議では、活動ファンドの支援の申し入れ、資金の用途、活動の意義などの議題が中心である。HIV陽性者代表としてPも会議に参加し、さまざまな意見を述べている。

『いのちを紡ぐ』シークエンス1―19　五〇：〇〇～五一：一五　郡レベルの会議（二〇一三年一一月　写真⑫）

NGO：今日の会議にあたって、皆で一緒に計画を立てたくて、事務所や医療機関など大切な六カ所の関係機関に案内を出しました。大変恐縮ですが、今日の話し合いに参加したからには、実現に向けて最後まで皆さんに協力して頂きたく思います。

P：今（の性教育）は小学四年生から六年生、中学三年生まで様々な対象のグループに分けて、それぞれに相応しい教育方法を考えることが必要です。もし本格的にやるのなら、各関係者機関の協力も不可欠です。子供たちを対象グループに分けて貰わなければなりません。

チュン郡の節でも述べたとおり、ここでもエイズの慢性病化の中、

ＨＩＶに対しての危機感が薄れ、看護師やＮＧＯが若者の間における感染の増加を懸念する中、若者への性教育が必要とされている。二〇〇七年の統計では、タイの一二〜二四歳までの青少年のうち約四五・五％は性交渉を行っている。コンドームを使用せずに交渉に及ぶ場合も多く、例えば高校二年生の男子が恋人と性交渉をする際には、二八・二％しかコンドームを使用していないとの統計が出ている[MOPH 2012: 144-149]。Ｐが指摘するように、子どもたちへの性教育を考える場合、年齢の細かい区分けが必要となってくる。女児の初潮をむかえる年齢もまちまちであり、子どもたちの成長も人それぞれである。そういった生活の事情を把握しているのは、やはり村人たちである。

タイでＨＩＶ感染が広まった当初と同様、再びＨＩＶ感染予防対策の必然性も浮上している中、ＨＩＶの恐怖を打ち出すのではなく、感染防止方法を広めていくには、どういった対策がふさわしいのか。ＨＩＶ感染の当時者をまじえた議論が必要となっていることを有識者たちも理解しはじめている。

リーダーのＰは、このような状況の中で、全国規模のネットワークにも参加し、前述の問題解決へむけて動き出した。二〇一三年一一月には、バンコクで第一回「ＨＩＶ／エイズ患者の権利擁護及び権利促進に関する全国会議」

写真12：郡レベルの会議の様子

が開催され、ＨＩＶ陽性者をとりまく現状と権利の擁護及び促進、そしてこれからの方向性に関する議論が行われた。約五〇名近くのＨＩＶ陽性者をはじめ、ＮＧＯ関係者などが会議に参加した。これから三～五年先の活動についてどうあるべきなのか話し合いがもたれた。この会議にはＰもパヤオ県のＨＩＶ陽性者の自助グループの代表として参加した。この会議を開催したのは、二〇〇一年にＡＲＶの三〇バーツ医療制度導入のためにデモを率いたＨＩＶ陽性者の自助グループのリーダーたちでもある。その他、医師、大学の教授、「一〇〇％コンドーム対策」を推進したミスターコンドームの愛称で知られた活動家ミチャイ・ピラバイダヤ氏も参加している。(10)

この日の会議では、参加者側から、政府へのＨＩＶ陽性者の権利の擁護要求のみならず、ＨＩＶ陽性者自らが情報を発信していき、経験や悩みなどを共有していくことが重要であるという意見も出た。ＨＩＶ陽性者がタイの政治に関与し少しずつ運動を展開しつつ、自らの力で社会を変革し、自らの生活を変化させようとしている。

（3）協働による営み（日常生活実践の変容）

ハクプサンのＨＩＶ陽性者らの活動が継続されている背景には、経済成長も少なからず影響を与えている。グループのリーダーＰは、妻とゴム園でゴムを作って生計を得ている。ゴム園での仕事は、北タイの農家にとってはよい収入源となっていたが、タイ国内に多くのゴム園が作られ、水田の面積は減り、ゴム生産量が上がるにつれて、単価は下がってきている（二〇一三年には一キロ四〇バーツであったが、二〇一四年には二〇バーツへと下落した）。ゴム園だけでは生計を立てられず、他に職を得て、生計を立てている農家が多い。Ｐもゴム園以外に、稲作を行い、ラジオ局などで働いて生計を立てている。生活に余裕が持てる状態ではないが、日常生活が普通の人たちと変わりなく営まれている。

QRコード
動画2

『いのちを紡ぐ』シークエンス1―4　〇六：四〇～〇八：五〇　ゴム園でのPの語り
（動画2・写真⑬）

最近色々お金がかかって。この仕事だけでは足りなくて大変だよ。でも今は前よりずっといい。昔は仕事が全くなかったんだ。日雇いすら難しくて。身体の調子がいい人は、県外に出稼ぎに行かなきゃいけなかった。ここに残っても本当に仕事がなかった。でも最近は体の調子がいい時はここで仕事が出来るようになったし、こうやって自分の仕事を持っている人も多いよ。余裕があるとは言えないけど、一応家族を養えるようになったんだ。子供も学校に行かせられるようになったし、なんとか食べていける。少なくとも娘が卒業するまで頑張らないとね。そのために今は毎日仕事に精を出しているよ。それで今は十分幸せ。仕事は疲れるけど、それが普通だよね。ちょっと休めば疲れはとれるし。普通に仕事ができるってことは、幸せだよね。朝から晩までやることはたくさんある。グループの打ち合わせに行って情報を交換したり、その時その時の問題について、話しあったりする。家族のことと社会的活動を両立するのはとても大変で……。大切なのは時間をちゃんと管理することかな。仕事がなかった昔と比べて、今はやることが多くてとても忙しいよ。昔は普通の人と一緒に仕事をするなんて考えられなかった。でも今は村の人たちが理解してくれるようになったよ。それは小さな

写真13：ＨＩＶ陽性者の自助グループのリーダーＰ

セミナーとかラジオ番組などによる教育活動のおかげなんだ。

以上のPの語りから、生活に余裕が持てる状態ではないが、日常生活が普通の人たちと変わりなく営まれていることが分かる。県道沿いに建っているパシィの家の塀には、ゴムがかけられ乾されている。Pが早朝ゴム園ではたらいている間、朝食は妻のRが用意する。エイズにまとわりつく貧しさは、食事の風景からは感じられない。

タイ国内の経済が伸長し、農業の分野でも機械化が進む中、Pの村では、まだ手作業での稲刈りが行なわれている。農繁期になると、村人たちは、兼業している仕事を休んで稲刈りに精を出す。Pの住む地域は、ラオスとの国境沿いにあり、交通の不便さから、スーパーマーケットなどの大型チェーン店なども建っておらず、伝統的な稲作作業もまだ行われている土地である。田植えも稲刈りもすべて手作業で行われている。そのため、稲刈りは互酬的な労働交換によって行われている。

さらに、労働作業の合間には、以下の映画の場面会話の事例のように日常生活における情報交換なども行われており、政治的関心も高い。

QRコード
動画3

『いのちを紡ぐ』シークエンス1―23　五七：一〇～五九：〇五　村人と稲刈りするリーダーP

（動画3・写真⑭）

字幕：一方、プサン自助グループでは、村の稲刈りのシーズンを迎えていた。
P：はーい、水が来たよ。
P：はーい、水だよ。水を飲みましょう。日本人たちに、僕たちも水を飲むってこと伝えなきゃ。飲んだら「あーっ」って言ってね。もうおなか一杯になったこと、伝えてね。

（食事のシーン）
Pの妻：さあ、一息つきましょう。足りなかったら言ってね。まだご飯たくさんあるから。いっぱい食べてくださいね。
（食事後に皆で輪になっての会話）
P：一キロいくらなの？
男性：一七～一八バーツ。お米の種類によるけど。
【動画はここから始まる】
P：昨年は三万六〇〇〇バーツぐらいで売ったよ。もち米は家族で食べる分だけ。
男性：お米の価格補償（農家戸別所得補償）制度は一年しか実施されなかったよね。
P：民主党は政権を握った当初、地主にも収穫の権利を与えたけど、これはダメだったなあ。働いた農家たちが地主にもお米を分けるなんて。全く何のためにもならないよ。本当に農民を助けたいなら、お米の価格を補償して貰わないと農民は食べていけない。
男性：そうだよ。そうしないと食っていけない

写真14：村人との稲刈り

さ。
P：お米の話をすると、結局政治の話になっちゃうね。経済と政治はつき物だから。
P：生活と社会、それから政治って、結局みんなお金を稼いで食べていくことにつながっているんだね。

プサン地域では、村人たちは、協働作業を通して、ＨＩＶ陽性者らとの関係性を築き、理解を深め、ＨＩＶ陽性者が用意した水をコップで回し飲みし、食事も共有している。このように、村人たちとの協働の営みが継続する中、自助グループ活動も活発に行なわれている。その生産活動の中心にいるのが代表のＰである。Ｐの活動が村人たちをも巻き込んで、村全体を活性化させている。ＨＩＶ陽性者も農村の普通の一般の農民として生きており、農民の生活は経済を抜きにしては語れない。自助グループの活動も、農民の生活が安定してはじめて継続できるのであり、ＨＩＶ陽性者の自助グループの盛衰過程を考察する際において、経済的な視点は重要である。

4　民間自助グループの意味と、それを可能にする条件

本章では、郡内にある国立病院の管轄下におかれたＨＩＶ陽性者の自助グループ（ＤＣＣ）の活動と、病院の管轄下にない別の郡の自立した活動を展開している自助グループについてそれぞれの組織の形成過程とその衰退や持続について、筆者のドキュメンタリー映像が捉えた場面を引用ながら記述してきた。それによって、上からの資金に頼る国立病院における自助グループの活動が滞る一方、自立型の自助グループは行政に頼らず民間の援助を巧みに引き出しながら活動範囲を広げ、地域社会の中心となって活動を継続していることが明らかになった。つまり、自助グループが持続的に展開するには、上からの補助金による組織化よりも、民間主導の自発的かつ柔軟な活動の方が効果的であった。本節では、この点について比較し、考察を加える。

チュン郡においては、ＤＣＣのカウンセラー養成をはじめとした活動が自助グループ形成へとつながり、ＨＩＶ陽性者自身によるコミュニティにおける啓蒙活動が盛んに行われるようになった。彼らの活動は当初、ＨＩＶ陽性者らの家庭訪問やケア

など多岐に及んでいたが、抗ＨＩＶ薬の普及の後は、思春期を迎えるエイズ孤児のケアが中心となっていった。

しかし一方で、抗ＨＩＶ薬の普及により、メンバーたちは非ＨＩＶ陽性者とかわらない生活ができるようになったこと、そしてタイの経済成長にも後押しされ、仕事や子育てに時間に追われる日常生活を送るようになり、メンバーたちの多くが病院から足が遠のくようになった。メンバーの一部は移動労働者としてバンコクをはじめ他の地域へ移り、看護師の多くはより高い給与を求めて移動する中で、看護師が入れ替わり、少人数のスタッフによる活動になっていった。ＤＣＣでは、そのような時の流れに押されるように、業務が機械化されはじめた。看護師によるカウンセリングの時間も短縮され、その内容も投薬の問題に集中するようになり、以前のような日常生活全般にわたったケアは行われなくなった。

チュン郡のＤＣＣにおいては、そうした生活の変容に対応しきれずに協働作業の機会が減り、ＨＩＶ陽性者の自助グループの活動範囲も狭められていった。ＨＩＶ陽性者らの日常生活の変容が、病院の管轄下にあったＨＩＶ陽性者の自助グループの活動が終息しつつある要因の一つにある。

一方で、活動を拡大させている独立系自助グループ「ハクプサン」は、資金集めから組織の運営まで、活動の多くが手作業で行われ、規模は病院のグループのような大きなものではなく、一〇〇名程の中規模のものになっており、村人の協働作業が今も行われている。そして、協働作業の継続に欠かせないのが、このような協働作業を可能とする生活基盤と説得力あるリーダーの存在である。ハクプサンのメンバーたちは、リーダーＰを中心に、政府からの予算をあてにせずＮＧＯや郡の資金などを獲得しながら、自主的に活動を継続活性化させている。

この際に重要になってくるのが、①活動資金を得るためのネットワーク作り、そして②環境を整えた上で親密、かつフレキシビリティある「ゆるやかな関係」を構築していくこと、さらに③主張を発信していくための説得力あるリーダーの発言力の３つである。Ｐのような村の農民であるＨＩＶ陽性者たちが安定した生活基盤を築きながら、これらの技能を身につけ、意見を主張するようになっていることは、自助グループ活動における大きな原動力である。

以上、調査地では、日常生活が変容しつつある中、ＨＩＶ陽性者たちは、地域のリーダー的存在となり協働作業を通し、ＨＩＶ／ＡＩＤＳ以外にも、さまざまな地域の問題にも取り組みながら、活動を展開し共同性を生成していることが明らかになった。

また、本章では、現在タイが抱える新たな問題、つまり、思春期を迎えたエイズ孤児たちが直面する就職における差別や恋愛や結婚における問題などが浮かび上がった。二〇〇三年以降、抗HIV薬の普及でHIVが慢性化する病気になったことで、エイズ孤児の平均年齢も高くなった。エイズ孤児の中には、HIV感染という事実をカミングアウトできずにいる子どもたちもいる。その背景にはHIV陽性者の就職の際の差別などがある。彼らのケアをしていたHIV陽性者女性の役割も身体的ケアから精神的ケアへと変化した。

そうした中で、DCCにおけるHIV陽性者の自助グループの活動は終息したが、アンナのように病院でカウンセラー養成を受け、准看護師となったHIV陽性者が、村の中で、新たな人間関係を構築しはじめている。さらに、HIV陽性者の子どもたちやHIV感染の親をもつ娘らが、看護師やボランティア・スタッフとなり、自律しはじめている。DCCは、成長して実家を離れたエイズ孤児の帰る場所となり、エイズ孤児とHIV陽性者、さらにHIV陽性者を親にもつ子どもたちが親密な関係を再び築きはじめている。では、どのような関係性が形成されているか、次章で詳細を考察していこう。

注

（1）『いのちを紡ぐ——北タイ・HIV陽性者の12年』〈監督・編集・撮影・製作：直井里予／日本・タイ／二〇一八／六〇分／タイ語（日本語・英語字幕）／DV／Color〉。

（2）北タイにおけるHIVをめぐる関係性に関する国内の先行研究は、主にエイズ自助グループ（PWH）の形成過程についてのものと、医療人類学における研究に分けられる。

北タイにおけるHIV陽性者の自助グループに関する国内の先行研究では、田辺繁治により、上からの統治に対して、「下からの統治」によってHIV陽性者らが政策に対応していく過程が論じられてきた［田辺 2008］。田辺は、北タイのエイズ自助グループの活動を二〇年以上にわたり考察し、HIV陽性者の生の実践を、ブルデューの実践理論「ハビトゥス」を用いて分析した［田辺 2006; 2010］。そして、HIV陽性者らが「組織化」し、権力に抵抗する中で、他者と関わりながら、情動の働きによってコミュニティを構成する過程を明らかにした［田辺 2012］。

医療人類学におけるHIV／AIDS研究は、制度面のマクロな議論から、エイズ患者の「死の看取り」などを通したケアの場において作りだされる関係の質を問う視点へ移行しつつある［櫻井・佐々木 2012］。

タイ人研究者による研究においては、エイズ孤児のケアに関するNGOや政府によるネットワークに関する議論を主に、エイズ孤児のケアやその家族に関する質的、量的両方による研究が行われている［Malee 2001; Wiput 2005; Patchanee 2012］。また、慢性病化するHIVをめぐるケアに関する研究においては、日常生活を維持するための経済的基盤のみならず、新しい社会空間の創出の必要性が指摘された［McGrath *et al.* 2014］。

先行研究では、従来のHIV陽性者―非HIV陽性者という二項対立的なとらえ方に対して、HIV陽性者自身による主体的関係形成や他者性が次第に溶解していく過程が論じられた。しかし、これまでの先行研究は、グループのリーダーの活動に関する観察や寺院など特殊な場に限られているものや、NGO関係者やHIV陽性者への聞き取り調査など共時的な観察をもとにした考察の傾向がある。そこでは、抗HIV薬が普及後の一般のHIV陽性者の日常における自助グループ活動の展開や衰退を通して、共同体が生成される過程に関しては、十分に論じられていない。

タイの事例から、近年の地域における親密圏に発する公共圏への展開について考察しているのが、速水洋子［2012］の親密圏と公共圏に関する議論である。速水は、少数民族カレンの人々が、市民権とともに自らの居住する山林森林へのアクセスを主張するコミュニティフォレスト法案策定に向けた運動に参加し、大小さまざまな市民ネットワークを形成するようになった事例から、「生活のただ中から発した動きがさまざまな主張とヨコの連帯を作って運動を形成し大小の公共圏において声を形成する動き」［速水 2012: 142］を捉えている。

筆者は、日常の中にこそHIV陽性者であることが時に立ち現れ、時に消失するような他者との関係が形成されると考える。そこで、HIV陽性者による日常生活を観察しながら、「生のニーズに関わるところ」［速水 2012］からHIV陽性者の自助グループの活動の動態と共同性の生成に着目する。

（3）パヤオ県で最初にHIV感染が報告されたのは、一九八九年のことであった。その後、爆発的な感染の波が押し寄せ、一九九〇年までに三人のエイズ患者の報告があり、一九九一年は一六人の新規HIV陽性者（エイズ患者七人）、一九九二年には二一〇人（七九人）、一九九三年には二一二人（一五一人）、一九九四年には四五六人（二五六人）、そして一九九五年には一四九二人（一〇八二人）と九四年から九五年の間にHIV陽性者／エイズ患者数は急増した。一九九六年から一九九七年のピーク時には、平均約一七〇〇人の新規感染の報告があった。その後、二〇〇三年には約一〇〇〇人の新規感染の報告があったが、二〇〇八～〇九年には、平均約四〇〇人に、二〇一〇年は約三〇〇人、二〇一一年には約一〇〇人まで減少している［UNAIDS 2000］。

二〇一四年における感染経路は、性的接触が九四・七九%、母子感染が四・九一%、静脈麻薬〇・二六%となっている。年齢別には、四〇～四五歳（一〇万人／二二・三五人）の感染率が高く（二五～二九歳 一〇万人／一一・七七人、四五～四九歳 一〇万人／九・二一人、五五～五九歳 一〇万人／二・七一人、四五～四九歳 一〇万人／二・三〇人）、死亡率は、二五～二九歳（一〇〇〇人／〇・〇八人）の割合が最も高い。職業別には、農業が九七八四人（五八・九五%）、肉体労働者が三五五一人（二一・四七%）である。地域別には、チェンカム郡（三九一二人）、ムアン郡（三七四二人）、ドカムタイ郡（二五八三人）の発生率が高い割合となっている［PPHO 2014］。

（4）ファイカオカム（Huay Kao Kum）村は、村の中心から約二キロメートル離れた所に位置する、人口一〇四五人（男性五二七人：女性五一八人）の村（世帯数三二七）である。

（5）チュン病院の医師は八名、そして看護師五五名、歯科医五名、薬剤師四名、その他九七名、合計一六九名となっている。ベット数は三〇である［DCC 2014］。

（6）その他、CD4血液検査は第一、三木曜日に行われている。また、新規HIV陽性者には、ARV投薬者への事前カウンセリングや、ピアカウンセリング、カップルカウンセリング、そして家族カウンセリングなどが行われる。投薬後は、精神医学上の問題に関するカウンセリングが随時行われている。

（7）家の中で台所（炉）の空間が重要な要素を持つのは、調査地のみではなく、北タイの他地域や東南アジアの地域にも見られることが明らかにされている［速水 2009］。速水は、タイ北部に住む少数民族カレン社会における民族誌の中で、会話における「食」の重要な要素を指摘し、「食」は、カレン社会における関係性を表し規定する「社会生活の核」と述べている［速水 2009：117, 146］。

（8）二〇〇二年における三〇バーツ医療制度の導入は、イギリスのコミュニティ・ケア概念が大きく関わっている。一九八〇年代末における地域医療福祉改革のプロセスにおいて、イギリスの「NHS（National Health Service）&コミュニティ・ケア法」が参照され、同省の政策に大きな影響を与えたと言われている［河森 2009：134, 152；河森 2010］。

河森正人は以下の四点をタイの制度の特徴として指摘している。①官主導のトップダウン的傾向がつよい。②官主導性を民間との関係でみると、歴史的な行政支配・民間従属。③地域における官僚ボランティアの育成を通じたサービス供給。④住民相互の共助が一面的に推奨され、公助が厳しく制約されている［河森 2009］。また、河森は、三〇バーツ医療制度は一見して一次・二次医療サービスの強化のようにみえるが、実は「コミュニティの強化」のための戦略だったと指摘している［河森 2009：157］。

政府は、健康増進運動のためにエアロビクスなどの普及をはじめる。パヤオ県では、村の中に、公園や運動施設が作られ、夜になると、学校帰りの子どもたちや仕事を終えた人々が公園に集まり、エアロビクスやバスケットなどのレクリエーションに参加するようになっていく。HIV陽性者たちと村人たちが一緒になって、スポーツをする姿が見られるようになった。さらに、公園には屋台などができはじめ、HIV陽性者の売る焼き鳥や飲み物も、村人たちは、普通に購入するようになっていた。薬の普及はHIV陽性者たちの身体、精神両面から生活を変化させ、HIV陽性者が村の公共空間で普通に生活ができる環境が整いはじめていた。

（9）HIVウイルスが標的とするヘルパーT細胞は、細胞表面にCD4分子を有するため、CD4陽性細胞と呼ばれる。免疫反応のメカニズムを戦いに例えたとき、CD4陽性細胞は、ウイルスなどの異物が体内に侵入した際、その情報を受けとり、伝達物質を介して異物への攻撃を活性化するよう働きかける、免役反応の司令塔としての役割を担っている。［参照：薬剤耐性HIVインフォメーションサイト「薬剤耐性の問題［治療の現状と問題点］」https://www.hiv-resistance.jp/knowledge01.htm（二〇一九年五月二五日最終アクセス）］

（10）撮影をはじめた二〇〇〇年当時、抗HIV薬は種類が少なく、ほとんどが高い値段で売られていた。子供の薬は無料で配布されていたが、種類に限りがあった。抗HIV薬は、一九九六年以降、欧米を中心に拡がっていくが、治療薬が特許を取得しているため、その値段は高額なもので、タイの人々には、手が届かないものであった。

一九九〇年代後半から二〇〇〇年代前半にかけて、先進国においては、抗HIV薬の浸透により、HIV／AIDSはすでに慢性病化の時代に入っていたのにもかかわらず、タイにおいては、薬を服用することができずに、エイズで亡くなる患者が増加した。特に子どもたちは症状が進むのが早く、五歳までに亡くなる子どもが増加した。そんな状況の中、エイズ患者自らが声を上げ、政府へ訴えるデモが全国規模で行われはじめた。

二〇〇一年一一月三〇日、黄色のシャツを着てプラカードを持つHIV陽性者たちが全国各地から国会議事堂前に参集。バンコクで当時のタクシン政権への抗議デモが行われた。デモのリーダーが車の上に乗り、ARVが三〇バーツ政策の枠外に規定されていることに不満を抱えたHIV陽性者たちを先導し保健省へとむかった。マイクを片手に訴える彼らが、何に対して不満を抱いていたのか、以下のリーダーたちの語りに示されている。

QRコード
動画4

［シークエンス1―9　二一：〇〇～二四：〇〇　［政府への抗議デモ（NGOのリーダーと大臣の語り）］］（動画4）

HIV陽性者グループリーダー（男性）：政府は政権を握った当初、皆保険（三〇バーツ政策）は全ての病気をカバーすると公約しました。貧しい我々の生活を保障するとてもよい政策だと思いました。でも今になって、抗HIV薬は高額だという理由から、三〇バーツ政策ではカバーできないと言い出したのです。だから我々は今、国民みんなのために闘っているのです。薬が高いのは、権力を持つ一部の国が握る特許権のせいです。今、世界中でこのようなデモが行われています。われわれも一緒に闘っているのです。今日、薬の値段はなんとか安くなりました。

［動画はここから始まる］

皆さん、今日我々がここへ来たのは政府に提案をするためです。我々の提案は決して難しいものではありません。直接影響を受けているのは私たちです。当事者の声を政策に反映させてほしいのです。我々も参加できる委員会を設置して貰いたいのです。抗HIV薬を三〇バーツ政策に含めて欲しいのです。抗HIV薬を購入するために、五〇億バーツの予算を立てることを提案したいのです。**［動画終わり］**

NGOのリーダー（女性）：この予算は、防衛費の飛行機たった一機分の値段です。このたった一機の飛行機分の予算で全国一〇万以上の国民の命を救えるのです。HIV陽性者全員が薬を飲まないとダメというわけではないのです。医学的には、CD4（免疫体）の値が二五〇以下になると薬を飲みはじめなければなりません。

以上のリーダーの訴えに対するスダラット厚生大臣（当時）の返答は以下である。

スダラット厚生大臣（当時）：「皆さん、今日は感染症予防局長及びタイ製薬公団（GPO=Government Pharmarcy Organization）と共にここへ来ました。抗HIV薬の値段を下げるよう、私たちも努力してきました。もう少しだけ時間を頂けますか？　以前、皆さんにGPOによる抗HIV薬の自国生産計画があることを報告しました。実現すれば、外国から輸入するより薬の値段が劇的に安くなります。我々はずっとGPOによる多大なる協力のもとに努力をしてきました。三〇バーツ政策はタイの健康制度全体を改革するものです。国民皆の健康を改善させることができるのです」

二〇〇〇年にHIV陽性者たちが全国から結集したこのデモは、多くのマスコミに取り上げられ、抗HIV薬の問題が大きくクローズアップされた。HIV陽性者たちが自分たちの声をあげはじめた背景にあったのは情報化社会である。携帯電話が普及し、パソコンも各家庭に導入されはじめたこと、医師や自助グループの仲間たちから、充分な情報を得ていたことも一つの要因となり、薬を求めて、各地の自助グループが、政府への抗議活動を展開していったのである。パヤオ県からも、多くの患者がバンコクにむかった。交通費などはNGOから支給された。結果的に、この抗議デモの翌日、政府は三〇バーツ医療制度へ抗HIV薬を含むことを決定した。このようにして、エイズ患者である当事者が、自ら行動を起こし、NG

Oなどと連携し予算を引き出しながら活動を続けることで、政治を動かし、エイズ患者たちの活動が全国的に展開されていった。

第3章

日常生活におけるＨＩＶをめぐる関係性

――『アンナの道――私からあなたへ…（完全版）』制作からの考察

本章では、ドキュメンタリー映画『アンナの道』[1]を事例に、日常生活におけるＨＩＶをめぐる関係性を考察する。具体的には、北タイにおける一人のＨＩＶ陽性者女性の日常生活に焦点を当てて、ＨＩＶ感染をめぐるケア（配慮や気遣い／世話や介護）[2]を契機としながら生成する多様な関係性を記述する。そして、ＨＩＶをめぐるケアと関係性の重層性を明らかにする。その際、病を軸とする人間関係の構築を捉える「病縁」[3]の概念を基本に据えつつ（序章参照）、ある一人のＨＩＶ陽性者女性の日常生活に着目し、ケアを契機とした関係性の長期的・通時的な分析を試みる。またその手段として、『アンナの道』に用いた映像を参考資料として使用する。

本章は、以下のように構成されている。

第1節では、映画の内容と登場人物の概要を述べ、第2節以降では、ＨＩＶをめぐる多様な関係性の形成過程を二つの局面に分けて記述する。まず、一つ目の局面として日常生活の場におけるＨＩＶ陽性者間の関係性の展開（第2節）をとりあげる。そして、二つ目の局面として、エイズ孤児との関係性の事例と親子関係を中心とするケアの担い手の変容を第3節でとりあげ、続いて第4節にて、北タイで構築された日常における関係性の構築過程をまとめる。

以上の考察から、本章は、北タイにおけるＨＩＶをめぐる日常生活の場面では、病いを軸としながらも、それに留まらず、家族関係や親子関係をめぐる悩みを共有し、配慮しあうことで、関係性の構築と展開が行われていることを示す。そして、ケアをされていたＨＩＶ陽性者やエイズ孤児、さらに、ＨＩＶ陽性者を親にもつ子どもたちが、親や祖父母をケアする担い手として変容していく過程を明らかにする。

1　映画の舞台

（1）内容：『アンナの道』

前夫からＨＩＶに感染したアンナは、村の病院に併設されたＤＣＣ「幸せの家」でポムに出会い再婚。早朝は毎朝市場で卵売り、日中はＤＣＣでスタッフとして働きながら、ＨＩＶ陽性者自助グループ（ＰＷＨ）たちと、村のＨＩＶ感染の孤児たちの面倒をみている。子どもたちが差別を受けることなく学校へ通えるように、村の行事に参加したり学校で啓発活動をしたりと忙しい日々を送る。

二〇〇〇年代後半、抗ＨＩＶ薬の浸透により、エイズは必ずしも死の病ではなくなり、ＨＩＶに感染したエイズ孤児の寿命が長くなったことで、思春期をむかえる一〇代の子どもたちの精神的ケアなどの新たな問題が浮上した。増加するエイズ孤児のケアは、看護師から次第にＨＩＶ陽性者女性により進められていくようになる。そうした変化の中で、ＤＣＣでの自助グループの役割、そして看護師の立場も徐々にシフトし、アンナは准看護師として働くようになった。

二〇〇七年三月、例年よりも冷え込む日が続き、アンナは体調を崩し寝込んでしまう。免疫体の数が健常者の約四分の一しかないアンナは三六歳を迎えていた。身体はやせ細り、薬の副作用で頬もこけてしまっていた。薬に対する耐性（薬剤耐性）ができてしまうと、深刻な状態になってしまう可能性もある。しかし、家の掃除や洗濯を手伝い、エイズを発症し寝込むアンナの側で看病をするアンナと前夫の一人娘のジップやアンナの分まで仕事に精を出す夫のポムやアンナの両親、そして、家を訪れるＨＩＶ陽性者の仲間たちのお陰でアンナの体調が少しずつ回復し、アンナ家に静かな日常生活が戻る。

中学三年になり思春期を迎えたジップは、反抗期に入っていた。中学校の始業式を前日に控え、父兄参観日の参加準備をするアンナ。教科書や制服をジップに貰いにくる近所の子どもたち。教科書代が足りず、お金を借りにくる子どもとその親。そんな客の対応をしながら、髪型を整え化粧をし、外出用の服へ着替え、学校へと向かった。普通の親となんら変わらない一人の娘の「母」として生きている。アンナがジップを心配する親心は、ジップにとって窮屈なものではあったが、確実に思春期を送るジップの心の支えとなっていった。

一方で、家の中での父親ポムの存在が薄くなっていく。ジップはアンナの前夫の子どもだったが、実の親子のような関係を築いてきた。しかし、ジップも思春期に入り、少しずつ父親と距離を置くようになっていた。デイケアセンターでの仕事も次第に女性中心になっていて、男性たちの役割は少なくなっていた。ポムとアンナも一緒に過ごす時間は、卵売りに行く車の中と食事の間だけになっていた。南タイ出身のポムには、親戚も兄妹も周りにいない。ジップも思春期を迎え、以前のようにポムと時間を過ごすこともなかった。

そんなある日、ポムが誰にも行き先を告げずに突然家を出てしまう。アンナは夜行バスを二日間乗り継ぎ、南タイのポムの実家へ向かった。それから一週間後、ポムはアンナと家へ戻ってくる。静かな湖のほとりで孤独に耐え切れなかったと家出の理由をカメラに語るポム。「生きる」ことへの孤独の覚悟と再生への誓い。家族はポムに家出のことを問いただすことなく静かに受け入れる［直井 2010］。

時がゆっくりと、しかし確実に進んでいく。

四年後の二〇一一年、ジップは看護大学に進学した。三人はタンブンをしにお寺へと向かう。お寺の側にある湖畔でのリゾート開発が進む中、工事の音が鳴り響く。昔のような静けさが村にはもう存在しない。娘はバンコクへ旅立ち、夫婦の新たな生活がはじまる。アンナとポムは家の近所に土地を借り、野菜を栽培しはじめた。ジップの二〇歳の誕生日、農作業をしながら、ジップとのこれまでの日々を振り返るアンナとポム。親子関係、夫婦関係が娘の大学進学で変化していった。そして同時に町の様子も変容していく。

町は灯籠流しの日をむかえ、にぎわっていた。市場での仕事を終え、祭りで屋台を出し、クラトン（灯籠）とコイロームを売る二人とアンナの母。北タイの経済発展は進み、近所に大手スーパーなどが建ちはじめ、市場への客足が減った。ロイクラトン祭りもすっかり様子を変えてしまっている。昔ながらの風情がなくなり、年ごとに派手になり、賑やかさが増していった。若者が増えた一方で年寄りの姿はほとんど見かけない。一方で、クラトンを流して幸せを祈る行為は変わらず受け継がれている。変わりゆく時代の中にもかかわらない北タイの人々の想い。

二〇一二年。ジップが戴帽式を終え、病院での実習へ入り、看護師として働くようになる。病院でエイズ孤児のケアをするアンナとジップ。母—娘の関係から、病院での同業者へと関係が変化する。

本作品は、アンナという一人のＨＩＶ陽性者の生きざまを通して、親子と母親同士、夫婦の情愛、そしてＨＩＶ陽性者女性とエイズ孤児との親密な関係性の形成と変容を描いた作品である。

なお、登場人物は前章で論じた『いのちを紡ぐ』と同一人物である（第2章を参照）

（2）背景

タイ社会は、二〇〇〇年代後半に入り、抗ＨＩＶ薬の普及で慢性化しつつあるＨＩＶ感染症をめぐり、新たな問題を抱えはじめた。その一つが、エイズ孤児を長期にわたってどのようにケアをするかという課題であった。調査地であるパヤオ県では、行政によりエイズ孤児施設が建設され、HIV陽性者の女性が孤児の親代わりとして、彼らの面倒をみるようになった。しかし、施設は逆にエイズ孤児と村人たちとの間に壁を作り、差別を助長することになる。HIV陽性者たちは、NGOのスタッフや看護師らと村の学校を巡回し、教師や生徒向けの啓蒙活動を行いながら、村人たちへの理解を求めて動き始めた。そうした活動がコミュニティ・ケアへと繋がり、エイズ孤児を村の中でケアしていく取り組みがはじまった。

本来、母系的親族関係が社会文化的に重視される北タイでは、末娘が結婚後も実家に残り両親を養っているケースが多く、家を建て同居することで家族のために貢献することが娘の義務という認識がある［Potter 1977］。これまでの研究では、北タイのチェンマイ近郊の農村において夫は、村の情報を得ることや家の代表の役割を期待され、妻は家事や両親の介護や子どもの養育、祖父母は、家庭内の伝統を娘に伝えていくという役割を期待されていることが指摘されてきた［益本他 2004］。しかし、そのような村人たちの意識や家族の関係性のあり方は、パヤオ県においては、HIV感染によって変化した側面もある。

では、HIV感染は陽性者たちの日常生活や家族の関係性などにどのような影響をあたえてきたのか、そして、そこにどのような新たな関係性が構築されてきたのか、『アンナの道』の登場人物アンナをめぐる関係性を事例に考察したい。

2　日常生活の場におけるHIV陽性者間の関係性の展開

本節では、第2章で考察したDCCにおいて構築されたHIV陽性者間の関係性が、DCCという医療の場を離れ、彼ら／彼女らの日常生活にまで展開し、その質を変容させていく過程を分析する。変容していったきっかけとして、HIV陽性者同士だからこその悩みを軸とする関係性を起点としながら、日常的なストレスなども含む問題への配慮が関係性の構築にとって重要であったことを述べる。

（1）薬をめぐる関係性

タイでは、保健省の主導により二〇〇二年四月に開始された国民皆医療サービス（三〇バーツ医療制度）の下、抗HIV薬は無料で手に入るようになった。しかし、全ての薬が無料という訳ではない。種類によっては、自費で買わなければならない。薬代の出費が増える中、薬の悩みを抱えるＨＩＶ陽性者が増えた。

抗ＨＩＶ薬が普及し、ＨＩＶ陽性者が村で普通に仕事ができるようになることで、ＨＩＶ陽性者たちは、健常者とかわりなく生活が送れるように変化していった。村人たちも、日常の中で、アンナらＨＩＶ陽性者との接触の機会をもつことで、エイズに関する理解を深めていった。ＨＩＶ陽性者が祭りなどの屋台で売る焼き鳥や飲み物なども、客は偏見なく普通に買うようになる。卵を直接アンナの家に買いにくる客も増えていった。

アンナとポムは、早朝の市場での仕事以外にも、川で捕った魚や家で養殖しているカエルを売ったりして生計をたてていた。比較的収入が安定しているアンナ家には、近所の普通の村人たちも頻繁に訪れるようになっていた。学校の始業式が近くなると、教科書や制服をジップに貰いにくる近所の子どもたち、教科書代が足りず庭先からふらっとお金を借りにくる子どもとその親たちの対応でアンナとポムは忙しくなる。

しかし、収入が安定する一方で、物価は上がり、生活費もかかりはじめ、支出も増えていた。娘の教育費の出費も重なり、アンナとポムは休日を返上し働きに出ないと生活費はまかないきれない状態にあった。卵売りなどの売上のみでは、家計を支えていくには厳しくなっていく。

二〇〇〇年代に入り急激な経済発展を遂げたタイでは、北タイの農村の家庭にも冷蔵庫や洗濯機など多くの家電製品が置かれ、パソコンや携帯電話などが普及しはじめた。生活の中心は台所からテレビのある部屋へと移され、労働の場も時間の尺度でみれば内（家の中）から外へと流れていった（表5）。

さらに、所得格差が地方での生活全体に影響を与え始め、都市と地方の収入は八倍近く（二〇〇九年バンコク平均年収三七万七一八三バーツ、パヤオ県四万四二八四バーツ［NSO 2009］）の差へと拡がった。そうした中で、車や電化製品などのローン、さらに車のガソリン代も高騰し、家計に負担がかかりはじめていた（表6）。

市場でのアンナとポムの二人の一日の売り上げは合わせて約六〇〇バーツ。その内、場所代などを除くと、儲けは三〇〇バーツほどになる。ガソリン代が、月に六〇〇バーツかかる。ジップの大学進学のための塾代などの教育費が、一カ月に三〇〇〇バーツの出費がかかる（その後、二〇一一年にジップが私立の看護大学へ進学し、学費がかかるようになり、ジップは、奨学金（学生ロー

表5　パヤオ県における住宅統計（1990年と2000年の比較）

	1990年	2000年
人口	474.5(´000) 人	502.8(´000) 人
0-14	25.5%（50.5）	22.3%（50.4）
15-59	66.4%（38.3）	66.5%（33.5）
60-	8.1%（12.2）	11.2%（16.9）
家	121.0(´000) 世帯	144.8(´000) 世帯
一人暮らし	4.2%	7.6%
平均世帯数	3.9人	3.4人
母方住居（率）	14.2%	21.2%
出生（子ども数）	2.03（1.92）人	1.74（1.68）人
初婚年齢（男性）	25.7歳	27.5歳
（女性）	22.3歳	23.8歳
ガスと電気（料理）	16.9%	53.8%
テレビ	67.4%	92.0%
ラジオ	75.7%	78.1%
インターネット	1.1-7.7%（1889-91）	5.0%（2001北タイ）
平均年収	19,467バーツ(1995)	21,957 →50,814バーツ(2011)
義務教育なし	57.8%	31.8%
農業率	83.0%	71.7%
雇用者	0.3%	0.9%
自営業	35.2%	39.2%
被雇用者	49.0%	37.1%

出典：[NSO 2000, Key Indicators of Population and Households, Population and Housing Census 1990 and 2000（Contd）] http://web.nso.go.th/census/poph/finalrep/payaofn.pdf（最終アクセス2014年6月）

表6　アンナ家の家計簿（単位：バーツ　2009年：1バーツ＝3円）1カ月の平均

	収入	支出
市場での卵売り	6,000	
デイケアセンターでの仕事	2,400	
アンナの両親への高齢者所得補償	1,200（600×2）	
アンナとポムの政府からの援助	1,000（500×2）	
生活費		電気 200 水道 50 電話 300 食事 3,000
車のガソリン代		600
市場の使用代		年間300 ＋1日5
ジップの教育費		3,000〜5,000
合計	10,600	7,600〜9,600

出典：調査を基に筆者作成

ン）を借りながら授業料などを支払っているが、生活費などまではカバーできないために、アンナ家では毎月約八〇〇〇バーツ程の仕送りをしているため支出は一万二六〇〇バーツとなっている）。

教育を受けないと就職に不利になるため、今はパヤオ県の村のみならず、地方の高校生たちは、都市の大学へ進学を目指すようになった。このような生活の変化は、北タイの人間関係に大きな影響を及ぼしていく。ＨＩＶ陽性者たちも、病と向き合いながら、日常生活の変化に向き合うようになる。

そうした中で、アンナが体調を崩したり、娘が思春期を迎えたりすることで、アンナ家の日常における家族の関係も少しずつ変化していった。

二〇〇七年、アンナが体調を崩し、卵売りや病院での活動など、日常生活を送ることが難しくなった。免疫体の数が通常の四分の一しかないアンナは、疲労がたまると体調を崩し寝込むことも頻繁に生じた。また、二〇〇〇年から抗ＨＩＶ薬を服用していたアンナは、薬の副作用にも悩まされていた。朝晩の冷え込む季節は、ＨＩＶ陽性者らにとっては厳しい日々となる。ごくわずかな気候の変化が身体に響く。二〇〇七年当時三七歳を迎えていたアンナの身体は数年前に比べやせ細り、薬の副作用で頬もこけてしまっていた。

抗ＨＩＶ薬の副作用や薬剤耐性に関する悩みは、薬を飲み続けるＨＩＶ陽性者の共通する悩みとなっていた[4]。タイのＨＩＶ陽性者／エイズ患者のもとに届くのは、限られた数種類の抗ＨＩＶ薬のみである。副作用が出たり薬剤耐性が出てしまった時には、薬の種類を変えなければならない。しかし、薬の選択肢は限られている。薬を一度変えてしまうと、それまで飲んでいた薬の効果がなくなる可能性もある。

以下は、アンナが体調を崩し、自宅で療養中に、友人のＨＩＶ陽性者女性Ｓが薬の処方箋や抗ＨＩＶ薬の副作用に関してアンナに相談しに、アンナの家を訪れた際の、会話場面である。

『アンナの道』シークエンス２―８　一八：一五〜二一：三〇　ＨＩＶ陽性者同士のケア（アンナと友人の語り）

Ｓ：抗ＨＩＶ薬が効かなくなったら、アンナは、何の薬に変えるの？

アンナ：私は、ネビラピンか、ＡＺＴに変えるわ。ＡＺＴを飲んでいたことがあるの。でも私もよく分からない。お医者さんに聞かないと。

Ｓ：お金があれば注射をうつ方がいいと医者に言われたわ。七〜八カ月間効くみたい。でも、お金がないと薬を変えることもできないわ。高いでしょ。副作用が出たら大変。

アンナ：前の薬に変えても、いずれ効かなくなるし。

Ｓ：実は今日、障害者に関する村の会議に行ったの。休憩中に病院に行って看護師に会ったわ。頬のへこみを相談したかったから。そしたら、アンナに相談してみてと言われたわ。市場に二回行ったけど、居なかったから家まで来たの。市場へは行ってないの？

アンナ：四月は卵の最盛期だけど、家でずっと寝ていたわ。もう二カ月間、調子を崩して寝たまま。

Ｓ：ＤＣＣにも行ってないの？

アンナ：うん。他の人たちもいるから……。

（中略）

アンナ：せっかく来てくれたのに、何も無くてごめんなさい。

Ｓ：気持ちだけで充分よ。ストレスが溜まっていたの。二時間もおしゃべりして、ストレス解消できたわ。ゲート看護師に薦められたのよ。アンナはこの手の問題の解決方法をよく知っているって。

（Sを見送るアンナ）

ＨＩＶ陽性者にとって、抗ＨＩＶ薬の問題はその副作用も含めて、日々の切実な問題であった。アンナの家には、ＨＩＶ陽性者が相談をしに頻繁に訪れるようになっていった。ＨＩＶをめぐるケアはＤＣＣ内に収まらず、ＨＩＶ陽性者同士の家庭訪問などを通しても行われていくようになった。ＨＩＶ陽性者同士のケアの場として、家の空間が日常的にＨＩＶ陽性者同士の出会いと語りの場へ変容していった。

（2）親子と母親同士の関係性

こうしたＨＩＶ陽性者同士の語りの場では、直接的に病と関係せずとも、ＨＩＶ陽性者同士だからこその家族関係の悩みも共有された。

アンナは、思春期を迎え異性を気にする年頃になった一人娘ジップの性関係を心配するようになる。アンナの前夫の娘であるジップは、二歳の時に実父をエイズで亡くしている。アンナはジップの実父のことや自分が前夫からＨＩＶに感染した経緯などをジップには直接伝えてこなかった。思春期の娘を持つＨＩＶ陽性者たちは、娘にＨＩＶ感染のことを直接どう伝えていけばいいのか悩みながら、娘の性関係に関して気を配っている。

そして、娘が高校へ進学することで、母親たちの関心（心配）は、より一層娘へと向き始めるようになっていった。その様子を、以下のアンナの娘に対する語りの事例は示している。新学期がはじまる前日、家の中で、教科書やノートなどを鞄に詰め込み、学校へ行く準備をしている娘に、アンナが説教をするシーンである。

QRコード
動画5

『アンナの道』シークエンス2—11　三一：三〇〜三四：二〇　母と娘の関係（母の語り）
（動画5）

アンナ：お父さんとお母さんの仕事をよく手伝って。思春期は危ないのよ。まだ彼を作らないで。気をつけないとダメよ。今彼が出来たら、勉強に手がつかなくなるから。彼は大学卒業してからね。今彼がいたら、性行為をしてしまうかもしれない。
　皆それぞれの仕事を持っているの。農業をしているお父さんだったら、子どもに田植えを手伝わせて、仕事の内容を理解させないと。商売している親も、子どもに手伝わせないと。子どもは両親の生き方が理解できるようになるし、自分自身の経験にもなるわ。仕事を手伝わない子は、何の経験も出来ない。学校で学ぶ知識だけでは不充分なのよ。実体験がなくては……。（以下略、詳しくは付録シークエンス参照）

ＨＩＶという言葉は直接出していないが、アンナは娘に性行為を間接的に禁止している。一四〜一七歳の時期というのは、身体も成長する時期であり、情緒不安定になる時期でもある。親と子の関係性もそれまでのものとは変化する。アンナは娘とどのように向きあえばよいのか悩むようになる。

このような悩みはアンナだけではなく、娘や息子を持つＨＩＶ陽性者の母親に共通の悩みになっていた。アンナ家には、同じように思春期の娘を持つＨＩＶ陽性者たちが度々訪れ、悩みの相談をするようになる。

以下は、先述のアンナの友人ＨＩＶ陽性者女性Ｓが、薬の処方箋や抗ＨＩＶ薬の副作用に関する相談をアンナにする場面の続きである。二人の会話はＨＩＶに関する話題から娘の躾の相談へと移っていた。

『アンナの道』シークエンス2—8 二〇：二〇〜二一：〇〇 アンナと友人Sの語り

S：お皿を洗いなさいと言ったら、子どもに反抗されたわ。どうしてあんなに頑固なのかしら。

アンナ：子どもたちは皆一緒。ジップも一緒よ。掃除や皿洗いをすることを、ちゃんと教えてやらないと、自分が何をするべきか分からなくなってしまうわ。

S：私が一五歳だった時は、親の手伝いは当たり前だったわ。どうしてこんなに大変なの……。

アンナ：一五歳はそういう年齢ね。

S：私たちが、子どもにしっかり、子どものやらなければならないことを教えなければ。

ＨＩＶ陽性者の母親は、自らがＨＩＶに感染していたということもあり、自分の娘の性的な問題には他の親以上に気を配る。子どもが思春期をむかえる頃になると、子どもとどのように接すればいいのか、ＨＩＶの告知問題も含め、悩みを抱えこむようになる。成長した娘や息子へ自分がＨＩＶに感染しているという事実を話せずにいるＨＩＶ陽性者や娘の性交渉に関する心配や躾に関する悩みを抱えるＨＩＶ陽性者が増加した。そして、ＨＩＶ陽性者の親たちの相談内容は、薬やＨＩＶに関するものに収まらず、娘の躾の相談まで展開していった。

このように、思春期を迎える子どもへの向き合い方に関する相談を通して、ＨＩＶ陽性者の母親同士の関係性が形成されていった。

3 エイズ孤児との関係性の構築

アンナのケースは、前節でも述べた通り、結婚後、夫から感染、つまり夫婦内感染により夫を先に失い、娘を一人で育てることになったケースである。このような状況で体調を崩した場合、ＨＩＶ陽性者は自分の両親に子の面倒を見て貰うことになる。

アンナの母は、ＤＣＣへ通ったり、仕事で家を空けることが多いアンナの代わりにジップに朝食を作ったり、週末のお寺参りなどに一緒に行ったり、孫のケアをするようになっていった。

ＨＩＶ感染が村に広まってから、村にはＨＩＶで娘を失い孫と同居しながら、娘の代わりに孫のケアをする祖父母が増加した。しかし、高齢の祖父母にとって、孫の世話が負担になる場合は少なくなく、エイズ孤児のケアにどのように取り組んでいくのかが、タイにおける最も重要な課題の一つとなっていた。本節では、エイズ孤児のケアに関してみていきたい。

（1）エイズ孤児のケア

二〇〇〇年代に入ると、ＤＣＣでは、ＨＩＶ陽性者のみならず、エイズ孤児の面倒をみる祖父母の相談場として、エイズ孤児や孤児の世話をする家族へのケアも行われるようになった。ＤＣＣの治療室では子どもたちが看護師から治療を受けている間に、エイズ孤児の祖父母たちが、学校で孫が受けている差別に関する相談事などを語り、それに対してＨＩＶ陽性者がアドバイスをしたり、実体験を話したりする姿が目立つようになった。

『アンナの道』シークエンス２―５　九：四五～一〇：四〇　ＤＣＣにおけるエイズ孤児の祖母とアンナの会話

女性：孫が学校の友達にエイズのことでからかわれたのよ。
アンナ：気にしないで。ジップも友達にからかわれたことがあるわ。
　でも、もう大人だから、他人の言葉を気にしないわ。
女性：そうね、気にしない方がいいわね。

ＤＣＣは、治療の場や患者らが自分の体験や悩みを語る場であると同時に、孤児のＨＩＶに対する差別や人権問題に対する祖父母や親たちの相談の場として機能しはじめた。会話の内容から、ＨＩＶ陽性者同士の対話は、単なる慰めあいではなく、差別に拘らず前向きに生きていこうとする姿勢がみえる。

二〇〇〇年初期は、子どもたちへの投薬がまだ本格的にはじまっておらず、エイズを発症する子どもが増加した。そんな状況の中で、小学校の入学を拒否されたり、差別されたりするＨＩＶ感染の子どもたちをケアするために、ＤＣＣは、親同士の交流の場としてだけでなく、看護師と子どもたち、そしてＨＩＶ陽性者と子どもたちの交流の場にもなっていった。その関係性が、エイズ孤児施設での関係性へと繋がっていったのである。

（2）エイズ孤児施設「思いやりの家」

二〇〇一年、ＨＩＶ陽性者／エイズ患者という理由で学校に受け入れられない子どもたちのために、「思いやりの家」というエイズ孤児施設が「思いやり予算」という国の予算で建てられた。これは、当時のタクシン政権がはじめた政策の一つであった。ＤＣＣの看護師から施設のスタッフとしてアンナとポムが依頼を受け、二人の施設での生活がはじまった。

施設は、村の中心部から少し離れた農村に位置する。午前八時すぎ、ポムが村を巡回しながら、子どもたち一人ひとりの家まで車で迎えにいく。子どもたちの殆どが両親をエイズで亡くし、祖父母や親戚に引き取られ一緒に暮らしている。一〇人前後の子どもたちの家を一時間ほどかけて車で周りながら施設へ向かう。

孤児施設は、農村の中にひっそりと立っている。高さ二メートル程ある白いブロック塀に囲まれ、外からは中の様子が見えない。施設の広い庭にはブランコや滑り台などの娯楽用具が設けられ、台所やシャワー室も完備されている。

「思いやりの家」での一日は、瞑想からはじまる。午前中は、タイ語の勉強や算数の授業などがアンナとポムによって行われる。昼食は、村の小学校までポムがとりにいき、施設まで運ぶ。子どもたちの具合が悪いときには、チュン病院で、医師の診断を受けられる態勢がとられている。薬の処方箋など、看護師からポムとアンナへ細かい指示が出る。「思いやりの家」は、孤児たちにとっては必要不可欠な施設のように一見みえる。しかし、アンナは、政府のエイズ孤児に対するきめ細やかな援助が必要であることを指摘し、施設の存在に関しては必ずしも賛同していないことを以下のように語っている。

QRコード
動画6

『アンナの道』シークエンス2―4　〇八：三八〜〇九：一〇　エイズ孤児施設「思いやりの家」でのアンナの語り（動画6）

アンナ：ちゃんと座って！　落ちちゃうよ。
N：ポムはどこにいったの？
アンナ：家かな……。
（子どもたちのおやつの時間）
アンナ：おやつよ。ミルクと一緒にね。
【動画ここから】（アンナの話）
アンナ：HIVの症状が出なければ、学校に行けるかもしれません。この子たちは、今は学校に受け入れて貰えません。でも私たちには、自分の子どもと同じ。かわいいです。この子たちも、私たちに親しんで、自分の親のようになついてくれます。

アンナは、施設の設立などではなく、エイズ孤児一人ひとりに対するきめ細やかな援助の必要性を示唆している。孤児の家族状況は、それぞれである。祖父母に育てられているもの、親戚のうちに預けられているもの、そして、年齢もバラバラであるため、HIV感染の告知方法や、抗HIV薬の投薬の仕方なども変わってくる。

エイズ孤児の問題は、二〇〇〇年代に入り、タイでの新たな問題として浮上したばかりであり、教師がエイズ孤児のケアができる体制は二〇〇一年当時、まだ整えられていなかった。そこで、HIV陽性者らによるエイズ孤児のケアがはじまったのである。(5)

(3) 思春期を迎えたエイズ孤児Nとの関係性

タイでは抗HIV薬の無料普及によりHIVに感染した子どもたちの寿命が延び、二〇一〇年代に入ると、思春期をむかえる子どもが増えはじめ、精神的なケアも必要となっていた。外見上はエイズの症状がでないため、感染のことを友人たちに自ら伝えていく必要性があった。HIV/AIDSのことを誰にも話せないがために、薬の服用に困難を生じている子どもたちも増えていた。

また、思春期を迎え、恋人ができ、HIV感染のことを伝えられずに精神的にストレスをためてしまう子どもたちも現れた。二〇〇〇年代後半に入り、エイズを理由に入園・入学を断られることは少なくなった。しかし、子どもたちの精神的な問題が課題として山積みになっていた。

そうした問題に対応するために、DCCでは、HIV陽性の子どもたちへのカウンセリングを月に一度定期的に行い、抗HIV薬の給付だけでなく生活全般における子どもたちの心身のケアをはじめるようになった。同時に、HIV陽性者の子どもたちの心のケアには、DCCのみならず、諸NGOの活動も活発に参加するようになった。NGO関係者らは、月に一度、日曜日にHIV陽性者たちやDCCのスタッフと協働で、スポーツ活動や、遠足、写生大会、村の子どもたちの協働による人形劇など、さまざまな活動を行うようになっていった。

こうして、村の子どもたちとの交流の機会を作りながら、子どもの精神的ケアにあたった。HIV陽性者の子どもたちが、エイズのことを理解することで自分の体の状態を把握し、抗HIV薬の投与をしっかり継続できるよう、人形劇などを使って、子どもたちにもわかりやすい形でHIV/AIDSの説明をした。特に親を亡くしたエイズ孤児には、投薬に関する指導が細かく行われはじめた。そういった活動を通じて、HIV陽性者とエイズ孤児、そしてNGOスタッフ、病院のスタッフたちの間にケアの関係が築かれていった。

しかし、新規HIV陽性者数が低下したことで、エイズ支援活動のための国家予算は、一九九八年をピークに年々減少し、

ＤＣＣの運営やＮＧＯによる活動の継続が困難になっていった。そうした中、思春期を迎えるエイズ孤児は増加し続けた。そこで、ＤＣＣで准看護師として働いていたＨＩＶ陽性者の女性たちによるエイズ孤児たちの家庭訪問がはじまった。病院登録証や緊急治療室の予約の方法、薬の処方箋など医師からの指示をエイズ孤児の祖父母へ伝えたり、生活に関して祖父母と話し合ったり、孤児たち一人ひとり、家族を含めてのケアが行われはじめた。

『アンナの道』の登場人物の一人、アンナが孤児院で面倒を見ていた三歳（二〇〇一年当時）だったエイズ孤児のＮも撮影後半になると、村の小学校に通うようになっていた。Ｎは二歳の時に母親を亡くし、母方の祖父と暮らしている。部屋の壁にはＮの母親の写真と母親の妹の写真が掛けられている。二人ともエイズで亡くなったという。祖父の家には、Ｎの母の妹の娘も同居していた。

Ｎはその後、小学四年時に、祖父の家を出て、県外に住む叔母の家へ引っ越し、中学へ進学した。しかし、引っ越した後も、薬は登録している病院に行かないと手に入らないため、度々祖父の家に帰省し、アンナ家を訪れる。二〇一二年、久々に帰省した一四歳（中学二年）になったＮとアンナの語りから、親子関係とはまた違う新しい関係性が浮かび上がる。

『アンナの道』シークエンス２―21　とくに六二：四〇～六五：五〇　アンナとエイズ孤児Ｎの語り

アンナ：生理はもう来た？
Ｎ：うん。
アンナ：けっこう前から？
Ｎ：うん。小学四年のときから。
アンナ：へぇ！　小学四年で！
Ｎ：うん。
アンナ：健康な証拠ね。で、彼氏はできたの？
Ｎ：まだ。

アンナ：誰かに口説かれたりした？
N：わかんない。
アンナ：普通よ、彼氏がいることは。でも一線を越えないように気をつけないと。彼氏がいるのはいいけどね。一線を越えたら大変。生理もきたしね。（中略）彼氏ができたら、妊娠しないように気をつけないとダメよ。コンドームを使わずに性関係を持ってはダメよ。自分の身体のこと、ちゃんと理解しなきゃね。彼氏ができたら、叔母さんやお姉ちゃんたちに相談しなきゃね。コンドームの使い方も覚えなきゃ。でもそれは大人になってからの話よ。あなたはまだ子どもなんだから、今は勉強に集中しないと。もちろん、一緒に話したり、遊びに行ったりする彼氏はいてもいいけれどね。

Nとアンナの会話は、前述のアンナと娘ジップの会話内容［シークエンス2—11］と類似しているが、娘の時よりも、性関係の話が具体的に交わされている。生理、妊娠、コンドーム、言葉としては出てこないものの、ＨＩＶを意識しての内容である。それは親から子へ投げかけるもの、というより、ＨＩＶ陽性者の当事者同士の視点で言葉を選んでいるように思える。ライフコースに応じたＨＩＶ陽性者によるエイズ孤児のケアが行われていく中で、思春期を迎えたNらエイズ孤児とアンナたちＨＩＶ陽性者の女性は、擬似親子（母子）の関係性を深めていった。

Nと同様に両親を失ったエイズ孤児は、ＤＣＣには一五人いる（表7）。その内、母系の祖母が孫の世話をしているケースが四人、祖父が一人、母系の祖父母が二人、母親の姉妹が四人、母親の兄弟二人となっている。父系がケアをしているケースは少なく、父系の祖母一人、父親の姉妹一人となっている。北タイにおいては、母方の祖父母が孫の面倒をみることが多いが、Nのように、祖父が思春期を迎えた孫と同居の場合、アンナのようなＨＩＶ陽性者女性によるエイズ孤児のケアが重要となってくる。

ＨＩＶが長期化することで、親子の関係性やエイズ孤児とＨＩＶ陽性者の関係性も変化した。ＤＣＣでアンナとポムが面倒をみていたＨＩＶ陽性者のエイズ孤児の子どもたちは、結婚し、家庭を持ち、生計を自ら立てられるようになり、祖父母たちのケアをする立場へと変化した。その後成長したエイズ孤児のNは、高校を卒業後、北タイへ戻り、村の男性と結婚し、祖父と同居しながら、祖父の面倒をみはじめた。

表7　DCCのエイズ孤児の同居人（2016年12月現在）

No	性別	名前	年齢	同居人
1	男性	M	16	母の姉妹
2	男性	W	19	祖母（母系）
3	男性	S	21	父の姉妹
4	女性	N	18	祖父（母系）
5	男性	K	19	祖父母（母系）
6	女性	D	21	祖母（母系）
7	男性	C	17	祖母（母系）
8	男性	S	20	母の姉妹
9	男性	A	14	祖父母（母系）
10	男性	S	19	祖母（父系）
11	男性	C	20	祖母（母系）
12	男性	P	22	母の姉妹
13	女性	S	22	母の兄弟
14	男性	W	24	母の姉妹
15	女性	K	22	母の兄弟

出典：調査を基に筆者作成

また、ＨＩＶ陽性者の娘が看護師としてＤＣＣで働くようになり、ＨＩＶ陽性者のケアの担い手となりはじめた。アンナが体調を崩した際にアンナのケアをするのは、これまで夫のポムやアンナの母親であった。しかし、アンナの一人娘ジップが中学三年（一五歳）になると、二人の代わりに母親のケアをするようになっていた。薬を母親に飲ませたり食事を運んだり、身の回りの世話をする役割は、徐々に母と夫から娘へとシフトしていった。幼い頃から母親と一緒に病院へ足を運び、看護師やＨＩＶ陽性者らと関係を築いていたジップは、ＨＩＶに関する知識を自ら学び、実践へと移していた。そして、その経験を活かすために看護師になり、病院で働きはじめ、両親のみならず、ＨＩＶ陽性者たちのケアをするようになった。

そして、アンナのように、子どものケアから手が離れたＨＩＶ陽性者の親たちは、ＤＣＣで准看護師として働きながら、カウンセリングや家庭訪問などをはじめ、ＨＩＶ陽性者のケアをはじめた。ＨＩＶ陽性者は一生、薬を飲み続けなければならない。薬は今も病院が配布をしているため、月に一度は、薬を貰いにＤＣＣを訪れる。病が慢性化したことで、ＨＩＶ陽性者とエイズ孤児たちの関係は長期化し、ＨＩＶ陽性者と看護師、そしてＨＩＶ陽性者同士の関係は、一時的なものではなく、生涯にわたって続くものとなった。

4　病縁を通して経験を共有し気遣いあう

本章では、『アンナの道』を事例に、北タイに暮らすＨＩＶ陽性者の日常生活における関係性の生成過程を、調査時の観察と映像に基づいて考察した。

調査村では調査開始当初（二〇〇〇年）、エイズに対する知識は広まりつつあるものの、エイズに対する偏見は未だ根強く残っていた。しかし、ＨＩＶに感染し、偏見のため家に篭っていたＨＩＶ陽性者らが、ＤＣＣという場での出会いを機に、ＨＩＶ陽性者同士、新たな関係性を構築しはじめた。そして、病院における看護師やスタッフたちとの関係性を構築する中で、自らの居場所を形成していった。

（前章で考察してきた）ＤＣＣにおいて構築されたＨＩＶ陽性者間での関係性は、二〇〇三年以降の抗ＨＩＶ薬の浸透により、そこに留まらず、ＤＣＣを超えて展開していった。ＨＩＶ陽性者の母親同士の関係性は、思春期の子どもをもつ母親であることで、互いの悩みを共有し、気遣うことができていた。特に、ＨＩＶ陽性者である親たちは、実の娘や息子たちに対して、ＨＩＶをどのように伝えていくかという問題を抱え始めるようになった。

こうして、設立当初は、当時者たちの投薬や差別に関する相談や情報交換の場として機能していたＤＣＣは、子どもの躾や家族問題などに関する相談の場となっていった。看護師や自身の母にケアされるアンナは、一方で、自身がケアをする主体にもなっている。また、アンナにケアされる娘ジップは、母親のケアをしながら、看護師にもなっていくという、相互的な関係性が形成されていた。

さらに、北タイでは、ＨＩＶ問題の長期化により、家族（親子、夫妻、祖父母）の役割とその関係性は大きく変化した。ＨＩＶ陽性者の親を持つ娘は、母の介護にあたるようになり、ＨＩＶ感染の娘を持つ親（祖父母）は、孫の世話をしつつ、娘の身体に負担がかからないよう自立して生きようとする。本章では、このような関係性の変容を、『アンナの道』の場面事例を参考に分析しつつ、実の親子関係ではないが親密な関係性を築いていたエイズ孤児とＨＩＶ陽性者の女性にも焦点をあてて、Ｈ

IVをめぐって生じた多様な関係性を考察した。

調査村において、長年にわたってエイズ孤児のケアを担っているのが、子育てが一段落したHIV陽性者女性たちや独身の女性たちであった。北タイの農村では、社会的慣習に支えられて、母娘関係が中心となって生活が営まれている一方で、エイズにより夫を失い再婚したHIV陽性者女性らが、親をエイズで亡くしたエイズ孤児のケアをしながら、関係性を構築していた。その役割も子どもたちが思春期に入ることで、身体的ケアから精神的ケアを含むものへと変化した。そこでのHIV陽性者とエイズ孤児の関係性というのは、母と子という擬似親子関係であると同時に、経験を共有し気遣いあうものであった。

思春期をむかえた子どもたちは、恋人ができた際のHIVの告知や、投薬に関する悩みを抱いていた。そんな彼らの将来も見据えてのケアが行われていた。思春期の子どもの側に母がいるということは重要なことであり、それが実の親かどうかは大きな問題ではなかった。さらに、成長した子どもたちが、祖父母のケアの担い手となっていることが明らかになった。

以上、北タイの農村では、社会的慣習に支えられて、母娘関係が中心となって生活が営まれている一方で、エイズにより夫を失い再婚した女性HIV陽性者らが、親をエイズで亡くしたエイズ孤児と「病縁」を介してコミュニケーションをとりながら、擬似親子として関係性を構築していった。さらに、日常生活の場面での関係性の構築においては、病を軸としながらも、それだけでなく、家族や親子をめぐる「悩み」を共有することで、多様な広がりを持っていることが、本章において明らかになった。

ここまで第Ⅰ部では、HIVを主題とした映像制作における場面の事例考察を通して、HIV陽性者の日常生活における相互作用に焦点を当てながら、HIVを抱えたアクター（主人公）としてのアンナのアクション（行為）がどういうリアクションを生み、その連鎖がどういう関係性を形成してきたのかを考察した。

続く第Ⅱ部では、映画制作のプロセスを自己再帰的に考察し、ドキュメンタリーにおけるリアリティを、映画制作過程において生成されるものとして捉え、ドキュメンタリー制作者としての立場からその生成プロセスを詳細に分析し、映像制作における制作者の視点の関与を明らかにする。

注

（1）『アンナの道――私からあなたへ…（完全版）』〈監督・編集・撮影・製作：直井里予／日本―タイ／二〇一八／七〇分／タイ語（日本語・英語字幕）／DV／Color〉。二〇〇九年に発表した『アンナの道――私からあなたへ…』を再編集し、更に二〇一二年一〇月から二〇一三年三月に追加撮影したものを足し制作。

（2）社会学者の山田富秋は、ネットワークのシステムを築く制度的な条件を考察するのではなく、ケアをめぐる語りを検討することを通して、「ケアというものが親密圏の形成の一部であり、この親密圏も又多様な関係性や意味づけを通してつねに更新され、作り直されて行くプロセスとして存在する」［山田 2004: vii］ことを述べている。山田は、ケアとはその場その場で構築されていくものであり、固定したものではなく、創発的な関係として捉える。また、社会福祉研究におけるコミュニケーションの立場から川島ゆり子も山田と同様に、社会は個によって形成・再形成される変動的で生成発展的なものとして捉えている。川島は、相手の「生」の固有性、一人ひとりの身体、生活、経済的環境の背景などを含めた個人個人の「生」への視線と「意味づけ」の仕方の相違に注目し、「ナラティブにおけるケアの関係：協働で同じ問題に取り組む関係」［川島 2007: 81］を考察した。
　社会学の分野において三井さよは、ケア提供者によるケア行為を超え、さまざまな人たちが空間を共有しながら、関係を積み重ねていくことによって創出されていく〈場〉の力に着目している［三井 2012］。患者や看護師、そして彼らを囲むモノが織りなす〈場〉を詳細に観察していくことで、ケアの「リアリティ」を捉えることが可能になる。そして、ケアというものが、「具体的な社会的・空間的設定のなかで、又多層的に働きかける規範や期待の網の目のなかで、相互的に達成されていくリアリティであること」を、三井は提示する［三井・鈴木 2012: 5］。医療人類学者の浮ヶ谷幸代も「ケアの場所性」に注目している。浮ヶ谷は、障害者施設〈べてるの家〉における「ケア」を観察し、ケアが生活の場で実践されるために、地域の生活の場の関係を観察する必要性を述べている［浮ケ谷 2010］。

　タイにおけるケアと関係性における考察においては、長期的な参与観察にもとづき、HIV陽性者の日常生活におけるケアを通した「主体的な」関係性の形成に十分な焦点があてられてこなかった。そのため、HIV陽性者のライフコースに応じ、他者との間に変換され重層性を帯びていく関係性は明らかにされていない。そこで、本書では、日常生活におけるケアと関係性の考察の際には、前述した通り、病を軸とする人間関係の構築を捉える「病縁」［濱 2012: 272］という概念を基本に据える。

（3）吉村千恵は、障がい者をめぐる生活の中で使われるタイ語で「ケア」に相当する単語、手伝う（chuai）、介助者（phu chuai）、助けあう（chuai kan）、助けてあげたい（yaak chuai）、世話をする（dulee）を挙げた上で、ケアの形態や場面、相手によってケアを表現する言葉は日常生活の中で、複数使用されていることを示している［吉村 2011: 222-223］。本書では、吉村の事例を参考に、配慮や気遣い／世話や介護などの行為全般を「ケア」と呼ぶ。

（4）アンナは3TC（ラミブジン）、D4T（スタブジン）、EFV（エファブジン）という三種類の薬を飲んでいる。これはカクテル療法と言われ、現在HIVの一般的な治療薬となっている。EFVを飲む前にAZT（アジドチミジン）という薬を飲んでいたが、耐性ができ、危篤状態にまで陥った。その後、薬を交換している。その後、二〇一一年には、LopinavirとRitonabirと3TCに薬を変更した。HIVウイルスは、ウイルス産生が極めて活発であり、かつ変異ウイルスが発現する頻度も高いため、HIV治療薬が効かない突然変異のウイルス（薬剤耐性ウイルス）が発生しやすい。不適切な薬剤選択や怠薬など、不十分な治療は薬剤耐性ウイルスが出現する危険性を増加させてしまう。このため、様々な作用機序の薬剤を組み合わせた多剤併用療法を、生涯にわたって厳格に継続することが求められている。治療薬のなかには深刻な副作用を呈するものも多数あり、治療の継続を困難にする一因となっている。［参照：薬剤耐性ＨＩＶインフォメーションサイト「薬剤耐性の問題［治療の現状と問題点］」https://www.hiv-resistance.jp/knowledge01.htm（二〇一九年五月二五日最終アクセス）］

（5）　アンナとポムのこのようなケア活動は、その後、エイズ孤児への差別予防のための啓蒙活動へと展開するのだが、その点に関しては前章で考察した。

第Ⅱ部

映像表現の可能性と限界

――「共振のドキュメンタリー制作」におけるリアリティ生成と制作者の視点――

第4章

リアリティ表象における映画制作者の視点

第Ⅱ部では、具体的な事例を通した考察に入る。まず、本章では、社会的現実の捉え方、民族誌的表象と映像表象をめぐる問題に関する文化人類学や社会学、および映像論における議論と先行研究を取り上げた上で、ドキュメンタリー映画制作における視点の関与に関する課題と、その分析と考察の手法を述べる。次に、撮影時における撮影者（主体）と撮影対象者（客体）の相互関係に焦点をあて、主体の「視点の関与」の課題に対して撮影、編集、上映という三つの視点からアプローチする（なお、それぞれの視点については第五章から第七章で詳述する）。また、上映後のディスカッションにおけるコメントを自己再帰的見地（自らの行為を振り返り、それに注目するという観点）から分析し、映画が観客にどのように受容されるのかについて、上映後の観客との相互関係の観点から考察する。

近年、人類学の分野をはじめ、フィールドワークを研究方法の中心とする人文科学の学問領域においても、映像を用いた研究に関心が寄せられるようになってきた。そこには、聞き取り調査や参与観察にもとづく記述分析では捉えきれないものを映像は捉えることができるという前提があるからである。

しかし、映像制作（撮る）という行為はどういう社会的現実を捉えているのであろうか。前述したように、一般にドキュメンタリー作品はリアリティを追求するものであり、また観る者もそれを「現実」として受け取り易い。しかし、一方で、ドキュメンタリーは作品として編集され、他者へ公開されることを目指すため、そこには作り手が深く関与し、現実を創出するという側面も併せ持っていることを忘れてはならない。

映像作品を制作するということは、それがいかに社会的な現実を映し出そうと試みたとしても、作品をありのままの現実と同一視することはできないのである。現実の多層的側面に注目した場合、映像が捉える現実は一つのリアリティのあり方に過ぎないということになる。また、撮影には不可避的に撮影する者（＝筆者）の視点が関与するため、いかに現実を捉えるかという点において撮影者の志向性が大きく影響するという問題がある。

映像制作においては、撮影・編集の時点で調査者（＝制作者）の恣意が入る。カメラは現実の一部を切り取っているにすぎない。また、対象をどんな切り口で撮るか、調査者の立ち位置（視座）や見る方向性（視野）によって現実描写が変化する。結論として、調査者の「選択」（視点）が「社会的現実」の構成の一部として関与するということである。

ドキュメンタリー制作における〈現実〉は、映像としてカメラワークに切り取られ、さらに撮影者と撮影対象者との関係や、編集に至るまで、各種段階を経て「作り出される」複雑な対象である。そこには制作者の行為が多分に影響しているとはいえ、例えば映像化される〈現実〉は常に調査対象者の姿であるように、当然ながらそれらを全て制作者に還元することはできない。筆者は、現実を撮りつつ作品として創作されるという点において、このような、矛盾を孕む両方向性をもった映像の特質に注目する。その上で、人々の日常描写のリアリティが創られていく過程について論じることが、映像表象をめぐる議論において重要だと考える。

そこで、この第Ⅱ部では、撮影過程における撮影者と撮影対象者の関係性の生成を、「視点の関与」という概念装置に着目しながら自己再帰的に分析し、作品は、どのような視点で、いかなる「現実」を描き創出したのかを明らかにしたい。また、編集過程において、撮った映像を何度も（時に、撮影対象者とともに）見返すという映画制作の具体的な経験が、どのように作品内容に影響したのかを、制作者の視点に着目して考察する。さらに、筆者自身の視点の変容と撮影過程における発見の経験を、作品を提示することを通して、観る人も同じように「映像的に発見する」という経験として提示する。

本章では、映像表現における視点関与に関する先行研究の考察を、次の流れで論じる。まず、第1節では、映画制作者の視点の関与問題における先行研究を整理する。そして、第2節では、ドキュメンタリー映画における関係性に焦点を当てる。第3節においては、日常生活批判論と空間論の視点から映像論を考察する。そして、第4節で、近年におけるメディアと表象に関して整理した上で、第5節において、筆者の立ち位置と問題の所在、そして本書における考察と分析の手法と理論的枠組みを提示する。

1　社会的現実を捉える視点

「視点」や「現実批判」に関する研究は、一九五〇年代から七〇年代にかけて、哲学、社会学、人類学の各領域において、特に日常生活の捉え方との関わりにおいて、盛んに行なわれてきた［松田 2009］。哲学の分野においては、ルートヴィヒ・ウィトゲンシュタイン［1972］の「言語ゲーム」論を取り上げることができるし、社会学の分野では、ピーター・L・バーガーとトーマス・ルックマン〔1977〕が、日常生活における現実は、社会に存在する客観的現実と個々人による主観的現実の相互作用を通して構成されるという構成論の立場を論じた(1)。

さらに、社会学者ハロルド・ガーフィンケル〔1967〕は、日常言語が社会的現実をどのように構成しているのかという視点に着目し、エスノメソドロジーという理論を展開した。それによると、社会的現実は絶え間なく行為者たちによって「協働達成される何か」である。このように、ガーフィンケルは、客観的現実としての社会的事実を社会学の研究対象に据えるという社会的立場に異を唱えた〔田中・深谷 1998：201-202〕。

映像表象における視点に関する学術的研究の議論は、主に人類学や映像学の分野において展開されてきた。文化人類学者の箭内匡は、人類学において、映像が「現実の代替物である」と考え、それ以外の可能性が考慮されてこなかったことを批判的に指摘し〔箭内 2008b〕、次のように述べている。

いかに客観主義的な姿勢に臨もうと、撮影者は特定の視点、特定のフレーミング、特定のカメラ移動を選択しつつ撮影しているのであり、この過程において被写体となる人々の行動は、撮影者が意識してもいなくても、撮影を決定する要因の一つである〔箭内 2008c：186〕。

箭内が指摘するように、映像は、現実を撮りつつ作品として創作される。こうした考え方は、ドキュメンタリー映画が描く「現実」とは何か、映像制作においてリアリティはどのように生成されているのか、を問うものである。

ドキュメンタリーの主観性と客観性をめぐる議論は、一九五〇年代からフランスやアメリカなど欧米諸国の映画批評家を中心に行われてきた〔バザン 1970：Nichols 1991：1994〕。フランスの映画批評家アンドレ・バザンは、映画監督のタイプを、モンタージュ重視の映画と現実を凝視する映画の二つのジャンルに分類した〔バザン 1970：177〕。一つは「現実の事象をありのまま示すのではなく、それをそこに暗示する」映画（演出法）であり、もう一つは「生きている現実の多様性を映像の本質的な多義性として活かす」映画（演出法）である。前者は、編集により映像を前後のシークエンスで説明し、観客に対して現実により近い感覚で伝えていこうとする手法であるのに対し、後者は、映像を自分で解釈せずに、時間と空間をそのままに映し出すことで、映像の観察と解釈を観客に委ねる手法である〔バザン 1970：村尾 2010〕。前者の映画は、クレショフやエイゼイシュタインらによって確立されてきた手法であり、後者は、アメリカ人の映像作家ロバート・フラハティ（一八八四―一九五一）などがとった民族誌的映像による表現方法とされている。

『極北のナヌーク』（一九二二）は、フラハティが一九一〇年代にカナダのイヌイットと六年間寝食をともにしながら制作を継続し完成させた作品である。フラハティは、映像器具や編集機材を現地に持ち込み、被写体に撮影した映像を一緒に見て貰うことで、撮影対象者の視点（フィードバック）を取り入れながら、全ての作業を現地で遂行した。バザンは、ナヌークがあざらし狩りをするシーンをとりあげ、「フラハティにとって問題となるのは、ナヌークとあざらしとの関係、つまり待機の時間の実際の長さ」であったと分析する。そして、そのためにフラハティがとった手法とは、モンタージュによって時間を暗示するものではなく、その待機の時間を見せるにとどめるものであったのだと述べている［バザン 1970：181］。

このような手法で制作された『極北のナヌーク』は、映画史的には、あらゆる民族誌・ドキュメンタリー映画の原点であると同時に、ネオレアリズム(2)からイラン人映画監督のA・キアロスタミまでの現代映画の原点にもなった［箭内 2008c：188］。箭内は『極北のナヌーク』を、撮影者と被撮影者の境界線が崩され、客観的現実と主観的現実が交じり合う瞬間に現れた「認識と同時に啓示でもあるもの」として現出した「全体」であり、「かたちをもたない」次元を含んだイメージを「民族誌的」映像の具体性を通して露わにした作品であると述べている［箭内 2008c：187-189］。

フランスの民族誌映画作家ジャン・ルーシュは、撮影状況（プロセス）を手持ちカメラで映し出すことで、独自の現実表象による新たな映画制作の形式（シネマ・ヴェリテ）の確立を試みた。カメラを媒介とした、現実の奥に隠れた事実の記録への挑戦であった。また、インタビュー時における撮影者と撮影対象者との会話による相互関係や編集作業過程をそのまま提示することで、映画の現実がどのように組み立てられるのかを観客に開示する手法をとった。一方、アメリカにおいては、リチャード・リーコックを中心に、ダイレクトシネマ的映画制作手法を取り入れた映画制作がはじまり、映画カメラの記録性にまかせた撮影手法がとられた［村尾 2010］。

主観か客観か、参与か観察か。映像における撮影者の視点の関与に関する理論体系の確立と展開に関するこうした議論は、日常に寄り添って社会を精緻に描き出そうとするなかで、調査者が現実を客観的に記述できるという立場を問うてきた人類学における民族誌と問題意識を共有する。他者の日常の中へ長期間接近しつつ、一般性をもった理論との接点を探る人類学では、参与観察による事実の捉え方や事実の構築などの方法論をめぐって多くの議論が蓄積されてきた。

一九八〇年代、マリノフスキーによって創始されたとされる現地での、長期にわたるフィールドワークにおける「参与観察」手法をめぐる「観察と参与」（外側と内側）、その客観性と主観性のパラドックスを含む問題や現実の表象に関する議論が、ジェームズ・クリフォードやヨハン・ファビアンなどにより展開され、民族誌家自らの権力性（植民地的表象）や他者や他文化を書くという一方的な行為にどのように対峙していくべきか、再帰的な考察が盛んに議論されてきた［清水 2003］。

一方、小説や映画、演劇などの文化分野におけるフィクションに関する研究において、「フィクション＝架空」と定義するのではなく、フィクションとは、諸要素を形成し、具体化し、組み立てるものであるという議論が展開されていく［中村 1994：200］。そして、それまで西洋の文学・芸術の分野において展開されてきた「他者性と差異」の思想やアヴァンギャルドな思想体系が、文化人類学の分野にも影響していったのである。そうした中、民族誌はありのままの出来事を描写するのではなく、虚構性を含むものであるが、全くのフィクションでもない、という考え方（「部分的真実」）［クリフォード 1996：12］が提示された。

テクスト主体の民族誌同様、映像に携わる研究者たちによっても、『文化を書く』［クリフォードとマーカス（編）1996］をめぐり、映像表象における権力作用やフィールドにおける調査者の介入問題、そして「主観と客観」に関する議論［Nichols 1991；ミンハ 1996］が積み重ねられてきた。

民族誌学者のミードは、映像制作のすべてを映像に含ませ、自らの会話もボイスオーバーで映像に含ませることで、植民地主義的表象に対峙することを試みた。また、オーストラリアの映像人類学者のデイビッド・マクドゥーガルは、ルーシュの取り入れた民族誌映像制作におけるインターアクションの重要性を強調した［Juhasz 1995］。こうした中、前述のルーシュによる撮影者―撮影対象者の相互関係性も映像に含ませる参加型観察手法が映像人類学の分野で多用され、それまでの「観察」映像という概念を超えた民族誌映像が制作されるようになった。そこでは、映像が映し出す現実は、「主観か客観」「虚か実」という二項対立的な議論に留まらず、映像が生成される過程に着目した学術研究における映像使用の有効性に関する議論が積み重ねられてきた。

ベトナム人映像作家のトリン・T・ミンハは、それまでの民族誌映画やダイレクトシネマ理論形式に対し批判的立場に立ち、「現実と虚構」の関係の考察を試みた一人である。ミンハは、『ルアッサンブラージュ』[3]（1982）の制作において、映画がカメラの操作や演出、編集によって出来上がるという〈映画の現実〉を論じ、長回し撮影による多様な解釈が、他者をより現実的に表象できるといった視点を批判し、独自の理論を展開した［ミンハ 1996］。

具体的にはまず、カメラの焦点を、撮影対象者にではなく、撮影対象者の〈まなざし〉とミンハの〈まなざし〉の〈あいだ〉にむけ自らの視点をずらすことで、ステレオタイプ化された表象を崩す。そして、編集の際には、セネガルの女性たちの視線を生かすために、通常の映画の編集ではNGとされるジャンプ・カット[4]を多用した［稲垣 2007］。

佐藤は、ミンハの試みは、「あらゆる映像を人類学的知識という〈意味〉にからめとっていく民族学映画の眼差しから、その〈意味〉を剥ぎとるための戦術でもあった」と主張する［佐藤 2001b：304］。

しかし、ミンハの現実を捉えるための映像制作手法は、対話になっているのかという疑問が生じる。ミンハの〈まなざし〉は、撮影対象者との相互行為と言えるのか。森はミンハが創りあげた曖昧で独特な映像表象は、他者表象におけるミンハの視点と価値を観るものに押し付けていると指摘する。そして、ミンハがベトナム人であり女性であるという弱者のアイデンティティを自ら作り上げ、「耳を貸さない」強者のアイデンティティを作り上げてしまっていると述べている［森 2003：57］。

2　ドキュメンタリー映画における関係性

ドキュメンタリーとは、現実についての何らかの批判である［佐藤 2001a：14］。

ミンハと同じく民族誌批判論を展開し、現実批判をしながら自明性を疑いつつ、さらにミンハの相互行為の欠如に関する課題を克服するかのように映像制作に取り組んだのが、映画作家の佐藤真である。佐藤は自作の『阿賀に生きる』［1997］の制作実践過程を経て、著作『ドキュメンタリー映画の地平（上）』［2001a］にて、「ドキュメンタリーとは、映像表現による現実批判である」［佐藤 2001a：1］というドキュメンタリー映画論を確立した。それは、世界のあり方を批判的に受けとめるための映像表現である。佐藤の処女作である『阿賀に生きる』は、撮影現場で暮らしをともに送り撮影対象者との関係を構築しながら現実を批判的に観察する手法をとって作られたものである。佐藤は、世界のあり方〔現実〕を批判的に受け止める手法として、主人公たちの日常を撮ることに視点をあてた。

『阿賀に生きる』は新潟水俣病患者である三組の老夫婦の日常生活を描いた作品である。映画を制作するため、佐藤はスタッフたちと新潟に移り住み、三年間、撮影対象者とともに暮らしながら親密な関係を築く。そして、日常の中に埋もれて見えない水俣の被害を言葉にたよらずに描き出した。水俣病被害の現実を改革するような啓蒙的な映画でもなく、被害者への同情と共感で描くお涙頂戴の物語的作品でもない。佐藤の〈まなざし〉は、ロマン主義的視点から距離をとる。過疎の村にとり残された老夫婦の生活を、経済効果から取り残された弱者として描くのではなく、川沿いの小さな田んぼで稲を育てながら、自給的な生活をおくり続ける老夫婦の日常から浮かび上がる彼らの「生」の輝きを捉えている。そしてそこから、水俣病により変化してきた村人たちと自然とモノの関係の歴史を描き、切り裂かれてきた阿賀の文化や風土を日常性の深部にあるものを浮かび上がらせ、流れ行く時間と空間の中を生きる老夫婦の「生の痛み」を描きだしている。

佐藤は日常を彩っているのは目に見える世界や語られるものばかりではなく、物音やにおい、体感や五感を超えた世界にあることを強調する。そうした佐藤の〈まなざし〉は、撮影場所に長期滞在することで時間と空間を撮影対象者とともに過ごし、撮影対象者と協働作業で作品を制作する中で産まれたものである。そしてそれは、先述のフラハティの映画制作論に連なるものである。

箭内は、人間をあくまでも自然の一部〔人間を含めた世界の物質的現実〕として把握する映像による「もう一つの人類学」を提唱する〔箭内 2008b: 8〕。そして、追求すべきは、文化や社会の表象ではなく、調査者と現地の人々が出会うことによって生じる「動き」から見られる「人間存在の根底的なあり方」であると述べている〔箭内 2008c: 193〕。そしてまた、「曖昧さ」や「まだ理解できない」という「待つ」という時間と視点が、人類学的実践の中において、否定的に扱われてきたことを指摘し、研究対象について語る際に、対象の構造について語ろうとするあまり対象そのものを説明に還元してしまう傾向にあることを指摘している。そのために、現実を目的や用途に関連付けずに、「表面」を確かな拠り所として信じることが重要であることを強調している〔箭内 2008b: 7〕。

映像制作においては、撮影者が撮影対象者との間にどのような関係性、つまり「距離」をとるかという視点が重要なカギになる。佐藤にとっての最大の課題は、「カメラと被写体の関係」であった［佐藤 1997：79］。佐藤はドキュメンタリーにおける二つのドラマツルギーを指摘する。一つは、撮影対象自体がもつドラマツルギー、そしてもう一つは、撮影者と撮影対象者の関係性でなりたつドラマツルギーである。佐藤は、撮影中の撮影対象者の変化、そして撮影者と撮影対象者との関係性の変化という二つのドラマツルギーを提示し、後者の関係性を撮ることで作品を作り上げる手法を『阿賀に生きる』の制作の際に採った。

つまり、事実の変化に重きを置くのではなく、関係性の変化に重きをおくという演出法を選択した。そして、関係性を撮るために三年間という月日を費やす。しかし、日常生活をともに送り「親密な関係」を構築し協働で映画を作りながら「世界のあり方を批判的に受けとめる」という佐藤のドキュメンタリー論は、先述の民族誌の記述で触れた民族誌における「参与と観察」と同様、一見矛盾しているかのようにも見える。「現実を批判的に捉えること」は、一体どういう条件のもとで可能なのか。再び佐藤の作品論に戻り「日常生活批判」の観点から「視点」に関する考察をしたい。

3　日常生活批判

好井裕明は佐藤の他作品『まひるのほし』（1998）を「距離」を感じる作品として事例に出し、佐藤の現実アプローチに関して分析している［好井 2009］。七人の知的障害者のアートの世界を描いたこの作品では、「アートとは一体何か」というテーマに焦点があてられており、「憐れみ」や「がんばり」などのステレオタイプ的なイメージによる視線で描かれがちな障害者像は全く出てこない。障害者の家族背景や社会的問題などの説明を一切せずに、その時、その場でアートと向きあう障害者の姿が描かれている。

好井は、このような映像は、障害者をめぐる安易なカテゴリー化を相対化する力を持つと指摘する。そして、障害を簡単に理解しようとせず、適切な距離をとりながら、障害者を一人の人間として描き、障害者に対するステレオタイプ的な見方を崩すことの痛快さをこの作品は提示していると述べている［好井 2009：116-118］。映画やドキュメンタリーを通して、日常の中であたりまえのように流れている事象を批判的に読み解くことで、「日常の政治」へ向き合うための一つの標識（道標）が得られる。撮影対象者の語りをどう解釈するか。現代社会における関係をめぐる「日常の政治」をどう読み解くか。他者を解釈する際の素材としてのドキュメンタリー映画の可能性に好井は言及している〔好井 2009〕。

佐藤は、映画制作を通し日常の中の無意識の行動をそのまま描くことで、ありのままの世界を描き出すことを目指した。佐藤にとって、ドキュメンタリー映画とは「人間とは何か」の追求であり、「思い通りにならない現実から、謙虚に学ぶ」〔佐藤 1997：81〕ことであった。そして、学校教育やジャーナリズムが作り出す類型やステレオタイプやイデオロギー、さらには神話や物語の中に押しこめられ見えなくなっている世界の姿を追求と学びによって現そうと試みた。それは、現実を理念や思想によって批判するのではなく、凝視と観察によって批判する試みであり、イギリスや（ナチス）ドイツなどで制作された、大衆啓蒙映画や教育映画に見られる大義のためのプロパガンダ的映画への批判でもあった〔佐藤 1997：81〕。

一方で、佐藤は、自著『日常という名の鏡』で、「あらゆる日常はフィクションである」と指摘しているように、ありのままの姿はカメラで捉えることはできないということを自明視していた。「プライベートな空間」は、カメラが入った瞬間に「パブリックな空間」へと変化してしまう。そのため、撮られる者が観る者を意識するその時点で、世界のありのままの姿をダイレクトに映すことは不可能になると佐藤は指摘する〔佐藤 1997：218〕。日常をあるがままに撮影するには撮影者がその日常に入り込まなければならない。しかし、撮影者の存在が、日常のありようを変化させてしまうということである。日常にとってカメラが意識されない「無のカメラ」になるには、おそらく「隠しカメラ」の手法を採用する以外ない。そこで、佐藤は、フラハティの映画製作を参考に、撮影対象者に「日常を演じて貰う」という手段を取り入れる。しかし、なぜそれほどまでに佐藤は「日常」にこだわったのか(5)。

日常を観るということは、人類学の分野においてもさまざまな視点から議論されてきたテーマである。松田素二は、人類学的に日常的視点を取り入れる意味を「世界を均質化する強力な力を最前線で受け止めその衝撃を変換する現場は生活世界に他ならない」〔松田 2009：2〕とし、「生活世界の深層から、生活全体をとらえることで、社会分析をより深め、より人々の生の現場によりそわせることが可能になる」〔松田 2009：5〕と述べている。

篠原雅武は、日常生活批判論を展開しているフランスの社会学者アンリ・ルフェーヴルの理論から、生活しているところにおいて、つかみとられる思想を考えなくてはならないことを提示する。ルフェーヴルが問うのは「日常生活とは何か」ではなく、「日常生活はどのようになりつつあるか」ということである［篠原 2007：106–108］。ルフェーヴルは、出来事が起こる過程と効果に着目する。そして、「まずそこに滞在すること、あるいは生活したことであり――つぎに、それを受け入れないで批判的距離を設けること」を実践する必要性を強調する［篠原 2007：105］。篠原は、日常生活批判を次のように捉えている。

この概念は、現実の生活を実証的に捉えるものではない。日常生活の変容の度合、つまりそれが「〈主体〉（可能な主体性を多分にもった）であることをやめて〈客体〉（社会的組織化の対象）となった」［Lefebvre 1968：116］度合がどの程度であるかを捉え、さらに、人びとがこの変容をどのように経験するかを批判的に捉えるためのものである。［篠原 2007：108］。

日常生活批判の視点は、先述の佐藤のドキュメンタリー論と繋がる。つまり、自らの日常を批判的に観るために、撮影対象者の日常生活空間に身をおき（そして、自らがその空間内にいることが日常のありようを変容させるということを意識しながら）、生活者である彼らの〈いま・ここ〉にある「生」のありように〈まなざし〉をむけながら、現実を批判的（すなわち、自らの固定観念や世界観にとらわれず、変容過程にある日常を安易な理論体系に還元せず）に捉えるという視点である。佐藤は、自らの映像に映った事実を再構成して、もうひとつのリアリティを組み立てていった。そして、それを「現実の似類をしたもう一つのリアリティ」［佐藤 2001a：21］として提示した。

4　デジタル時代のリアリティ表象

二〇〇〇年代に入り、メディア媒体のデジタル化が進むと、新たなリアリティ表象の試みがはじまった。ハーバード大学の感覚民族詩学研究所における、美学と民族誌学を融合しアナログとデジタルの両方を利用し制作された作品であるヴェレナ・パラヴェルとルーシャン・キャステーヌ＝テイラーの『リヴァイアサン』(6)（2012）は、人間の感覚だけでなく、人間以外の生き物やモノと人、そして自然との関係を俯瞰的に捉えることで、ビデオカメラの特性に関する議論の再考を促した。

また、映像人類学者のマクドゥーガルは、映像制作者のイメージがどのように生成されているのか、映像制作者の観察の様態に着目し、映像に対する認識が生成される過程の考察の際、人間とモノや自然との間において作用されるものとして捉えることの重要性を提示した［MacDougall 2005］。

メディアのデジタル化が人の身体感覚にどのような変化をもたらすのか、さまざまな議論が行われてきた中、メディアの複合体であるビデオカメラの特性に関する議論は、メディア学や社会学の分野でも六〇年代から頻繁に繰り返し論じられてきた。そして、民族誌的映像とドキュメンタリー映画における現実と表象に関する先行研究においては、主に表象における介入や権力性や編集作業における方法論、また制作過程における映像の生成に関する議論が行われてきた［Caroll 1996a, b］。

我が国における先行研究においても、映像表象における権力（介入）に関する議論や映像資料およびビジュアル調査法の有効な学術的活用に関する研究や民族誌的映画の公開と受容に関する考察が深められてきた［山中 1994；須藤 1996；大森 2003；村尾 2010；阿部 2011］。映像作家の松本は、ドキュメンタリーの問題を「事実」と「虚構」を対立させ、特定のジャンルとして捉えるのではなく、「現実に迫る方法の問題」、つまり「対象と主体と表現の関係をどうとらえるか」という観点の必要性を論じた［松本 2005：73］。

近年においては、アフリカや南米、そして東南アジアの地域などにおいて、人類学者や地域研究者らによる映像制作実践を通した人類学的研究が行われてきた［川瀬 2010；分藤 2011；田沼 2014；森田 2014］。一方で、国内におけるドキュメンタリー映画監督自身による考察は、現実は「虚（フィクション）か実か（ノンフィクションか）、または、虚と実の間か」、「主観か客観か」という議論が主である(7)。しかし、デジタルメディアが我々の社会的状況や情報交換を複雑化させている中、メディアで結ばれている主体と時間によって形成されている社会的現実は一体どのように形成されているのか、ドキュメンタリー映画制作者の視点に関する長期にわたる自己再帰的な考察は欠かせないと筆者は考える。

そこで、本書の第Ⅱ部では、上述の議論を踏まえ、日常生活における相互関係による協働によって現実が達成されるという構成主義の立場に立ち、映像制作における映画制作者の視点関与の考察を深めたい。筆者が制作してきたドキュメンタリー映画制作の過程において、現実はどのように立ち上がってきたのか。リアリティ表象における視点関与が長期にわたる参与観察型による映像制作において、どのように変化、作用しているのか、映像制作者による自己再帰的な分析を以下の手法を用いて考察する。

5　映画分析手法と理論

ここでの映像分析では、会話の分析、およびカメラを媒体とした撮影における背景も含めて明確にし、筆者が行った映像制作を自己再帰的に考察する。具体的には、①筆者自身の映像制作における「視点＝作者の意図」と「関係＝撮影対象者と撮影者の協働」の二つの視点（第5章）②象徴（メタファー）による表現（第6章）、そして最後に③観客にとっての現実（第7章）、という三つの視点が存在する。すなわち、（1）ドキュメンタリー制作において現実を表象し創出する過程、（2）撮影した映像を作品中象徴として作品に用いる側面、（3）ドキュメンタリー作品が、観客に受容される側面の三つの視点から映像を分析し、調査者の視点と〈現実〉生成プロセスを考察する。以下では、三つの各段階についての詳細を述べていく。

（1）撮影段階

調査者の視点

まず、映像制作における視点を「撮る側の視点」と「撮られる側の視点」から考察し、撮影対象者との「距離」や「関わり」の違いに焦点をあてながら、視点の関与と映像表象の関係を明らかにする。具体的には、撮影前・撮影中（編集作業を含む）において筆者が撮影対象者に向かう際の視点をシーン別に分析し、視点がどのように映像表象に影響を及ぼすかを明らかにする。その際、撮影におけるカメラのポジションや動き（観察型か参加型／固定カメラか手持ちカメラ）、カメラのフレーム内（ロングショットかクローズアップ、またはミディアムショット）、ショット（場面）同士の構成（編集）などを記述する。さらに、テクストを説明的、観察的、相互作用的という視点［Nichols 1991］から分析し、調査者の視点の関与を詳細に考察する。その際、生活の中で調査対象者たちとともに作業し、生活を送りながら撮影を進める過程において、筆者の視点はどのように変容し、それが作品にどのように影響（共振）するのか分析する。

アクター（撮影対象者）と撮影者の関係

撮影の際、カメラの操作や演出が意図的に行われる。撮影者も現場に働きかけ、一方その反作用も受ける。映像制作における「撮る―撮られる」という相互行為の中、撮る側の筆者も現場に働きかけ、一方その反作用も受ける［メルロ＝ポンティ 1996］。カメラの操作や演出が無意識に、もしくは意識的に行われている。そうした、カメラの眼差しそのものへの自問スタイル［ミンハ 1996］を取り入れながら、自らの映画制作過程と映像を分析し、撮影者の〈まなざし〉と撮影対象者の〈まなざし〉が交差し共振する中で〈現実〉が生起する過程に着目する。固定的でない関係のダイナミクスを考察したうえで、そうした動的な関係をいかに映像によって捉えるべきか分析する。

関係の形成過程に関する映像分析は、エスノグラフィ的手法をとり、撮影中の主人公の言語行為と非言語的（身体的）コミュニケーションに基づいて行う。そして、作品の場面構成、シークエンス描写を分析し、筆者の映像制作行為が、撮影対象者の行為と彼らをめぐる関係の変容に、どのような影響を与えるのかを考察する。

撮影者と撮影対象者の関係は、長期滞在によって被写体とのラポールを築くことで変化するが、それが映像に与えた影響についても制作者の視点から詳しく分析する。さらに、撮影中に、撮影した映像を現地の人々や撮影対象者たちに内容を一緒に分析してもらい「撮られる側の視点」が加わることで、映像にどのような変化を及ぼすのか考察する。最後に、「生と死」、「病」への作者の視点、そしてＨＩＶ陽性者への〈まなざし〉は制作中どのように変容していったのか。その変容が作品にどのように影響していったのかをまとめる。そこから、「撮る」ということについての限界と可能性を考察してみたい。

(2) 編集段階

映像をどのようにつなげて構成していったのか、『いのちを紡ぐ』と『アンナの道』の編集事例を自己再帰的に分析する。フランスの映画批評家であるロラン・バルトは、映画を「作品」ではなく「テクスト」であるという。そして「テクスト」を送り手と受け手のコミュニケーション過程とする［バルト 2005］。つまり、映像は、映画は観る者に伝わってはじめて意味のあるものとなる。物語を構成し、観る者に分かりやすく映像を組み立てていく必要性がある。なぜなら、「人のコミュニケーションにおいて、もっとも身近にあり、もっとも力強い談話形式の一つが物語」［ブルーナー 1999：108］であるからである。

ジェローム・ブルーナーは、物語が効果的に語られるために、以下の四つの文法的構成要素が必要だと述べている［1999：109］。

1．人の行為性、つまり物語の「行動主体的な側面」（動作主によってコントロールされる目的指向的行為）
2．物語の時間性、つまり時系列的秩序が確立され、維持されること（事象や状態が標準的な様式で一本に「線型化」されること）
3．相互行為の規範性、つまり人同士の相互交渉において規範的なものとその規範を打ち破るものに対する感受性
4．物語展開の予測性、つまり語り手のもつ全体的見通しを推定させるような何か

すなわち、物語（ストーリー）には人々の目的指向的な行為が必要であり、行為が連鎖化することで時間性が生まれる。また、行為は、多くの場合相互行為であり、そこには慣習的な慣れ親しんだ相互行為もあれば、意外性を伴う相互行為もある。そして、物語はある予測に沿って紡ぎ出されるという側面がある。

さて、ここで分析する作品（テクスト、ストーリー）は、編集も撮影同様、監督である著者が単独で行っている。本作の編集を通して、作品のストーリーを作り上げる際に焦点をあてたのは、現場が持つリアリティを失わないようにすることであり、できるだけ自分の見て感じた物事の多様性を保ったまま、ストーリーとして、そして映画として伝えることである。この場合のストーリーとは、ドラマのような起承転結ではなく、制作者の視点である。映画は、「時間の流れ」を不可避にもち、時間の流れを映画として構成するのはストーリーである。しかし、視点は主観的であるため、撮影と同様、編集においても視点の関与問題は避けられない。

また、撮影中に意図せず撮っていた「非意図的」な映像が作品の構成の一部として編成されることで、さらに第三者の介入（編集アドバイザーや撮影対象者など）が作品をどのように変容させるのか事例をあげながら考察する。なお、本作では、人と自然や動物の関係の描写を多用した。その自然と動物、植物などのメタファーの有効性と限界も考察する。また、編集効果（音楽、テロップ、字幕、フェードイン・アウトなど）がどのように映像に反映するのかを考察する。

（3）上映段階

ドキュメンタリーは、観る者の存在をもってはじめて作品化する。そのため、撮影の段階から撮影者は観客の視点を意識しカメラを回している。そうした視点が作品制作にどのような影響を与えるか考察する。また、国際映画祭や国際会議のシンポジウム、現地での上映、一般公開での上映後の討論を記録・分析し、映画が観客にどのように解釈され受けとめられたか、公共空間と映画について論じる。

第Ⅰ部のＨＩＶをめぐる関係性の考察にあたっては、関係性が立ち上がる空間に注目してきた。第Ⅱ部においても、場と空間に視点をあてて、撮影者と撮影対象者の関係性の生成の考察を続ける。映画における空間の考察は未だ数少ない中、最近の西岡恒男の論考［西岡 2013］によるクリスチャン・メッツの記号論［メッツ 2005］を用いた映画と空間の分析視点に筆者は注目する。西岡は、フランスの映像作家であるアラン・レネは映画における空間を、ひとりの〈登場人物〉として捉えていることを指摘している。

> 重要なのは、カメラで空間を漫然と撮影するのでもなく、又前景で演技する登場人物の単なる背景として空間を見なすものでもなく、映画作家がある空間に積極的に関与し、あらゆる手段を用いて空間を映像上で再構築し、物語の上で意味をなすひとりの〈登場人物〉として重きをおくことである［西岡 2013：17］。

西岡は、映像作家が撮影中、空間に関与することにより空間が映画上で再構築されることを明らかにした。そして、レネの代表作である『夜と霧』に登場するアウシュヴィッツを、「事後的・観光的に観察する」ことを目的に描くのではなく、「観察された空間がわれわれに対して問いを投げかけ、視覚をとおしてなんらかの感情を直接的に喚起・観察するようにしむける」ことを指摘し、レネによる空間考察の重要性を提示した［西岡 2013：17-18］。

西岡の考察は、本章の第3節で提示したドキュメンタリー制作における「関係」に関する佐藤［1997］のドキュメンタリー映画論、そして篠原［2007］の公共空間論と多くの点で符合する。これからの映像分析においても引き続き、空間論の視点から会話や語りなどの言語行為を考察しつつ、身体論も含めた非言語コミュニケーションの観点から映像と映像制作を通じた「関係」の変容を動態的に考察する。

また、上映方法論の「映像と公共空間」に関して、先述したルフェーブルの日常生活批判理論と速水の親密圏から公共圏に開かれる関係の広がりに関する理論などと共に考察していく。

注

（1）田中・深谷は、ウィトゲンシュタインの言語使用における人々の「生活の形式」の一致（第二四一節）の概念を補足し、ことばの意味は使用の中にあり状況内での意味づけをすることにより、遣り取りが成立すると述べている［田中・深谷 1998: 194］。

（2）リアリズムの方法で現実を描写する手法。イタリアにおいて、一九四〇年代から一九五〇年代にかけて盛んに取り入れられた［バザン 1970］。

（3）『ルアッサンブラージュ』とは、フランス語で「再組み立て」を意味し、セネガルの村の女性たちへむけた〈まなざし〉＝映像を再構築して作った映画という意味が含まれている［佐藤 2001b: 303］。

（4）「構図もサイズも全く同じショットをそのままつなぐ編集のこと」［佐藤 2001b: 304］。ルーシュが一九五八年に『僕は黒人』を編集した際に取り入れ、その後、トリュフォーの『大人は判ってくれない』（一九五九年）に続き、ゴダールなどにより劇映画（『勝手にしやがれ』（一九六〇年））を制作する際に多用された［小河原・箭内 2014］。

（5）フラハティのように、撮影対象者とともに過ごし日常を描き、映像を一緒に見ながら映画を制作するスタイルは、羽仁進や柳澤寿男なども取り入れていた。

（6）ハーバード大学の感覚人類学研究所に所属する映像作家兼人類学者ヴェレナ・パラヴェルとルーシャン・キャスティーヌ＝テイラーによる八七分のドキュメンタリー作品。Go-pro という超小型カメラを一一台使用することで、網漁船の船乗りと魚やカモメなどのさまざまな視点から世界を捉えようとした作品。アメリカ、マサチューセッツ州において、二〇一二年に制作された（アメリカ・フランス・イギリス合作）。

（7）ドキュメンタリー映画監督自身による、ドキュメンタリー映画は「虚か実か」に関する最近の議論には、『ドキュメンタリーは嘘をつく』［森 2005］や『演劇VS映画』［想田 2012］などがある。

第5章

撮影論

——撮影者と撮影対象者の共振

（付録参照：シークエンス別解説）

第Ｉ部では、ＨＩＶを主題とした映像制作の空間における場面考察を通して、ＨＩＶ陽性者の日常生活における会話に着目して、ＨＩＶ陽性者と関係性の形成過程とその変容を考察した。その際、ＨＩＶ感染の要因や差別などの社会問題に焦点をあてるのではなく、あくまでも、ＨＩＶ陽性者らが、ＨＩＶに感染した状況における差別や、死別などの困難をどのように受け止め、そして乗り越えてきたのかということを、相互行為に焦点をあてて考察してきた。また、「悲劇のＨＩＶ」というテーマに陥らないよう、感染後の彼らの人生がどのように変化したのか、日常の中での語りや行為から考察した。

本章では、作品の制作中に実際、どのような言語的、身体的な相互行為や作用がみられたのか、撮影現場における語りと相互行為を詳細に考察したい。

1　言語相互行為と身体的コミュニケーション

本作の制作中において、ほとんどのシークエンスにアンナの発話が絡んでいる。夫や娘、そして訪問客の自助グループのメンバーとの会話、ＤＣＣ内での看護師スタッフやメンバーとの会話。これらの会話において、共通しているのは、彼らの言語行為において、自らのＨＩＶ感染の経験を自らの言葉で語ることで、自己を律していることである。

人類学者の佐藤知久［2002b］は、ブルックリン（ニューヨーク）の「ＨＩＶと他者性」に関する研究において、主人公や登場人物の言葉や語り、そして会話から、自助グループにおける他者との「言語的な対面相互行為」を通じて、身体的な苦痛や「困難」を乗り越えることを明らかにした［佐藤 2002b］。

話者ａが紡ぐ自己の体験についての語りは、「私にもそんなことがありました」という別の人物の言語行為へと連なっていく。自己ａが語る言葉は、他者ｂによる、差異を認めた上での反応を受け取るのである。こうして二者の語りは、自己ａと他者ｂの双方への経験へと、折り重ねられる。このようにして人々は、「そんなこと」が自分にとって何であったかをふりかえるための、（私的ではない）社会的な言語を手に入れる。他者との相互行為が回復に寄与するのは、このようなプロセスを通じて、人々が自己の経験に関する自己認識を手にいれていくからであると言えるだろう［佐藤 2002b：281-282］。

本書での映像を用いた言語相互行為の分析においても、「自己認識」を生成しながら、ＨＩＶ陽性者たちは「苦」を受け入れながら日常を生きている姿がみられた。

映像は、言葉や会話における相互作用にともない、身体の動きなど、言葉では捉えきれない視覚的なものを含むことで多くのものを捉えることができる。映像を詳細に分析すると、会話と会話の間の沈黙もひとつのメッセージ（言葉）となっていることがみえてくる。言葉は音としてまず聴覚が反応し、その音に五感が反応し、身体の動きへと繋がっていく。その流れのタイミングと時間の流れが、会話における感情の流れにもなる。(1) しかし、視点の関与問題はさけられない。すべては筆者の主観で撮影しているものであり、相互行為におけるカメラ（撮影者の視点）の存在は、現実構成に少なからず影響するからである。

映像作家の佐藤真は、人が語ることがそもそもフィクションであると述べる。同じ話をしても、聞き手が変われば、その内容はもちろん、結末すら変わりうる。そして、情とは、現実とフィクションの境目あたりに生み出される、そこはかとない感情であるという［佐藤 1997：58-60］。佐藤は、人が語るということを以下のように捉えている。

> 人は、現実の中から無意識のうちに選り出された印象の断片を再構成して記憶している。そして、人が語る昔話は、その記憶の断片を改めて再構成して作り上げる物語の世界である。現実の日常生活は、記憶にも残らず、語ることもないほど淡々としていて、退屈でぶっきらぼうなのだ。だからこそ、記憶と、語りの世界と、現実の世界とは、ディテールにおいては微妙なずれを生じる。その、ずれたりねじれたりするあたりに、人生の機微や哀歓が見え隠れする。少なくとも、情や気味は、語ることがそのまま真実であるという陥穽から抜け出さないかぎり、におい立ってこない［佐藤 1997：58-59］。

本作では、以上の佐藤の指摘を意識しつつ、さりげない日常からの言葉をひろうことを心がけ、インタビュー・シーンでの語りは最小限におさえてきた。しかし、インタビュー方式でないと、引き出せない語りも存在した。そうしたインタビューにおいては、筆者はあえて、撮影対象者と一対一の対話方式での撮影手法をとっている。例えば、『アンナの道』でのポムの家出後のインタビュー・シーンは、その一つである。

QRコード
動画７

〈事例１ 夫の語り：シークエンス２―14
四二：三〇〜四三：〇五〉（動画７・写真⑮）

「南タイにいる家族が恋しくなった。親戚の皆に会いたかったんだ。ここでは、僕は一人ぼっち。時々やる気をなくしてしまう。でも僕は諦めない。後戻りしたけど、それは、もう一度立ち上がって、人生を闘い続けるためのステップだったんだ」

ポムの言葉は編集上、右の数行のみだが、この語りの前に一時間程の時間を費やしている。インタビューする場所を二人で選んだり、セッティングをしながら、話しを聞き出すタイミングをはかったりと、インタビュー・シーンに移るまでにも時間がかかった。そうした中でポムが少しずつ語りはじめたのだが、なかなか話の本題に入らずに、ポムは話題をさけるように、世間話を続けている。

筆者との会話の中では、最初の語りは、アンナと南タイで海に行ったり、南タイ料理を食べたりして、夫婦の仲がこの旅行でいっそう深まったことや、単に親族が恋しくなって帰省したと、語るのみであった。しかし、インタビューの中盤になると、少しずつ真剣な表情になり、ＨＩＶに感染したことを親族に伝えてきたこと、そして、親戚からは、何でもいい

写真15：家出の経緯を語るポム

からこれからは一人で悩まずに相談するようにと言われたこと、心配だから南タイへ戻ってくるようにと言われたこと、などを少しずつ話しはじめた。しかし、家を出た直接の理由は何も話そうとはしない。そうして、しばらく黙ってカメラを回していると、ポムはそれまでの表情を変え、深刻な表情で話しはじめた。その話が〈事例1〉の語りである。その会話のシーンのみを、編集で切り取り、本編にインサートしたのである。

　制作中には、ポムの家出のように、撮影側の意図を超えた出来ごとが起きる。そうして、筆者の意図していた作品構成も撮影によって変化していき、撮影当初に意図していた作品とは違うものになっていく。

　全く意図していなかったシーンの別の事例として、ＤＣＣ内で撮影したアンナのカウンセリングのシーンがある。アンナがケサラ看護師のカウンセリングを受けている最中に、アンナの父に関する悩みを打ち明けるシーンであるが、筆者自身、この撮影ではじめて知ったアンナの悩みであった。アンナと看護師の表情、そして看護師のケアがどのようにされているのか、言語行為とともに、身体的コミュニケーションに焦点をあてて撮影をした。カウンセリングに同行することは何度かあったが、看護師との深い話がカメラの前で展開されたのは、この時がはじめてである。カメラの視点が親密な視点へと変容し、アンナがカメラの前で自分自身を語りはじめた時期である。

QRコード
動画８

〈事例2．病院でのカウンセリング：シークエンス2―6　一一：二〇〜一五：三五〉
（動画８）

看護師：喉の中におできが出来てますね。咳をしたとき痛いでしょう？
アンナ：咳をした時おできが出てきそうな感じがします。喉の中が痒いです。
看護師：ポムも同じような症状だった？

アンナ：同じです。起きたらすぐ喉が痛くて。薬を飲んでちょっとよくなりました。
アンナ：昨日も父が酔っぱらってしまって……。ここ一カ月は飲まなかったのに……。飲みたかったのかな……。
看護師：ポムは？
アンナ：ポムも耐えられない。もう同じことの繰り返し。
看護師：家族の中でそんな問題があるときついわね。もう何年ぐらい続いてるの？
アンナ：二、三年ぐらい。ポムも耐えられない。もう同じことの繰り返し。
看護師：もう充分がんばったよね。きついとおもったらもうあまり無理しないで。
アンナ：ポムがいなかったらやっていけません。いつも励ましてくれて。問題があるときにはいつも相談にのってくれて……。

このように、言語行為と同時に身体的コミュニケーションに焦点をあてて撮影しているケースが撮影中には少なくない。語っている内容よりも、カメラのフレーム内での相互行為を撮影中の筆者の視点は意識しているのである。表情や身振りなど、言葉以上に身体が語っている場面が多いのは、そうした撮影者の視点が要因となっている。

もう一つの要因として、「当事者の語りと言語化の困難さ」［佐藤 2002a］もあげられる。ＨＩＶ感染の告知や差別の経験など、彼らはその時の状況や感情を自身の言葉で表現できない場合も少なくない。言葉で表現できないものをどう表現できるのか。

撮影中における撮る側と撮られる側との身体的コミュニケーションは、どのような形で行われているだろうか。撮る側は、撮影対象者をレンズ越しにみつめている。そのまなざしにより、相手も変容し、その相手の変容によって自己も変容する。カメラを介することで、撮る者と撮られる者が共振し、パフォーマンスにも大きく影響をあたえたのではないか。

視聴者の視点を意識しながらアクターが行為していることは、例えば、撮影中に身につける衣服などにも現れる。筆者のカメラを介したまなざしはアクターの行為にどのように共振し、影響するのだろうか。もちろん、筆者のカメラの向けられた方向には、映画が完成した際の上映における観客の視線への意識もあるだろう。アンナとポムは、例えば、撮影日とあらかじめ決めてある日になると、お揃いの服を着たり、アンナは化粧に時間をかけて、カメラの前に立つ。このように、何気ない日常を撮りつつも、アクターたちは自分を演じているのである。

本作は、日常の「ケア」の相互関係に焦点をあててきたが、「ケア」のケアする側とケアされる側の相互行為は身体的な実践を含むものである。そして、その関係を筆者がどう捉えるか。身体と言語の関係において、言語化されないものを映像が表象できるとは限らない。

次節では、「他者」を撮るとはどうことかを考察し、映像で表現できなかった事例を考察していきたい。

2　他者の「生と死」を撮る——カメラの外の日常

本作では、アンナの生きざまを描くことにより、生活から生まれる思想を描き、日常とはどのように続いているのかを問いかけ、日常を生きるとは、決して受動的な行為ではないことを表現している。そこには、さまざまな意志と覚悟が必要であることを表現した。

そして、村の全景を映し出すとともに、村に流れる空気（時間）や主人公と村びととの関係を捉えることで、普通の親となんら変わらない一人の娘の「母」として生きているアンナを描いた。また、目に見えるものだけではなく、目に見えないものを、どう捉えるか、（例えば、その空間に流れる時間）、さらに、部屋の中が外から見える状態であり、日常生活を共有できる作りになっている北タイに特有の解放的な家のつくりをどう表現するかなど、大きな課題であった。

日常を撮ることに慎重にならざるをえない場面に何度も筆者は出会った。例えば、アンナの闘病シーンやポムの家出シーン、また、アンナの母としての思いの語りを引き出す際など、プライベートな空間においてカメラはどのような立ち位置をとるべきか。カメラの権力に関する議論はつきない。

本作では、患者の顔にモザイクをかけて制作されるドキュメンタリーに対する明確なアンチテーゼとして制作する立場をとった。患者にモザイクをかけることはその人の存在を否定する行為へと繋がる。モザイクさえかければ、画面に登場させてもよい、というような視点に対しても、批判的立場をとった。モザイクをかけることは、暴力的な行為であるのみならず、患者らの差別を助長する可能性があると考えるからである。そのため、本作では、公共の場で感染していることを公表しているHIV陽性者たちを主人公にし、彼らと生活をともにしながら、撮影対象者と協働で映画を制作するという形をとった。

また、撮影においては、闘病シーンは入れずに関係の変容に焦点をあて、彼らの日常生活から浮かび上がる関係からHIV陽性者の生を捉えることに焦点をあてた。一見何事もない淡々とみえる日常の中に、さまざまな物語が入り交じっていることが浮かびあがる。例えば、アンナの側でずっと看病を続けていた一人娘のジップとアンナの生きざまや、家の中での関係に焦点をあてていくなかで、娘や夫との関係の変容が見えてきた。

そこで筆者は、日常に焦点をあて関係の変容を撮り始めていくのだが、プライベートを撮ることには、やはりカメラの暴力性が常につきまとう。撮れない場面、撮ってはいけない場面に直面した際に、どのような立場で撮影を継続していくか、という点は、撮影者側の倫理観の問題になってくる。カメラフレーム外の世界を考察することで、「日常を撮る」ということを再考していこう。

〈上座部仏教の死生観〉

エイズには身体的な痛みが伴う。その痛みをどのように描くか、その痛みがどのような関係を生んでいったのか、本作では、薬を飲めずに死に至る少年［シークエンス1―8］、薬を求めてラリーをするHIV陽性者たち［シークエンス1―9］、看護師にカウンセリングを受けるエイズ孤児の少女［シークエンス1―10］などを通してHIV陽性者の「痛み」を描いた。［シークエンス1―8］で登場する少年は、本作の前作でもあり著者の処女作でもある『昨日 今日 そして明日へ…』（二〇〇五）の主人公の一人である。本作はHIVをめぐる関係をテーマにしたため、少年の闘病シーンは編集からカットしたが、筆者に大きな死生観の変容を促したのが、少年の闘病中における、家族による語りの内容とその生きざまであった。

「人は誰でも痛みを感じ死ぬ」こと、そして「生きることは食べること」などの主人公たちの語りは、筆者の死生観が変容した決定的な要素である。前作制作中における、少年の死との直面も、筆者の死生観の変容に大きな影響を及ぼしている。

HIV陽性者の瞑想の実践シーンも本作では多く取り入れた。一九九八年当時はまだ薬の配給の対象が一部の患者のみであったため、エイズ＝「死の病」という意識から、多くの患者が不安とストレスを抱えていた。そうした中で、ＤＣＣにおけるカウンセリングでは、タイの上座部仏教思想に基づいた取り組みが導入されていた。カウンセリングの前には必ず瞑想実践が行われていた。

建物の中央には仏像がおかれ、患者たちは、講義がはじまる時間になると仏像の周りに集まり、メンバー全員でお経を唱える。その後、五分間の瞑想がはじまる。座禅を組み、目を閉じ、心を無心にして呼吸に集中する。瞑想を五分間した後、読経を行う。まずは、以下の仏法僧（三宝）の徳の偈文の礼拝文を唱え、釈迦に対して挨拶をする。

「ナモー　タッサ　パカワトー　アラハトー　サンマー　サンプッタッサ」
（訳：私は阿羅漢であり、正自覚者であり、福運に満ちた世尊に敬礼したてまつる。）

礼拝文を三回繰り返し唱え、仏陀の九徳、法の六徳、そして僧伽の九徳へと続く。

二〇〇〇年代はじめには、一九九〇年代にアメリカの学者たちによって提唱されたＥＱ（Emotional Intelligence Quotient＝心の知能指数）理論がタイにも紹介されはじめた。看護師たちは、「衝動をコントロールする能力は意志と人格の基礎」であるというＥＱ理論［ゴールマン 1996：9］を、タイの上座部仏教思想を交え応用しながら実践していた。看護師らは、「自己認識」「自制」という西洋的価値観をそのまま取り入れるのではなく、上座部仏教的思想を応用しながらカウンセリングに取り入れていた。

タイの上座部仏教における瞑想は、「身体感覚・感情・意識・観念などを実況中継するかのように、言語化し、枠取り、それへのこだわりを放っていく」［矢野 2008：833］。つまり、瞑想は、感覚や感情を「ありのまま」に観て、変化＝苦に気づくための実践である［浦崎 2013：189-194］。

ＨＩＶを抱えて生きていくことは、心身共々さまざまな苦しみや痛みが伴ってくる。その苦しみや痛みに、患者たちはどう向き合って生きていけばいいのか。自分の抱いている感情に気づくことの大切さを、看護師らはメンバーたちに何度も繰り返し伝えていく。痛みを感じたときに、「痛みを感じた」という事実に自分自身で気付き、その感覚を客観的に観察し、「痛み」を「痛い」と感覚するのではなく、ただの「痛み」として認識する。そのための瞑想実践が促された。

タイのＨＩＶ陽性者たちが自分たちの「病」をどのように捉えているのか。上座部仏教においては、「死」は決して「終わり」を意味しない。死は生の過程であり悲しみとは捉えない。生死の過程の一つである。物体は常に変化し続け、「生と死」というものも、絶えず消滅し変化しつづけている。痛みを当たり前のものとして受け入れ、死を哀しむものや「同情や共感」としては受け止めない。

撮影中、ＨＩＶ陽性者らの日常の生きざまと「語り」、そして瞑想実践と出会うことにより、撮影者の死生観は少しずつ変化した。そして、制作期間中に、多くのエイズ患者の死に出会う中で、病や死への偏見が崩れていった。そうした変容は、作品のテーマへも間接的に影響を与えた。

〈葬式〉

撮影中、筆者は、何度か葬式に出席した。出席の際には、「泣いてはいけない」とケアセンターのメンバーからアドバイスを受けることも度々あった。タイのお葬式は、日本とは違い、悲壮感があまり漂わない。死後、二～三日間、自宅でのお通夜が行われる。親しい人たちが呼ばれ、家族が夜中、死者の側に付き添う。仏教徒の場合、午前一〇時頃、家から火葬場へと向かう。その間、棺を車にのせ火葬場まで向かう。火葬場で僧侶がお経を唱える間、出席者は死者へ最後の挨拶をし、その後、火葬される。火が燃え上がる中、出席者はそれぞれ帰途へと向かう。式後は、音楽を大きくかけたりカラオケをしたり、お酒を飲みながら過ごす。従って、カメラ撮影を咎められるようなことはない。しかし、カメラを持つことにより、撮影に集中してしまうこともあり、いずれの式にもカメラを持参せず、死者への弔いの時間として、一人の友人として、出席した。

しかし、葬式のシーンは、やはり文化や思想があらわれる重要な記録映像であったはずだ。この部分は撮れなかったシーンとして、文章で表現していくしかないのだが、やはり、その場に流れる雰囲気や空気は、映像で伝えていくべきだったかもしれない。

〈呪術治療〉

逆に、撮影中に実際目の前で起きていくことに気が付かないまま、カメラを回してしまっていたシーンもある。その中の一つが呪術シーンである。葬式の時とは違い、こうした治療をはじめて眼にする筆者にとっては、固定観念もなく、自分のおかれている状況がわからないため、初対面の人も多い中で、撮影許可は得たものの、一人ひとりの事情を聞く前に、大胆に撮影をはじめてしまっている。

撮影の時には、興味深く撮っていたものであり、映像としてもなかなか普段はみられないものである。観る側にとっても、北タイの文化を知る上で有意義なシーンかもしれない。近代医療が進む中、伝統的な医療として呪術が北タイの地に今も生き続けている。町の中には、伝統医療師が多くの患者の治療にあたっている。

筆者が撮影している部分は、ＨＩＶ陽性者がカウンセリングを受けているシーンである。名前や生年月日、そして患者の悩みを聞きながら、呪術治療が進められる。ＨＩＶ陽性者の背中に息を吹きかけながら、何かブツブツと話している。その詞は、筆者には全く撮影中は理解できないものであり、リアリティがもてないものであった。そして、その時の筆者の距離感がそのまま映像にあらわれているため、表面的な映像になっている。

筆者はなぜ撮影中に、リアリティをもてなかったのか。石井美保は、「人が現実への関係を構築するためには、自己と他者のパースペクティヴを部分的に交換することが不可欠である」と述べている［石井 2013］。石井は、精神病理学者であるブランケンブルクやヴィヴェイロス・デ・カストロなどを引用し、「人がそのパースペクティヴを引き受ける「他者」とは人間であるばかりではなく、動物や死者や霊、精霊といった人間ならざる存在でもありうる。また、そうしたパースペクティヴの交換を通して人がみずからを関係づける世界とは、人間だけではなく動植物や精霊、死者や神々までも含む森羅万象からなる世界である」と述べている［石井 2013: 391］。石井の指摘する視点に筆者が気づけなかったことが、リアリティをもてず、日常から遠くはなれた「他者」の世界として観てしまった要因であろう(2)。

このように、映像には、撮影時には気づかなかった人やモノ、そして感情が映り込んでくる。人の眼とカメラの眼。この問題に関しては、次章の編集手法で考察していくことにする。次に、撮影そのものが、できなかったシーンの事例をあげたい。

〈ポムの家出〉

撮影を断念したシーンの一つが前述のポムの家出シーンである。撮影によって何かが生じた際の責任を制作者側はどのように引き受けることができるのか、撮影するべきか否か、制作における議論はつきない。

ポムの家出の背景は次のようなものだった。

アンナのＤＣＣでの活動が多忙になったり体調を崩したりすることで、アンナとポムは、市場へいく早朝の車の中以外、別々に時間を過ごすようになった。アンナの関心は、思春期を迎えている娘や、エイズ孤児たちに集中するようになり、アンナの家庭での立場は、新婚当時の「妻」という立場から「母」としてのものに比重が変化する。一方で、先述したように、夫のポムは、「父」としての立場を築けずに、家の中での居場所を失っていった。

ポムとアンナはＨＩＶに感染しているために子どもが産めないという悩みも同時に抱えていた。現在は、胎内感染（胎盤を通じての子宮内で感染）を防ぐ方法としては、ＨＡＲＲＴ療法というのがある。また、帝王切開で出産時の産道感染を防ぐことができる。早期発見により、母子感染を防ぐことも可能である。医学的にはＨＩＶ陽性者が子どもを作ることは可能である。しかし、アンナの免疫体の数は通常の４分の１程しかなく、出産できる身体の状態ではなかった。

次のポムの語りの事例は、ポムの心の状態を示していると言えよう。


〈事例３．ポムの語り〉

本当は、子どもが欲しいんだ。自分の名字を受け継ぐ子が……。でも問題が多いよ。出産の時に出血するし。アンナは薬を飲んでいるから、副作用も心配だ。体も弱ってきているし。問題が多いよ……。産まれてくる子どもに、いろいろ影響があるから。僕たちはＨＩＶ陽性者。子どもとずっといてあげられない……。僕たちが死んだら、ひとりぼっちになってしまう。本当に問題がたくさんあるよ。アンナは薬を飲んでいるし、子どもにＨＩＶが感染してしまうかもしれない。だから子どもは、持たないほうがいいと思う。でも心の中では欲しいよ。本当は……子どもが欲しい［直井 2010］。

ポムが家出をした日、ポムはいつものように卵を売りに村の市場へと出かけた。しかしその日の夕方、アンナが家に戻った時には、部屋においてあったポムの荷物が全て無くなっていた。車も置いてない。ＤＣＣにも、そして自助グループメンバーの誰にも連絡はない。その日、夜になってもポムは戻らなかった。アンナは、ポムの知り合いや親戚に連絡し、翌朝、ようやくポムの居場所を突き止めた。ポムは、アンナに「僕のことがまだ好きだったら、今夜のバスに乗って、すぐに親戚のいる南タイへ来てほしい」と、電話で告げた。

筆者のもとへ連絡が来たのは、アンナが夜行バスで、バンコクへ発つ日の朝であった。今夜のバスでバンコクへ発ち、翌日の早朝バンコクへ到着するので、南タイ行きのバス停までトランジットの際に、一緒に来てほしいとの依頼だった。バンコクで見送った筆者に、翌日、南タイのアンナから連絡が入った。

ポムは結局、家出の理由を一言もアンナには話そうとしない。アンナはそんなポムが理解できなくなってしまったが、ポムのいない生活は考えられない。ジップのことが気になるが、南タイでしばらく滞在するとの連絡だった。

再びアンナから連絡が入ったのは、その一週間後のことだった。ポムは相変わらず家出の理由を何も話さないが、ジップのことが心配なので、北タイへ戻るとの連絡だった。結局、ポムも再び北タイに戻ることとなり、二人で北タイへの帰途に着いた。

ポムの家出の過程に関しては、結局撮影せずに、事後インタビューのみを映画には挿入した。そしてこれまで撮影した映像をみなおし、シーンへ繋げる所まで、ポムのふと寂しそうな表情や庭に緑を植えたりしているシーンを多くとり入れた。家出をして戻ってきたポムのインタビュー撮影は、ポムの気持ちも落ち着いた頃を見計らって、ポムが北タイへ戻ってきてから一〇日後に行った。

インタビューの日、ポムはいつもと同じチュンの町中の市場で卵を売っていた。しばらく、何をすることもなく、筆者は市場でポムと時間を過ごした。そして、インタビューのお願いをして家へ戻る。しかし筆者はうまく質問の言葉が出てこない。そんな時、ポムが湖畔での撮影を提案し、インタビューの運びとなった（インタビュー内容は［シークエンス2―14］を参照）。

ポムが北タイに戻り2週間たち、徐々にアンナの家に、いつもの日常が戻りはじめていた。しかし、アンナは、ポムの家出の原因が自分にあると思い、DCCでの仕事の量も減らし、日中時間がある時は、ポムと市場で働くようになった。アンナの表情は、ファーストシーンとは随分と違ったものになった。またいつポムが去ってしまうかわからない状態の中、アンナの中には、ある覚悟がうまれる。

「私が死んだら、ポムは南タイへ帰ると思う。その時、ジップのことをリヨにお願いしたい」アンナはそう筆者に伝えた。

カメラのない所での会話であった。

上映の際には、「なぜ、ポムを追って南タイへ向かわなかったのか」、「とても大切なシーンだったのに」、という質問やコメントも受けたが、撮ることにより撮影対象者に負担をかけてしまうことが推測された場合、撮影は控えるべきであると筆者は考える。

ポムは、前妻からＨＩＶに感染した。しかし、そのことを南タイに住む家族や親戚には、一〇年間伝えられずにいた。ポムの事例のように、実家から距離を置き、他県に身を置くＨＩＶ陽性者の存在は少なくない。パヤオ県には、他県出身のＨＩＶ陽性者も少しずつ増えていった。逆に、地元で感染を告知できず、他県に移動するＨＩＶ陽性者も存在した。タイにおけるＨＩＶ／ＡＩＤＳへの偏見や差別は、南タイなどをはじめ未だ根深く残っている問題である。

〈母の子に対する思い〉

アンナの母へのインタビュー・シーンに、普段は弱音などはかない母が、畑作業の合間に生きることの辛さをふと囁くように語るシーンがある［シークエンス2―13］。

「昔はね。結構上手だったよ。でも、今は病気だからやらせたくない。私ひとりだけでやればいいの。アンナに幸せになってほしい。仕事帰りにここに寄るけれど、田植えはさせないわ。病気でなかったら、手伝って貰うけれど。日にあたりすぎると、また倒れてしまう。」

この語りは、家の中では撮れなかったものである。家ではなかなかアンナの母と2人きりでじっくり話す機会がとれないため、あえて二人きりのシチュエーションを作った。ＨＩＶの娘をもつ母の気持ちを聞き出すために、畑作業へ同行し、田植えの合間の休憩時に、母へインタビューしたものである。母はつぶやくようにカメラの前で語る。家にいる時とは全く別の表情で答えた。アンナの前では平然と装うように敢えてしているという母は、アンナの前では決して涙を見せないように必死だと、インタビューを終えてから語った。母の哀しみを表現したこのシーンは、一対一での会話でしか引き出せなかった内容である。

アンナの母は、アンナを妊娠中に夫と離婚。再婚して今の夫と一緒になり、二人の間には子どもができた。しかし、その息子を一九九七年に交通事故で失う。アンナのＨＩＶ感染を知った直後のことであった。先述のアンナの母親の語りの事例は、ＨＩＶの娘を持つ母親の心境と立場を示している。

アンナは、娘にＨＩＶ感染に関して直接語ったことはないが、母にも自分の経験を伝えたことはないという。母はＨＩＶに関して何も問いただささず、娘の看護を続けた。アンナの母は、アンナが感染していることを症状で気づいたという。当時、村における人々のＨＩＶ陽性者に対する偏見が強かったと母は語る。アンナがＨＩＶに感染してからは、家に訪問する者もいなくなり、仕事の依頼も減ったという。それでも、夫をＨＩＶで失い仕事も失ったアンナと幼い孫のために、アンナの母は水田を売り、早朝の市場でのゴミ拾いの仕事をして、生計を立てた。

アンナの再婚話が出た当初、アンナの母は、アンナが再び男性に騙される姿を見たくないという理由でアンナの結婚には反対した。しかし、ポムと会話を積み重ねる中で、彼の誠実さを信じるようになり、二人の結婚を許したという。そして、一番気になっていたのは、孫のジップがまだ幼かったことであった。アンナの母は、仕事で家を空けることが多いアンナの代わりにジップに朝食を作ったり、週末のお寺参りなど、孫との親密な関係を築いていた。

祖父母と孫。ＨＩＶ感染が村に広まってから、村にはＨＩＶで娘を失い孫と同居しながら、世話をする祖父母が増加した。高齢の祖父母にとって、孫の世話が負担になる場合は少なくない。本書の第Ⅰ部において、タイのエイズ孤児のケアの取り組み事例を取り上げたが、エイズで子どもを失った高齢者たちを誰がどのように面倒をみていくのかという問題は重要な課題となっている。さらに、ＨＩＶ陽性者当事者たちの高齢化問題など、今後の重要な課題の一つとしてあげられるであろう。

〈食・寝〉

食のシーンは、触の感覚を出すために、そして「生きること＝食べること」という北タイの価値観〔筆者が滞在中によく耳にした言葉〕を強調するために作中に多用している。食事のシーンは会話や日常を表現しやすく、多用したいシーンであるが、身体的な撮影の一つであり、闘病シーンなどと同様に難しい撮影の一つである。関係が親密になってから可能な撮影である。

第2章で触れたように、タイでは、家の中で台所〔炉〕の空間が重要な要素を持つ。「食」は、社会における関係性を表し規定する「社会生活の核」である［速水 2009: 117, 146］。食を囲んだシーンからは、さまざまな価値観や関係性が見えてくる。

食べ方一つとっても、そこから一人一人違った価値観や文化が映し出される。特に家の中での食事のシーンには、そうした面がはっきりと反映され、センシティブな面を持つため、撮影には、親密な関係性が要求されると言えよう。

食のシーンでは、カメラは、参加型。相互作用的。手持ち。ロングショット（人物）とクローズアップ（料理）の両方を用いている。

また、アンナ家で唯一撮影していない場所が、寝室である。この空間には、カメラはなかなか向けられなかった。ＨＩＶと性の問題は、また別バージョンの映画を制作する際に取り上げるべきかもしれない。

以上、映画の場面から、「撮る」ということに関して自己再帰的に考察してきたが、映画は、どのような視点で撮影するか、そして、撮影したシーンをどのようにつなげていくか、つまり、どのように現実を切り取っていくかが作品のストーリーに大きく影響する。次節では、視点の関与と関係に関して議論していきたい。

3 映画制作者の視点と関係

(1)「視点」と「関係」の定義

本節に入る前に、「視点」と「関係」の定義を整理しておきたい。

「視点」：「パースペクティブ」‘Perspective’という概念装置は、ラテン語の *perspectus* = *per*［通して］+ *specere*［見る］に由来する［田中・深谷 1998: 154］。日本語では「視座」「視野」「視点」があり、具体的には、「視座」は standpoint（立ち位置）、「視野」は viewpoint（その方向に見える風景の広がりのようなもの）、そして「視点」は perspective（何かを見る方向）にあたる。本書における「視点」という際の「視点」は広義の意味でとらえ、「視座」「視点」「視野」をすべて包含する概念と捉える。そして、「視点」の関与は客体と主体との関係において視点が関与すると定義する。ここでいう客体は撮られる対象、主体は撮る主体であり、主体が客体に向かう際の視座、視点、視野を含めて、必ず主体（＝撮影者）の視点がリアリティ表象に関与するということである。

前述したように、視点が関与するということは「選び取る」という選択の問題が関係してくる。どのような映像を撮るかという選択の問題として、撮影を行っているときに撮影者の視点が関与している。まず、撮影の前の段階から、制作者にはいかなる作品を撮るかという一定の意図が存在する。日常性を映す場合、それはなるべく「自然な」日々の営みを切り取ろうと試みるが、それも撮影の意図として考察の対象となる。また、ビデオカメラを手にフィールドに単独で出る場合、カメラを回している間、撮影者はカメラを抱えている上、撮影中はレンズ越しの対象者の表情や動きに集中するため、撮影に関する方法論として議論の余地がある。

「関係」：「関係」に関しては、①撮る側と撮られる側の関係と②撮る側と観る側の関係以外に、③撮られるもの同士の関係がある。前述したように、アクターである主人公のアクションはまた別のリアクションを生み出す。つまり、撮影中におけるアクターのアクションと、主人公をとりまく周りの人々とのリアクションの連鎖（共振）の中で「関係」は作られている。相互作用がどのように行われ、「現実」がどのように構成されていくのかは、筆者と撮影対象者、そして撮影中のアクター（主人公）が彼らの周囲とどのように関係を築くか、撮影手法と編集手法にも関係する。「撮る—撮られる」という相互関係の中で、主人公（アクター）の行為（アクション）—リアクションの連鎖が「新たな関係」を生み出し、リアリティ（ノンフィクション）と作品（フィクション）との間を揺れ動きながら現実が表象（構築）されていくのである。

また、作品を通した「観る側と撮影者の関係」は、上映過程において観客とのアゴラ（上映会場）における関係が大きく影響（共振）する。

以上の視点と関係に関する概念を持って、作品の分析を進めていきたい。

（2）視点と関係の変容（［　］内の付録シークエンス参照）

QRコード
動画９

［観察者としての視点］（動画９）

本作は、ＨＩＶ／ＡＩＤＳを客体として描くのではなく、関係を築き、ありきたりの日常をみつめながら現実を批判的に見るという佐藤のドキュメンタリー論［佐藤 1997］を援用して、ＨＩＶ陽性者の生活から生まれる思想と人間性を描くことを試みて制作を開始した（第４章参照）。

テーマは、撮影前には何も定まっていない。主人公（以下、アンナ）と出会ってから、彼らの家に住み込みながら日常生活の撮影まで要した時間（1年間）は、ＨＩＶ陽性者らと関係をどのように築けるか模索していた時期である。制作開始当初はＨＩＶ陽性者たちとの距離感を掴めず、病院のスタッフやＮＧＯ関係者たちの撮影が主である。

撮影初期段階の二〇〇〇年には、ほとんどの患者が抗ＨＩＶ薬を手に入れられずに、多くのエイズ患者が亡くなっていった。出会って間もないＨＩＶ陽性者、特に発症しているエイズ患者とどう距離をとっていいのかわからない時期でもあった。この間の撮影はただケアセンターの中をさまよっているだけで、空間の枠を捉えきれず、登場人物たちの言葉も表情も拾えていない［シークエンス１―６＝付録のシークエンス１―６を参照。以下、括弧内の番号は、付録のシークエンス番号に対応］。

撮影前、テーマは決めていないが、撮影者の関心は、日常生活空間から浮かび上がるＨＩＶ陽性者らの日常生活実践と死生観にあった。そこでまず（第一段階として）、病院内にある看護師の寮に住み込みながら撮影を開始した。当時、看護師たちは、ＨＩＶ陽性者たちと仕事以外の時間を過ごしていた。昼食を一緒にとったり、お寺へのお参りや祭りのイベントなどに一緒に出かけたりと、筆者も看護師の後ろについて、ＨＩＶ陽性者らとプライベートな時間を過ごした。

そうした中で、ＨＩＶ陽性者らによる孤児のケアや家庭訪問などの活動を少しずつカメラに収めていった［シークエンス１―

10、1―11、2―3、2―4」）。撮影初期段階のこの時期は、あるがままのＨＩＶ陽性者らの姿を映しだそうとする思いに突き動かされる段階、つまり観察者の視点に基づく撮影が優勢であった。距離感をできるだけ保ち、関わりを最小限に抑えようとしながらの撮影であった。

QRコード
動画10

［親密な視点へ］（動画10）

しかし、撮影という実践的な関わりを通してアンナとの距離が近くなり、アンナと筆者の関係が徐々に親密になっていくと、Scene（撮影場所）が変化した。カメラの撮影範囲は、アンナとともに公的スペースへと少しずつ拡がっていった「シークエンス1―7」。ラジオでの公共放送で、アンナが自分のＨＩＶ感染をカミングアウトしたのも撮影を開始後2年目のこの頃（二〇〇二年一一月三〇日）のことである。この日をきっかけに、アンナが自分のライフヒストリーを、少しずつカメラの前で語りはじめていった。

撮影範囲が広がると同時に、アンナの日常空間における撮影も限定的ではあるが（村の中での撮影は、村人との関係を築くのに時間がかかり、もうしばらく時間を要した）、進んでいった。そして、日常の場へカメラが移ることにより、より一層作品の主人公に対する依存度も高まっていった。同時に、主人公たちと生活を送り日常作業をともにしながら、その合間に会話や作業風景を撮るという撮影手法へ移行した。それに伴い、撮影場所は、市場や畑など生活の営みの場が中心となっていった「シークエンス2―1」。

こうして生活をともに送る中で、筆者の関心のあり方も少しずつ変化していった。死の恐怖と常に向き合わなければならないエイズ患者という視点から、ＨＩＶ／ＡＩＤＳを受け入れ過去を悲観的に捉えず、「今この瞬間」を生きるＨＩＶ陽性者のポジティブな生き様を描くことへと筆者の関心が移っていった。

しかし、家での撮影をはじめてまもなくアンナの体調が崩れ、闘病生活がはじまることにより、家の中で過ごす時間が増え、家の中での撮影が主となっていった［シークエンス２―７］。この時期は、公共空間から親密空間へとカメラの位置の比重が変化した時期でもあると同時に、「病」をどう撮るか、撮影に関して迷う時期でもあった（前節を参照）。

結局、アンナの闘病シーンは撮らず、アンナの回復を待って、撮影を再開した。そして、この時点で、再び関心が変化した。筆者は、撮影を続けていく中で、アンナの表情が、妻として、母として、娘として、と関係によって変化していることに気づいた。そして、ＨＩＶ陽性者らの生き様を描く姿勢から、彼らの生を支えている「関係」を捉えることへと志向が変化した。つまり、娘と母、夫婦間による相互行為などＨＩＶ陽性の母とその娘、ＨＩＶ陽性者の夫婦、ＨＩＶの娘（孤児を含）とその母親、という関係に焦点をあてて描く方向性をとりはじめた。

まず、「娘の思春期と向き合う母親同士によるつながり」の［シークエンス２―８］では、デイケアセンターのメンバーであるＳとの同学年の娘を持つ母親同士の会話が、ＨＩＶの話に収まらず、子どもの躾方にまで話が展開する。来客のＳと筆者がアンナ家で会うのは初めてのことだったが、病院では何度も会っている。アンナが撮影意図を病院でメンバー全員に伝えているためか、２人の会話は自然体で撮れている。ロングテイクとクローズアップを用い、約２時間、表情の変化に併せてミディアムショットと肩越しショットも用いて様々な角度から撮影している。

撮影者と撮影対象者との関係と視点の転換点の別の一例として、［シークエンス１―12］の「孤児Ｎをケアするアンナ」があげられる。Ｎはエイズ孤児施設でアンナが世話をしていた子どもの一人で、三歳の頃からアンナはＮの母代りとして面倒を見ている。そのＮが９歳になり、小学校に通うようになっていた。Ｎは幼い頃に両親をエイズで亡くし、母方の祖父と暮らしている。

アンナとＮの会話の内容は、Ｎがアンナに新学期を前に新しい鞄をねだる、というものであるが、カメラは、ＨＩＶに感染しているＮに対し、同じＨＩＶ陽性者としてケアをするもの同士として（同情や共感を越えた）同伴者としての表情とＮの母代りとしてのそれぞれの表情を捉えている。「妻」としての表情が多かったこれまでのアンナが、「母」としての二面的な表情をカメラの前でみせている。

このように、撮影者と撮影対象者との関係が親密になり共振しあいはじめると、撮影対象者らの表情や喜怒哀楽を捉えられるようになる。

QRコード
動画11

［参与者としての視点へ（協働）］
（動画11）（動画5と同じ）

この時点で、撮影した映像を撮影対象者と一緒に観る作業をはじめる。この作業を通して、撮影対象者は自分がどのように映画の中で描かれているのか確認することになる。つまり、筆者の視点を相手へ伝える作業でもある。主人公らは、自らの姿を画面を通してみることで映画の中に自らを位置づけするようになる（同時に、筆者自身も映像を観ることで、自己再帰的な考察をしながら自らの立ち位置を確認する作業でもある）。そして、この作業の後、撮影はフィクション映画のような指示型撮影の段階へと移っていく。

例えば、［シークエンス2―11］の「母と娘の関係（母の語り）」で、学校の参観日から戻ったアンナが、校長先生から受けた説明をジップに伝えながら説教をするシーンがその一例である。母の話を聞いているのか聞いてないのか、ジップは本を読みながら話を聞き流す。このシーンは、筆者がアンナにジップとの会話を指示し、セッティングし撮ったシーンである。内容は指示せず、「参観日で感じたことを、ジップに伝えて欲しい」と会話を促している。ジップは筆者の意図を察して演技をしているかのように、カメラの存在を意識せずに、母親との会話を進めていった。このように協働作業による撮影段階になると、フィクションとノンフィクションの間をカメラは動くようになる。

撮影を重ね、撮った映像を一緒に観る作業を継続する中で、撮影に関する意見交換が頻繁に行われるようになると、主人公が主体的にカメラの前で動き始めるようになっていく。

このように、撮影対象者との協働作業は、カメラを観察的なものから参与的な視点へと変化させる。カメラの視点は、クローズアップで表情をとるというよりも、関係を捉えるためのポジション（ロングショットや肩越しショットなどを組み合わせたもの）へと変化する。つまり、カメラは参与的要素を増し共振し、単なる記録する装置という役割を超えて、空間（場）の変容の一要因（アクター）となっていくのである。

QRコード
動画12

［観察⇔参与］
（動画12）（動画３と同じ）

撮影中盤になると、筆者は村人たちとの関係を築きながら村の状況を把握しはじめ、村の中での撮影が比較的自由にできるようになっていた。［シークエンス２―10］の「村の中で生きるＨＩＶ陽性者」のシーンでは、家を訪れる村人たちとアンナ家の日常的な会話を収録している。

デイケアセンターでは、看護師にとってかわってＨＩＶ陽性者らが活動の中心になり、訪問ケアがアンナの主導ではじまったため、カメラは家の中から、村全体へと自由に動くようになっていった［シークエンス１―15］。カメラが自由に動くということは、カメラは次第にその場（空間）の一部（一員）として、居住していくということである。

撮影後半に入ると、抗ＨＩＶ薬の普及や医療保険制度の開始により、病院の空間が大きく変化する。センターがリフォームされ、建物内の配置が一新し、テレビやパソコンがおかれ、台所のスペースが排除され、代わりに洗面所が設置された。台所を囲みながらの会話やセンターの床に座っての雑談風景がケアセンターからこの時期を境に消えた。まもなくして病院の管轄下にあったＨＩＶ陽性者自助グループ活動は終焉をむかえたのだが、その要因の考察において、経済発展が進む中で、生活空間が失われつつある状況という背景を考慮しなければならないことを、第２章で筆者は指摘した。そして、生活空間が失われるということは、日常生活実践を捉えようとしている撮影者にとってのカメラのポジションを失うということでもあり、空間の変容は、撮影空間の変容をも意味する。ケアセンターでの映像は、情感を失い情報が多くを占めるようになっていった。

一方で、隣郡の独立系自助グループはチュン郡の病院管轄下の自助グループとは対照的に活動範囲を拡げ、地元社会の中心的な存在にもなっていく。それにともない筆者の撮影は、バンコクでの全国会議やラジオ局など公的スペースでの撮影へと変化していった［シークエンス1―17、18、19］。しかし、この場合のカメラの存在は、撮影当初の病院における観察型によるものではなく、参与観察型（映画用語でいえば、「〈内部〉に埋め込まれた〈外部者〉の視点」、つまり「〈外部者〉のままでありながら〈内部〉の空間に埋め込まれた視点」［藤井 2014: 81］）のものである。

撮影者と撮影対象者との関係が親密になることで、撮影対象者たちの生活の場である公的スペースを、単なる場ではなく、彼らが生活する場としての公共空間として捉えるようになっている。

彼らの活動展開の成功は、ＨＩＶ陽性者らが主体的に空間を構築しながら、全国のＨＩＶ陽性者やＮＧＯ関係者たちとネットワークを作り、そして地元の村人たちとも手作業での協働作業を地道に続けてきていたことに一因があることを、第2章で筆者は提示した。

撮影においても同様に、独立系自助グループの撮影は、撮影対象者であるＨＩＶ陽性者らが村人たちを巻き込んで展開されていった。そして、筆者もその展開に巻き込まれた一人であった。主人公自らがカメラの指揮をとり撮影をセッティングするシーンが増え、現場（調査地）での撮影のメガフォン（主導権）が彼らの手に渡っていった［シークエンス1―23］。筆者も観察される対象の一人となっていったのである。このように、筆者と撮影対象者は、撮影における相互作用を通し、〈撮る者〉と〈撮られる者〉の関係（位置）を往還しながら新たな関係を構築していった。

また、チュン郡では、一度は終焉を迎えたケアセンターの空間にも、思春期を迎えたエイズ孤児がケアセンターに戻り、さらに、アンナの娘ジップが看護師として病院で働きはじめるようになることで［シークエンス2―22］一度崩れた空間に、新たな関係が構築され、新しい空間が生まれようとしていた。

カメラはこのように、撮影終盤には、公共空間と親密空間を往復しながら、親密空間における親密な視点（親友としての視点）と公共空間における親密な視点（参与観察者としての視点）からＨＩＶをめぐる関係をみつめ、その関係を構築する一員として位置づけられていった。

次章に移る前に、これまでの議論を整理しながら課題を提示したい。

筆者は、カメラを日常の空間に溶け込ませることで、ＨＩＶ陽性者の日常生活を描くことを試みた。さらに、主人公たちとの協働作業を進めて行く中で、カメラを日常生活の中の一員として位置づけていった。撮影の初期段階は、観察者の視点（あるがまま映し出そうとする思いに突き動かされる段階）が優勢であった。

しかし、筆者の視点が、撮影という実践的な関わりを通して、人間関係が親密になり、距離感が短縮されていくと、カメラの位置や筆者の質問の仕方、そして主人公へのアプローチ、つまり関心のあり方にも変化が生じた。つまり、撮影を進めていく中で、筆者の視点は、観察者の視点から参与者の視点へとシフトしていったといえる。

次章においては、編集過程における視点の変容をみていきたい。

注

（1）メディア研究の草分け的存在であるマーシャル・マクルーハンは、「メディアは人間の身体の拡張である」［マクルーハン 1987］と主張した。そして、メディア技術の変化は、拡張される感覚の比率「感覚比率」に違いを生み出すことを指摘し、どのようなメディアを使うかによって、文明の在りかたも変わってくることを示唆した。口承メディアが発達した文明においては、聴覚力が向上し、視覚におけるメディアが発達した文明においては視覚に重きがおかれる。人間の歴史の流れをメディアの観点から、「グーテンベルグの銀河系（活字文化）」「声の文化」、「電子メディア」の文化圏に分類し、「電子メディア」は人間の身体の飛躍的な拡張を可能にし、地球上の人々が繋がるといった「グローバルビレッジ（地球村）」のような状況が起こることを予見した［マクルーハンおよびカーペンター 2003］。

一方で、ジョシュア・メイロウィッツは、マクルーハンのメディア論とゴフマンのエンカウンター論（対面的相互行為研究）を相対的に考察し、電子メディアによって変化するのは、社会的「状況」の構造であることを明らかにしている［Meryowitz 1985］。そして、電子メディアが公共とプライベートの場所や性別の差などの、距離と場所の感覚を変化させ、我々の社会的状況や情報交換を複雑化させることで、我々の社会的行動にも影響を及ぼすと主張した。

マクルーハンの理論形成に影響を与えたウォルター・オングは、オラリティ（声としてのことば）とリテラシー（文字としてのことば）が文化形成にどういう影響を与えるかを考察している。オングは、文字記述を発話の単なる代替として見なさず、聴覚映像の形成の際には、発話された言葉の視覚化が必要であると主張した［オング 1991］。さらに、オングは、「視覚においては、見ている者が、見ている対象の外側に、そして、その対象から離れたところに位置付けられるのにたいし、音は、聞く者の内部に注ぎこまれる」と述べ、「視覚は分離し、音は合体させる」とも述べている［オング 1991：153］。しかし、人は、文字を通して、聞いた言葉をあたかも見ているかのように聞くようになるというオングによる口承文化と活字文化の関係性に関する分析は、多くの課題と議論を残した。

ティム・インゴルドは、発話（聴覚）と記述（視覚）の区別は、オラリティとリテラシーの二つではなく、聴覚的―身体動作、視覚的―刻印、聴覚的―刻印、視覚的―身体動作の四つに区別されることを指摘した［インゴルド 2014: 56］。そして、身体動作と刻印の関係がないがしろにされてきたために、記述は言葉の視覚的再現であるとみなされてきたが、言葉を聞くことと見ることは本来、大きな差異はないと主張した。さらに、手と手の動きとつながりに着目すると、観察すること、物語ること、書くこと、描くことはすべて、ラインに沿って進行すると述べた［インゴルド 2014: 17］。インゴルドの定義は、映像制作における「映像＝表象」という概念を覆す。映像は、ラインとラインの間の関係性によって生成して創られる「ラインの集合体」［インゴルド 2014］であるともいえよう。

（2）　そうした筆者の視点は、撮影された映像にも反映し、はっきりと映されている。このシーンは編集でカットしたのだが、編集作業中に自分の視点に気付いた時点で、あえて編集に組み入れることも可能であった。ところが、映像を見直す中で、そこに集まっている他の患者たちの深刻な表情を見て、映像の使用に躊躇した。撮影許可を得たものの、一人ひとり個人的に得たものではない。それぞれの個人的事情を聞かずに、映像を使用することは避けなければならない。個人的に許可を得ていた治療師と主人公だけを切り取っての使用も考えたが、その場の空間が描けないと、その前後のシーンとはつながらない。以上の理由でカットしたシーンである。

第6章

編集論
——映像と文章の往還

（付録参照：シークエンス別解説）

「映画は編集台の上で生まれる」［佐藤 1997：92］ものである。撮影した映像をどのように編集するか、作中の語り手が誰でその作品は一体誰にむけて制作しているか作品に大きく影響する。本章では、編集作業における制作過程を分析し、本作の編集過程を自己再帰的に考察する。その際、撮影者と撮影対象者との相互作用や第三者の眼の介入が、編集作業にどのように影響しているのか、視点の関与性に着目する。そして、長期にわたったフィールドワーク中に、撮った映像を何度も（時に、撮影対象者とともに）見返すという映画制作の具体的な経験が、どのように作品内容に影響したのかを、制作者の視点の変容を通して考察する。

また、構成上カットしてしまったシーンや撮影中に意図せずに撮っていた映像を分析し「非意図的」な映像が作品の構成の一部として編成されることで作品はどのように変容するのかを明らかにする（第1節）。次に、作品における象徴表現の有効性と限界に関して考察する（第2節）。作品では、撮影者が長期滞在を通し撮影対象者の感情として受け取ったものなどを表現するために、編集の段階において場面の取捨選択によって、効果的に象徴表現を用いる場合がある。すなわち、〈現実〉を映し出すのではなく、切り取った〈現実〉を素材化し、シンボルとして利用した。しかし、そのような象徴表現は作品において有効であっただろうか。そこで、〈現実〉を創出するドキュメンタリーにおける象徴表現とは何か、作品の中でいかなる働きを有しているかについて考察する。ドキュメンタリー制作者として、自己の作品における象徴表現を的確に抽出できるが、そうした個別作品の分析だけではなく、ドキュメンタリー制作全体に関わる〈現実〉と表象との関連について論じる。最後に、編集効果（音、字幕、フェードイン・アウトなど）がどのように映像に反映し、現実表象に影響するのかを考察する。編集効果であるフェードイン・アウト、字幕を含めるテロップやタイトル入れのタイミングなどの効果、さらに、音楽やナレーションの是非なども検討する（第3節）。

以上、本章では、本作の制作過程において、編集作業をどのように遂行していったのか具体的に分析していきたい。

1　編集過程の実例——学術論文と映像の往還

本作は、フラハティの「現実の多義性を活かす手法」（第4章参照）を参考に、つまり「制作者が撮られる対象をどう認識したのかを映像で伝達する」［大森 1984：591］手法をとり長期フィールド滞在型での撮影と編集を往還する形で進めていった。具体的には、撮影した映像を撮影対象者にその場で見てもらいながら協働作業を進め、筆者が撮影中に「語り」を引き出す目的で、セッティングしたシーンは、その過程を明らかにするために、映像にあえてカメラが映るような形で撮影したり、音声を入れたりして編集した。

前章の撮影論で述べた通り、そうした撮影手法は、撮影対象者を映像制作の中に引き込み、後半になると、彼らが撮影を引っ張っていく立場へという形に変容し、筆者のカメラは筆者の意図を超えていったのだが、その変容は編集過程においても、重要な点の一つになる。つまり、編集過程での第三者の介入、すなわち、第三者との編集に関するコミュニケーション（相互作用）により、制作者の志向性が変容し、作品の内容に大きく影響を与えたのである。では、編集プロセスの詳細を以下でみてみよう。

（1）『アンナの道』

本作の編集にあたって、まず、北タイで生活する中で、筆者自身のＨＩＶ陽性者に対する観念が崩されたシーンを中心に映像をカットし、時間の流れに沿ってカットを繋いでいく作業からはじめた。撮影期間は二〇〇〇～二〇〇八年。撮影時間は一八〇時間である。編集作業は、二〇〇七年初めから開始し、一日約数時間ずつ、映像を見直していった。この段階で抜き出したシーンは、例えば、アンナの病院でのカウンセリングなどがある［シークエンス2―6］（第一段階）。

次に、登場人物の表情がとれているシーン（市場で卵売りの仕事をしているアンナの生き生きとした表情や、エイズ孤児の運動会の時、ジップとの会話中の悩む母としての表情など［シークエンス2―1、2―3、2―9］）と、映像を繰り返し見直しながら、ありきたりの日常の中であたりまえと思って気づかないでいたもの（家族の何気ない会話中にある合間やアンナの親としての表情など［シークエンス2―11、2―12］）を抜き出した。この段階では、ストーリーの流れなどはあまり気にせず、シークエンスごとに、八時間弱の映像にまとめた。

参与観察型ドキュメンタリー映画制作においては、この段階で何を発見できるかが作品の構成の骨格となる。一二年という長期間にわたる観察によって、「表情」がどのように変化しているのか、同一人物の映像を、短い時間にまとめ、同時に、同列に、並べて何度も見返すことにより、同じ人物の表情が、全く異なっていることに気づけるかどうか。表情や関係性が変化した部分の映像を、いかに抜き出せるかが重要になってくる（第二段階）。

次の段階では、ストーリーをどのように展開していくかを考慮しながら、映像を並べ変えていく作業に入った。この時点では、アンナの日常生活を軸に、一人のＨＩＶ陽性者の生きざまを描くストーリーを想定し、イントロダクションには、アンナが夫のポムと市場で働く様子をインサートし、その後、家での食事のシーン、アンナがバイクで運動会へ向かうシーンを設定し、アンナがどのようにＨＩＶを経験し、デイケアセンターを通して親密な関係を築きながら生きてきたのか、ライフヒストリーを挟みながら、アンナとエイズ孤児との関係を中心に展開していった。

物語の中盤で、アンナが体調を崩す場面があるが、闘病的なシーンは入れずに、家族の関係の変容に焦点をあてた構成にした。そして、アンナの側でずっと看病を続けていた一人娘のジップとアンナの家の中での関係が映し出されている映像をつないでいった（第三段階）。

荒い編集をほぼ終えた段階で、バンコクで編集作業中に予想していなかった展開がおきた。先述したアンナの夫ポムの家出である。アンナと娘の関係に焦点をあててストーリーを組み立てていたが、この場面からアンナと夫ポムの関係にも比重を置くことになる。撮りためていた映像の中から、ポムの表情を改めて見なおしてみる。そして、ポムの心境を、想像しながら、アンナとジップのシーンの合間にインサートしていく（例えば、ポムが一人で木を庭に植えているシーンや、アンナとお客が話をしている時のポムの何か寂しそうな背中など）。

しかし、ポムの家出の理由が、筆者にも想像できずに、映像でもはっきり説明できないため、インタビュー・シーンを撮り入れることにした。このシーンまで、直接話法中心につないできた手法を、ここで間接話法に切り替えた。インタビュー後のシーンには、ポムが家に戻り日常生活を再び送るシーン、そして、ファーストシーンと同じ市場でアンナとポムが二人で卵売りをする姿のラストシーンへと繋がるように映像を組み立てた。

また、映画の前半に出演したエイズ孤児の現在の様子を伝えるために、その後のエイズ孤児とアンナ夫妻の生活の様子を字幕で説明し、物語を閉じた。映画の物語は終わっても、ＨＩＶ陽性者らの日常は続いているということを最後に提示した（第四段階）。

『アンナの道』は、このように、編集をしながら、テーマを設定し、そこから始まり（ファーストシーン）と終わり（ラストシーン）を選び出し、同時に、前後のストーリー（流れ）を組み立てていくという編集手法をとった。そして、その流れの中で、ストーリーにはのりきれないシーンをカットしていきながら、八時間の映像を四時間弱にまとめた。つまり、始まりと終わりの二つのシーンは、作品のメッセージともいえる重要なシーンとなってくる。逆にいうと、ラストシーンを観る側がどのように「意味づけ」するかは、それまでのストーリーの流れによって変化する。そのため、ストーリーをわかりやすくするか、もしくは多様な視点をもたせるために、ストーリーを曖昧にしておく手法をとるか、構成手法を選ぶ必要性がある。

この時点で、カットの仕方や長さ、タイミングも、感覚的なものから、先行映画に使用された定形の文法を取り入れ、観る側の視点も考慮したものにして、映像を繋ぎ直していった（第五段階）。

映像に流れ（ストーリー）ができた時点で、はじめて（主人公や登場人物以外の）第三者にも映像をみてもらう。まずは、北タイのＨＩＶ事情に詳しい、北タイ在住の日本人とタイ人のＮＧＯ関係者（映画制作に長期的に関わって貰っている現地アドバイザー）の視点を入れた。そして、重要なシーンや観ていて意味がわからないシーンや長く感じるシーンを指摘してもらい、四時間の映像を二時間までに収める。（『アンナの道』『いのちを紡ぐ』の両作品とも、タイトルはこの時点でアドバイザーにつけて貰っている）。この二時間バージョンを改めて主人公やケアセンターの看護師やスタッフたちに人権的見地から映像を再確認して貰う（第六段階）。

そして、上映許可を得た後、タイ人と日本人の映画専門家向けに映像試写を行う。そして、意味がわからないシーンや足りないシーンなどを指摘してもらい、繋ぎ（テンポなどの流れを含む編集）に関するアドバイスを貰う（第七段階）。

ここからは、二時間から七〇分に収めつつ、つなぎを整え、流れを作るという細かい作業になるため、スタジオでプロの編集者に補佐して貰いながらの協働作業に入る。編集者をどの視点から選ぶかは、監督の好みにもよるが、筆者の場合は、繋ぎのリズム（テンポ）を最重要視する。スタジオ作業では、数秒、コンマ単位の細かい作業になる。何度も見直しながら、シーンを入れ替えたり、短くしたりして、テンポを調整していく。タイの生活リズムで制作するため、スタジオはタイで、そして編集者もタイ人である（日本語字幕などは日本のスタジオで日本人編集者との作業による）（第八段階）。

そして、二〇〇九年に最終的に七〇分の映像にまとまった作品『アンナの道』が次のような構成で完成した。

『アンナの道』（二〇〇九年版）
（1）アンナのライフヒストリー
—家族の日常生活（物語の舞台と主人公の紹介）
—エイズ孤児施設（エイズ孤児の紹介とケアする主人公の関係）
—ラジオ放送（主人公の感染背景と社会問題と主人公の自律的な語りの紹介）
（2）アンナのボランティア活動
—チュン病院（ＨＩＶ陽性者たちの自助グループ活動）
—ＨＩＶ陽性者らの啓蒙活動（ＨＩＶ感染予防と差別対策のための活動紹介）
—エイズ孤児のケア（ＮＧＯとＨＩＶ陽性者との協働によるエイズ孤児ケアの紹介）
（3）母・娘・妻として生きるアンナの生きざま
—思春期をむかえる娘と母（思春期の娘を持つ母の思い）
—母と娘（娘の思い）
—妻と夫（夫の思いと妻の立場）

完成した作品は、韓国の国際映画祭のコンペティション部門に選ばれ、釜山で初上映された。そして、韓国を皮切りに、日本やタイ、台湾などの国際映画祭で上映された。カメラが透明になって北タイの生活に溶け込み、ＨＩＶ陽性者の日常が自然に描けている、という専門家からの批評を貰うとともに、一般の観客からは、作品の意図がよくわからないという感想も出た。

作品は、字幕もほとんどなく、ロングテイクで、日常を淡々と追っている。音楽もナレーションも入れず、自然の村に響く音が観る者に伝わるようにした。制作前には、シナリオも作らず、テーマも決めていない。観る者に、自分なりに映像を解釈してもらうための手法であった。上映中に、映画館を立つ観客も何人か見受けられた。一般の観客の中からは、何のテーマを持って映画主張しているのかわからない、などと、映画上映後にコメントを貰う。やはり七〇分という時間、観客に集中して貰うには、時間の流れにテンポとインパクトのある映像が必要となってくる。主張やテーマを強く打ち出すこと無く内容をわかりやすく伝えていくにはどうしたらよいのか。そのためには、時の流れの表現を編集し直す必要があった。そこで、二〇一二年一〇月から一二月、二〇一三年二月から三月の計四カ月間、再び村へ戻り撮影を行い、五七時間の追加映像を加え、これまでの映像一四五時間と併せて、二〇二時間の映像を統合して、再編集した。そして編集し直したのが、次の構成である。

『アンナの道（完全版）』
（1）アンナのライフヒストリー
1—1　家族の日常生活
1—2　エイズ孤児施設
1—3　ラジオ放送～チュン病院
（2）母・娘・妻として生きるアンナの生きざま
2—1　思春期をむかえる娘
2—2　母と娘
2—3　妻と夫
（3）娘の旅立ち
3—1　ジップの進学と自立（娘の旅立ちをむかえる夫婦の思い）
3—2　夫婦の新たな生活（新たな生活をはじめる夫婦の姿）
3—3　同志として（看護師となって働きはじめた娘と母）

完全版では、（1）のアンナのライフストーリーのイントロダクション的な部分を短めにし、現在のアンナの生活シーンの導入部分を映画の冒頭部分へ移動した。そして、（3）娘の旅立ち部分を追加撮影し、新たな生活をはじめた夫婦の生活描写を足し、娘の成長が一つのストーリーの核にもなり、時間の流れがはっきりと伝わるようにした。ラストシーンの「娘の旅立ち」は、ジップの大学進学をむかえたアンナ家を描いたもので、三人一緒での最後のシーンである。場所は、ポムが家出から戻ってきた時にインタビューをした所と同じ場所である（詳細は次節）。

村の様子が変わる中、夫婦二人きりの時間が増えていく。娘の不在のシーンに、畑仕事をするアンナとポム。ジップの誕生日にこれまでの日々を振り返る。親子関係、夫婦関係が娘の大学進学で変化していく過程を表した。続けて二人並んで市場で働く場面からロイクラトン祭りの場面へと繋いだ。変わりゆく風景の中にもかかわらない北タイの人々の想い、そして夫婦の絆をここでは表現した。また、戴帽式～病院の場面へとつなげ、ジップの戴帽式による感動のラストシーンで終わることなく、再び病院のシーンを映し出し、日常生活は現実的に続いていくことを表現した。感動を求めるのではなく、淡々とした現実の中を生き続けていることを伝えるためである。

しかし、アンナのライフストーリーの部分を削ったため、アンナの地域における社会活動の部分がすっぽり抜けてしまった。そこで、アンナの私生活の背景にある社会や、アンナ自身の社会的活動の部分をつなげ、社会編『いのちを紡ぐ』を制作することにした。

（2）『いのちを紡ぐ』

『いのちを紡ぐ』の制作にあたっては、ＨＩＶをめぐる関係というテーマを決めてとりかかった。『アンナの道』との違いは、タイのＨＩＶに関する学術的文献を読み込んで撮影に望んだという点、そして編集作業を現地ではなく、日本で行ったという点にある。

第1章で、筆者は、これまでのタイのメディアにおけるエイズの恐ろしさを強調した映像で危機を煽ることを目的に制作された広告やテレビ番組などのプロパガンダ的ＨＩＶ表象が、ＨＩＶ感染防止には一役かってきたが、同時に差別や偏見を助長したことを指摘した（告発的なドキュメンタリー映画がなぜ効果がないのかは、映像作家の佐藤真が述べている(1)）。

さらに、筆者は、従来の北タイの学術研究におけるＨＩＶをめぐる関係に関する研究においても、生活におけるまなざしが欠如し、日常生活の只中から形成される共同性の形成過程に関する先行研究の不足点を指摘した。『いのちを紡ぐ』では、アンナという一人のＨＩＶ陽性者が、ＨＩＶの感染、さらにそれをめぐる政策や社会変容の只中に置かれるなかで、いかなる日常生活をおくり、またどのような関係を構築していくのか、その過程を映像で明らかにしようと試みた。

具体的には、まず親密圏の代表的な関係の一つともいえる、①彼女をめぐる親子関係・夫婦関係に着目した。そして一二年間の時間のなかで生じた社会変容を踏まえつつ、②彼女とエイズ孤児との関係の構築と変容、さらに、③公共圏の発露ともいえる自助グループのケアとそうした活動に対する彼女の関与、およびそこでの相互行為と関係構築を表現できる映像をピックアップして、繋いでいった。その際、関係の形成過程を文章と映像の両方で考察するための映像制作ということも念頭において制作にあたった。

上映の対象に関しても、二〇〇九年版は、アンナと同世代の四〇代女性や男性をターゲットにして制作したが、二〇一三年の完全版では、国際映画祭や劇場一般公開というより学会などでの発表や国際エイズ会議など学術用（タイ研究者や医療専門家、NGO関係者向け）に制作した。撮影の手法はこれまでと変わらないスタンスで試行したが、インタビューなどを多めに撮っている。表情で語らせるという映像よりも、論理的に言葉や内容で構成し、説明的な映像表現になっている。

編集をはじめるにあたって、まず、これまで撮ってきた映像を順番通りに最初から見直す作業に取り掛かった。そして、HIV陽性者がどのようにケアの関係性を形成し、共同性を形成していったのか、彼らの居場所である空間などの情況に焦点をあてながら、形成過程に重要なシーンを選んで切りとっていった。

また、筆者とHIV陽性者らの関係が変化した空間も、シークエンスが変わる区切り目にインサートしてみた（汽車の中、エイズデイケアセンターの式典、バンコクでのデモ、看護師のお別れ会など）。『いのちを紡ぐ』の作成にあたっては、HIV陽性者と社会との関係をテーマに映画を制作した。以下、その構成内容である。

（1）HIV陽性者の日常生活実践（二〇一一年）
（2）〈回想シーン（二〇〇〇～二〇〇三年）〉
2―1　デイケアセンターにおける関係
2―2　HIV陽性者自助グループの活動展開（政府への抗議デモと保健医療制度の影響）
2―3　エイズ孤児のケア（血縁関係を超えた親密な関係）

（3）新たな人間関係のありよう（二〇一二～二〇一三年）
3―1 デイケアセンターでの役割の変容（看護師とHIV陽性者の役割）
3―2 社会の中心的役割を担い始めるHIV陽性者たち（国際会議、ラジオ放送の紹介）
3―3 村人たちとの関係（経済的自立をするHIV陽性者たち）

『いのちを紡ぐ』では、回想部分を長めにとり、関係の構築過程を描いた。そして、『アンナの道』ではあまり表現できなかった経済的な側面が彼らの関係にあたえた影響や、デイケアセンターにおける自助グループ活動の変容と病院外の独立系自助グループの関係の変容の相違を描いた。

（3）映像と文章の往還

作品を編集後、学術論文執筆へと取り掛かった。映像制作を自己再帰的に分析しながら、作品を通して映像を考察し、HIVをめぐる関係性を文章で分析していく手法をとった。しかし、その際に、どうしても、構成上（理論上）で流れにそぐわない映像シーンが数カ所出てきた。

それが、第2、第3章で分析の事例とした、ラジオ局でのアンナの語りとエイズ孤児とアンナのシークエンスである。

〈ラジオ局でのアンナの語り〉（『アンナの道』→『いのちを紡ぐ』へ）

「これからエイズ患者の代表としてアンナさんを紹介したいと思います。今日は、私はタイ標準語と北タイ語、両方使ってこの番組を放送しています」
というDJの出だしの語りから、アンナが名前を隠さずに公表している状況が分かる。
DJ：いつHIVに感染しましたか？
アンナ：一九九五年です。

ＤＪ：どうして感染したのですか？
アンナ：亡くなった夫から感染しました。
ＤＪ：ご主人から感染したことがどうして分かったのですか？
アンナ：夫の具合が悪くなり、病院に行きました。その時、医者に告げられました。
ＤＪ：その時、どんな気持ちでしたか？
アンナ：とても哀しかったです。私は普通の専業主婦でしたから。外に遊びにも、仕事にも行かないのに。
ＤＪ：自分の夫からの感染は、ショックですよね。哀しいですね。
アンナ：家にずっと閉じこもっていました。でも、センターにいくようになり、精神的に立ち直っていきました。友達ができ、お互いに励ましあえたのです。
ＤＪ：今は社会からどのように、受け入れられていますか？
アンナ：昔と比べると、とてもよくなりました。昔はすごく嫌がられましたが、今は社会から受け入れられるようになりました。屋台を出すことも、出来るようになりました。焼きとりなどを売っています。お客も大勢います。村の活動にも参加しています。
ＤＪ：よかったですね。お祭りなどにも、参加しているのですね。昔と違って今は村の中で、受け入れられているのですね。
ＤＪ：九四、九五年ごろは、皆怖がっていましたね。でも今はＨＩＶ陽性者やエイズ患者のことを、皆よく理解し、同情しているのですね。エイズになりたいと思う人はいないはずです。先程アンナさんは、センターで友達ができ、励ましあえたと言いましたが、どんな活動をしていますか？
アンナ：毎週木曜日活動があります。登録をすませ、瞑想をし、その後、お医者さんから、色々アドバイスを受けます。病気になった時の処置などいろいろな助言を聞きます。メンバー同士、自分の症状を伝えあい、情報交換します。一緒に昼食を料理し食べて、それから薬を貰って帰ります。
ＤＪ：センターに通いはじめて、自分自身の変化は何かありましたか？
アンナ：はい。成長したと思います。自己管理の仕方を学び、精神的に強くなりました。
ＤＪ：そうですね。一人でいると、考えすぎてしまいますが、友達と一緒にいると、自分のことを心配してくれる人がいることに気づくのですね。

〈アンナとエイズ孤児の語り〉（『いのちを紡ぐ』→『アンナの道』へ）

アンナ：生理はもう来た？
N：うん。
アンナ：けっこう前から？
N：うん。小学四年のときから。
アンナ：へぇ！　小学四年で！
N：うん。
アンナ：健康な証拠ね。で、彼氏はできたの？
N：まだ。
アンナ：誰かに口説かれたりした？
N：わかんない。
アンナ：普通よ、彼氏がいることは。でも一線を越えないように気をつけないと。彼氏がいるのはいいけどね。一線を越えたら大変。生理もきたしね。（中略）彼氏ができたら、妊娠しないように気をつけないとダメよ。コンドームを使わずに性関係を持ってはダメよ。自分の身体のこと、ちゃんと理解しなきゃね。彼氏ができたら、叔母さんやお姉ちゃんたちに相談しなきゃね。コンドームの使い方も覚えなきゃ。でもそれは大人になってからの話よ。あなたはまだ子どもなんだから、今は勉強に集中しないと。もちろん、一緒に話したり、遊びに行ったりする彼氏はいてもいいけれどね。

ラジオ放送のアンナの語りは、映像は『アンナの道』の前半に挿入しているが、文章上では、『いのちを紡ぐ』の考察、つまり、共同性の生成の第2章の方で事例を引用している。また逆に、『いのちを紡ぐ』で挿入しているアンナとエイズ孤児の映像は、文章では、『アンナの道』の考察、つまり第3章の、日常生活におけるＨＩＶをめぐる関係性の方で、引用している。

そこで、思い切って、映像を文章と同様の流れに編集し直してみた。すると、以前の作品よりも、流れがスムーズになり、わかりやすくなった。

このように、『アンナの道』二〇〇九年版では、なんとなく感覚的に映像を繋いでいた作品が、学術研究を通して理論的に分析しながら編集を進めていくことで、作品の構成が大きく変化していった。これは、佐藤真がいう「時間の熟成」［佐藤 2001：294］というものが作用したともいえよう。筆者は二〇〇〇年から二〇一三年まで撮影した映像を、何度も見直しながら編集を行った。さらに、映像と文章を往還しながら、時間をさらに費やす中で、感情に流される中で撮影した映像を、冷静に見直すことが可能となった。感情が入ることでアップになり過ぎているシーンや展開を期待しながら意図的に撮影しているシーンなど気づくことができた。そうした箇所は、実は、第三者にアドバイスを受けていた箇所であったが、やっと自分で気づくことになる。こうした気づきの作業は、最初から、第三者に編集を託していれば処理できる作業かもしれない。しかし、時間をかけてでも、自分自身で感情の変化に気づくことに意味があると考える。

2　メタファー

本作の編集では、時間を過去から未来へと一定の方向性をもつことで、観客にわかりやすい順序を心がけた。しかし、主人公らの心情を彼らの表情や言葉のみでは、伝えきれない場合を考慮し、本作では言葉で全てを説明するのではなく、メタファーを使用し、観る側の視点を委ねるスペースを創った。それらの表現が観客にどのように受け入れられたかは次章で考察することにし、その前にメタファーの効果について次に考察する。

異文化の地におけるドキュメンタリー制作の際、ＨＩＶ陽性者たちをどのように表象するか、そして彼らの眼に見えない「痛み」や「苦しみ」の描写・伝達の難解さをどう克服していくか、映像表象における大きな課題となっていることは第1章（3節）で考察した。では具体的にどのような視点で描くことが可能か、本節では象徴表現の可能性と限界を考察していきたい。

医療人類学者のポール・ファーマーは「苦しみ」の構造的暴力（社会構造に起因する暴力）を説明する難しさを次の3点として

挙げている［ファーマー 2011：85］。

1．異質の世界の出来ごと、地理的・人種的・文化的隔たりのある所の世界に住む人々の苦しみへの理解の難しさ。
2．苦しみの重さを表現する方法がみつからない。そして、地理的・人種的・文化的に隔たりのあるＨＩＶ陽性者たちの「苦しみ」を数字や事例だけでは伝えられない、その難しさ。
3．苦しみの力学とその構造が明らかでないために、説明できない。

そこで必要になってくるのは個人の経験を文化・歴史・社会・経済的要因など、より大きな枠組のなかで民族誌的にとらえなおすことだとファーマーは述べる［ファーマー 2011］。映像表現の場合はこれに加えて、特定のコードをもちえず、文脈が成立しにくいという特質を持つという問題点を抱える。特定のコードがない表象を、どのように受け手に（現実感を持たせて）伝えていくことが可能だろうか。

筆者は上記の問題に対応するため、象徴表現という手段を用いて考察を試みた。具体的には、観る側が映像に「意味づけ」ができるよう、蜘蛛の巣や水など象徴表象により映像の解釈を観客に委ねる構成を組み立てた。

映像は、時間の流れの中に浮かび上がる情緒、音、空気など文章だけでは伝えられないイメージ効果をもつ媒体である。しかし、一方で、そのイメージが強すぎる場合、現実を固定化させてしまう一面があることも否めない。そうした固定化からの解放と「新たな関係」という社会的に新たに生起するものをリアルに描く手段として、風景描写（空間）、水や雨（自然）、蜘蛛や犬、そして木（動植物）などのメタファーの使用も試みた。

以上、本節では、象徴表現の限界の分析も含め映画制作における象徴表現の役割に焦点をあてた。以下、具体的な事例を考察していきたい。

［水］（写真⑯）

水は、目にみえない情感を表現しやすいメタファーでもある。水は、「自身で色を持たないから、光りを変え、色を変えて世界を映す」。そして、「いつもなにかに促されて、そこにある。(中略)受け身でいてくれているから、私たちは心を開く」[小栗2006：195]ものである。水はこのような役割をもつため、情感の表象や象徴として映画の中で多用される。

本作でも、水を情のメタファーとして映画の中の表現に用いた。例えば、「娘の旅立ち」[シークエンス2―17]のシーンは、ジップの大学進学をむかえたアンナ家を描いたもので、三人一緒での最後のシーンである。場所は、ポムが家出から戻ってきた時にインタビューをした所と同じ場である。前回は小雨が降り注ぎ、ザワッとする湖面だったが、今回はポムの心情を映しだすかのように、青空の下の真っ青な湖面上は穏やかであった。

一方で、「雨」を人間の絆を遮ってしまうものとして、水の持つ、反面要素も描いた。例えば、デイケアセンターでのインタビュー・シーン[シークエンス1―16]で、スタッフであるRが語るシーンでは、彼女の声に雨の音をかぶせている。病院での仕事を終えたRとアンナのシーンは、Rにインタビューするためにセッティングしたものだが、話は彼女の生い立ちからＨＩＶに感染するまでの経緯など一時間近く及ぶ。そして話の終盤にデイケアセンターの話に入るのだが、この間、撮影者は一切質問していない。アンナに聞き手になって貰い、Rが時折涙を流しながら語るというシーンであった。カメラはその間ずっとRに向けたままである。しかし、あえて作品では声のみをインサートにした。そ

写真16：イメージ映像・水(シークエンス1―16)

して象徴表現として、雨のシーンと雨の音をインサートした。情緒に流れないようにしたのは、「悲劇のＨＩＶ」というテーマに陥らないようにするためである。

［蜘蛛の巣］（写真⑰）

蜘蛛の巣は、小説においては、作家の主張を間接的に伝えるための有効な手段とされている［岩瀬 2003］(2)。映画の中でも、蜘蛛の巣はエド・ニドの映画の中で、「遊びの象徴」として用いられたことがあるが［山口 2005］、しかし、具体的に蜘蛛の巣の象徴表現が映像表現に有効であるのかどうかという先行研究が未だ少ない。

本作では、早朝の水田シーン［シークエンス１―１］で水滴がついた稲に蜘蛛の巣がはっているシーンを使用した。蜘蛛の巣の映像を最初に持って来たのは、映画のテーマをファーストシーンで打ち出すためであった。さらに、クモの巣が象徴シーンであることを分かりやすくするため、蜘蛛の巣の真ん中に、タイトル『いのちを紡ぐ』の文字を被せた。稲にかかる露は時の流れの儚さを象徴させた。そして蜘蛛の巣は、人と人、そして自然と人との関係性やつながりを象徴している。

ラストシーンでのパシィが田んぼの中を歩くシーン［シークエンス１―23］は、ファーストシーンの場所とは異な

写真17：イメージ映像・蜘蛛の巣（シークエンス１―１、１―23）

るのだが、角度や構図を意識した。そして、水田の中を歩きながら、山の中に消えて行く主人公の姿を蜘蛛に、そして田んぼにいくつも輪になって置いてある帽子を巣に例えた。山の中に身を置き、蜘蛛は巣に餌がかかるのをじっと待つという比喩である。しかし、その比喩がわかりづらいことを考慮し、字幕を入れ、最後にメッセージをはっきりと言葉で綴った。

本作において風景と自然とともに動植物を多く映画に取り入れた理由は、人も自然の一部であるという北タイの生活の思想の観点から人間主体の表現を避け、人間をとりまく自然や動物、環境などの複合的な関係の一部として人間を撮るためであった。

映画の中では、家の周りにふと現れる犬や鶏などの生き物、そしてマンゴーの木や市場に集う犬なども故意にインサートした。魚、蛙、犬、猫、蜘蛛など、生き物全てが意志を持って生きているという意味を込めた。

［風景］（写真⑱）

映画や文学における風景を空間論の視点から理論展開したのが、地理学者のイーフー・トゥアンである［トゥアン 1988］。松家［2012］は、トゥアンの風景論と石牟礼道子の小説『天湖』を手がかりとして、日常の中に溶け込んでい

写真18：イメージ映像・風景（シークエンス2—1）

る「親密な経験の場所」について議論を展開している。松家は、「親密な経験の場所」は「日常の中に溶け込んでおり、そのためとりたてて意識してみることもない」と述べ、さらに、風景を語ることの意味を次のように語っている。

「意識されることのなかった、あるいは忘れさられた親密な空間（場所）は、語られることによってはじめて「風景」となる。（中略）したがって、文学、絵画その他さまざまな形で風景を語るということには、その埋もれた記憶、われわれのアイデンティティの基盤としての風景の回復の契機となる可能性が含まれているだろう」［松家 2012：16］

『アンナの道』のファーストシーンの村全体風景のシーン［シークエンス2―1］では、まず、アンナ家を囲む村、その村を囲む自然風景の全景を一つのフレームに収めた。主人公の住む村の全景に被せることにより、町の空間に観る者を閉じ込めて、観る者の視点を「観光のまなざし」［Urry 1992］ではなく、その場の「居住者」として場の枠を設定させた。

人と人との関係以外にも、人と自然、虫や植物などの生き物の関係などにも観る者の視点を促すために、モノや人をできるだけ画面の中に入れずに、ロングテイクの二〇秒近いショットで、音と字幕に観客の視点を促し、虫の声や風の音を強調し、夜明け前の空の質感で表現し、町の風景は音から想像して貰えるよう、夜明け前の薄暗い静止画的なものを選んだ。

［移動風景］（写真⑲）

移動する風景も多用した。例えば、［シークエンス1―5］では、汽車の窓からの北タイの村の風景をフェードインし、シーンをバックに「私が北タイのエイズグループと知り合ったのは、二〇〇〇年八月のこの旅からだった」というテロップを入れた。その後すぐに、パヤオ県チュン郡チュン病院のシーンへうつり、北タイではじめてエイズ患者と出会った映像をインサートし、二〇〇〇年一二月という日付をテロップで説明した。そして、ＨＩＶ陽性者の新婚夫婦、アンナとポムのシーンを冒頭シーンにインサートすることにより、映画が二人との出会いからはじまったこと、またこれまでに流れた一二年間という、目には見えない「時間」をこれから映画の中で展開していくという意味を込めた。

ファーストシーンは、バンコクから撮影地へ向かう車窓から眺める風景を手持ちカメラで撮った映像である。この時点では、まだ「観光者」の視点である。北タイの田園風景を「他者」の視線で撮っている。こちら側とあちら側、境界線として、汽車の中、そして窓越しの風景の距離、また、季節感や空気感を質感で表現した。

［短歌］（写真⑳）

作品は主題がＨＩＶをめぐる夫婦・親子の関係を描いた映画であることを強調するために、村の全景をバックに梅田信子の夫婦愛をうたった短歌を用いた。そのように主人公の住む村の全景にメッセージをのせることにより、映画の全体像を浮かび上がらせた。そして、市場のシーンを冒頭に持ってくることにより、ＨＩＶ陽性者の日常生活が村の中で受入れられていることを描いた。

ファーストシーンの村全体の映像の中に用いたのは、梅田信子の以下の短歌である。

事足らぬ　住居なれども　住まれけり　我を慰む　君あればこそ

梅田信子（雲浜妻　1826–1855）

主人公の住む村の全景にメッセージをのせることにより、映画の全体像を浮かび上がらせた。

写真19：イメージ映像・移動風景（シークエンス１―５）

3 編集効果

［技術的側面］

編集効果に関する考察の前に、技術的に影響が大きい機材（ビデオカメラ、編集機）に関して説明しておきたい。本作品は、VX1000というビデオカメラによって撮影を開始した（二〇〇〇～二〇〇三年）。その後、二〇〇三年八月からは、VX2000というカメラに切り替えた。この理由は、画質の向上のみならず、サイドカメラがつき、レンズを覗かず視野を広めたまま撮影可能になったためである。カメラを変更したために、画質が多少変化してしまう不利点が生じたが、視野が拡がったために、インタビュー時に、相手の眼を観ながら撮影し、かつ映像も同時に確認できるという手法が可能になり、一人での撮影には有利になった。

編集に関しては、二〇〇七年より前は、テープとテープを切り貼りするというアナログ方式で進め、二〇〇八年以降はデジタル編集（ファイナルカットプロ＋MacBook Pro）で行った。デジタル編集に切り替えたことにより、編集の効率性は圧倒的に高まった。しかし、アナログ編集時のように、編集時に映像をじっくり観るという時間が削減されてしまった。しかし、これまでスタジオで作業をしていた、

写真20：イメージ映像・短歌（シークエンス2―1）

フェードイン・フェードアウトや音の作業などが、個人でも可能になり、時間と経費の節約にもなった。編集者に本編集を委ねる前に、自分のタイミングとリズムで作品の編集を進めていくことが可能となった。

［フェードイン・フェードアウト］

「フェード」は映像編集技術の専門用語で、「フェードアウト（fade-out）」は映像の最後が［見えている状態から］徐々に黒一色の画面に移り変わることであり、「フェードイン（fade-in）」は黒一色の画面から［映像が見える状態に］明るく移りかわることを意味している（Bordwell and Thopmson 1992：311 ただし引用は張［2011］から）。

この技術は、主に時の流れを表現する時に使用した。

1. シークエンス1―1　ファーストシーン（蜘蛛の巣）
2. シークエンス1―4～1―5　ゴム園～タイトル～回顧シーン
3. シークエンス1―12～1―13　孤児Nの家庭訪問～看護師の離任式
4. シークエンス1―13～1―14　音のフェードイン
5. シークエンス1―23　ラストシーン
6. シークエンス2―2～3　家のシーン～タイトル
7. シークエンス2―3～4　回顧シーンへの移動
8. シークエンス2―6～7　回顧シーン～現在
9. シークエンス2―13～14　ポムの家出シーン
10. シークエンス2―16～17　市場のシーン～娘の旅立ち
11. シークエンス2―19～20　市場～ロイクラトン祭り～親子の自立
12. シークエンス2―22　病院でのラストシーン

映画はある意味、時間の彫刻でもある。上映を考慮し、一～二時間というある一定の時間の枠で、現実を描き、観客に伝えていく必要がある。その際に時間の変化を表現できるフェードイン・アウトの使用は、多いに役立つ。しかし、作り手の意図した時間の流れがそのまま、観る側に伝わるという訳ではない。時はその人それぞれに流れているものであり、人は映像を自分の経験にあわせるように、時の流れもあわせて観る。よって、フェードイン・アウトの多用は、観る側の流れを制御してしまう可能性もあることは否めない。

［音］

デイケアセンターで働く看護師と自助グループのメンバー、そして看護師のカウンセリングをうける患者たち。『いのちを紡ぐ』のアンナのパートのラストシーンではあえてロングショットでカウンセリング室を撮り、パソコンの「カチカチカチ」という音を意識的に編集に取り入れた［シークエンス1―22］。そして、湖畔でのリゾート開発が進む中、工事の音が鳴り響く。昔のような静けさが村にはもう存在しない。このように、時の流れを表現するにも、音は欠かせない要素になっている。

特に冒頭の音は大切な要素となってくる。『いのちを紡ぐ』の冒頭は、明け方の水田のシーンであるが、虫の声と稲穂が揺れる音を、少し大きめに調整してインサートしている。『アンナの道』の冒頭の風景シーンでは、風の音を強調するため、薄暗い夜明け前の風景を一面に出している。そして、木々の揺れる音を、被せている。

両作品とも、最後のクレジットの部分に音を入れるかどうかは迷う所であったが、劇場（上映会場）の音を浮き立たせて、映画が終わって光が戻る瞬間までの観客に自由なイメージの状態で居てもらうため、音のインサートは無しにした。

さて、これらの編集効果がどのような役割を果たしているか。本作品は、エイズ国際会議で初上映となったが、映画が観客にどのように解釈され、どのように伝わっていったかは、次章で具体的にみていくこととする。

注

（1） 佐藤は、「正しいことを声高に主張すればするほど、観る人は押しつけがましく思うのだ。結局、活動家どうしが自分たちの活動の意義を確認するだけの表現になってしまう。水俣病の映画だから観ても仕方がないとおもっている普通の人々に、いかに映画表現として切り込めるか。文化は少なくとも、どうしても功利的で、独善的になる運動の論理から独立していなければならない」[佐藤 1997：49] と主張している。

（2）岩瀬 [2003] は、アメリカ文学の作品の中に出てくる、「蜘蛛が糸を繰り出して網を編むという行為」を蜘蛛のメタファーとして分析する。蜘蛛のイメージは、文化的・歴史的連想にとぼしく、それゆえに日常的であり、先入見なしに直接に人びとの感情に作用する類のものである。岩瀬はこの蜘蛛のイメージの客観的と言える喚起力に着目する。そして以下の原理が蜘蛛の詩を成り立たせていると述べる [岩瀬 2003：177-178]。

1．蜘蛛の行動には自律性と創造性がある。
2．自然の生き物として自然の法則に従順である一方で、生を営む知恵がある。
3．蜘蛛は異なる世界への架け橋、あるいは、超越的秩序の存在を確認しようとする。
4．蜘蛛は肯定と否定の二つの精神領域にまたがる画面的存在である。
5．蜘蛛の観察者が登場し、しばしば、否定を肯定へと逆転させる象徴解釈を行なう。

第7章

上映論

——公共空間の生成

本章では、上映における視点関与に関して、観客の受容をとおして考察したい。具体的には、観客のＨＩＶ／ＡＩＤＳに対するイメージが映像表象を介してどのように構成され、〈現実〉として受容されていくのか、オーディエンス・エスノグラフィーの方法論を用いて分析する。その際、前章の象徴表現についてもどのように解釈されたか明らかにする。

こうした観客による作品の受容は、制作者の意図を超えた、創造的な展開をみせる可能性がある。被写体にとっての〈現実〉と、撮影行為および映像作品としての制作、そして同作品の公開という機会を通じて、観客はいかなる〈現実〉を共有し、また非共有しながら、討論の場を成り立たせるのかという問題について考察する。

考察にあたっては、映画上映後のディスカッションにおける内容をオーディエンス・エスノグラフィー的手法［フォンセカ酒井アルベルト清 2006］を用いる。映画を上映することにより、映画がどのように受容され、観客のＨＩＶに対するイメージに映像はどのような影響をあたえたかを分析し、上映後のディスカッションを通して、さまざまな角度からＨＩＶ／ＡＩＤＳ表象に関して論じていくことにより、「共感と同情」を越えて、ＨＩＶ陽性者の生きざまを、リアルに伝えていくことは可能であるか考察を試みる。

以上、本書は、上映によって公共空間がどのように形成されるか、公共空間の議論からの視点［篠原 2007］を用いての考察を試みたい。

1　観客の受容

『いのちを紡ぐ』（国際会議におけるディスカッション）

アジア太平洋地域エイズ国際会議（二〇一三年一一月二一日一三：〇〇～　場所：バンコクシリキットセンター）映画上映後のディスカッション二〇分（言語：英語とタイ語）

ディスカッションは、通常、映画上映後に行われる。本作においても、映画上映後の二〇分間にわたり、英語とタイ語の通訳を交えて質疑応答という形で行った。以下の事例は、ディスカッションの冒頭での観客の映画に対する感想である。

〈司会者（タイ人）〉これがＨＩＶ陽性者のリアリティなんですね。彼らは、人として、彼らの人生を生きています。私たちと同じく、食事をして、仕事を必要として、そして信仰を必要としています。彼らの姿にとても心を動かされました。私が泣いているのは、哀しいわけではありません。映画も悲観的な内容ではありません。私は、今日この席でこの映画を観られたことに感謝して泣いているのです。この映画にありがとうと言いたいです。映画は、ＨＩＶ陽性者らが人として生きていることを気づかせてくれました。

〈観客１（タイ人）〉司会の方と同じく、私もこの映画はＨＩＶ陽性者の生きざまをとてもリアルに描いていると思います。それは、監督が自分の価値観（判断）で彼らの世界を描くのではなく、彼らの世界や生活のスタイルを偏見なく、ありのままに描いているからだと思います。ですから、私もＨＩＶ陽性者らの生活を現実的な世界として観ることができました。

〈司会者（タイ人）〉私の友人が北タイの病院で勤めています。でも彼らは仕事で忙しく、今日、この会場に来られませんでした。もし監督の時間があれば、また別の上映機会を設け、病院関係者のみならず、タイのＨＩＶ陽性者たちにも観てもらいたいですね。

〈観客２（米国人）〉素晴らしい映画の完成にまずはお祝いの言葉を述べたいと思います。おめでとうございます。映画の視点がとてもよかったと思います。ＨＩＶ陽性者らの就職時における差別など、よい指摘がされていました。私はアメリカからきました。パタヤに住んでゲイのＨＩＶ陽性者らの支援のボランティア活動をしています。ゲイのセックスワーカーにコンドームを配布したり、ＨＩＶ感染防止啓蒙活動などをしています。

映画はＨＩＶの家族の人生を見事に描いていると思います。その中で、母子感染防止のために、どのような活動が行われているのかも知りたかったですが、主人公のアンナが子どもたちに、コンドームの使用の説明をしたりしていることが分かって、勉強になりました。（中略）現在、タイにおけるＨＩＶに関する最重要課題は、男性同性愛（ＭＳＭ）における

HIV感染だと思います。特に、一二～一八歳の子どもたちの感染がクローズアップされています。もしあなたが、彼らをフォローしてくれればとてもありがたく思います。

ディスカッションは、制作者—観客の一方的な意見を貰う場だけでなく、観客と観客の間でのディスカッションにも広がる。司会者のコメントに関して、観客が意見し、質疑応答へ、そして制作者へ関連のある質問へ、という流れになる。

〈司会者（タイ人）〉私のNGOスタッフの友人から聞いたことがありますが、パヤオでは、青少年たちが主体となって、HIV感染予防活動を行っていると聞いています。

私も質問よろしいですか？　パヤオでこの一三年の間にHIV感染に関して一番変化したことは何でしょう？

〈直井〉この映画は、HIV陽性者の活動の変化の観察をまとめたものですが、活動に関する一番大きな変化は何かというと、一三年前は、病院に行って看護師スタッフらにカウンセリングを受けたり、抗HIV薬の投薬方法の講義を受けたりと、センターではただ座って聞いているだけの受け身的な存在だったHIV陽性者らが、今では、看護師たちの補佐役、いや補佐役を超えて、看護師たちを引っ張っていくという存在になっているということです。看護師たちは数年ごとに変わります。新しく仕事につく看護師たちは、HIV陽性者のメンバー、アンナさんのような方たちに、ケアの仕方やセンターの状況を学んでいるのが現状です。

HIV陽性者らは、今は、ケアセンターの中で中心的な役割を果たしているといってもいいと思います。ケアセンターに長く籍を置くHIV陽性者らが、新しいHIV陽性者のメンバーたちのカウンセリングをしたり、投薬の仕方を教えたりしています。この部分が一番の変化だと思います。HIV陽性者らが、どのように関係を築いてきたのか、ということがこの映画で表現したかったことです。

筆者の上記の答えに、北タイでNGO活動をしている専門家でもある司会者が、内容をさらに深めてくれる。

〈司会者（タイ人）〉北タイでは、病院の中だけでなく、外でもそのような活動が行われていますよね。私のＨＩＶ陽性者の友人は、自分でエイズクリニックを開いて、そこでＨＩＶ陽性者らのカウンセリングや感染防止のための講義などをしています。看護師らとどのようなコミュニケーションをとればよいのか、コミュニケーション手法に関しても指導しているらしいです。こういったことも、大きな変化の一部ですよね。

このように、上映後のディスカッションにおいて、観客のみならず、制作者側も深い知識と情報を得られ、新たな視点から映像をみつめ直せるという利点がある。さらに、編集におけるアドバイスを貰い、次作への編集の際につなげていく。

〈観客からの編集アドバイス（コメント）〉

1．音の処理。音がちょっと大きくてうるさく感じた。技術的な音の処理をすればもっと映画がよくなるはず。

2．場面と場面のつなぎ。時々変化（ジャンプ）しすぎて、それがいきなりで、ストーリーについていけない所があった。もう少し、場面と場面を内容のつながりをもって編集をすると、物語の流れがスムーズになってよいと思う。

3．場所の説明が欲しい。色々な場所が出てくるので、イメージしやすいように、地域の名前を提示した方がよいと思う。タイ人以外の方が観た時に、場所が変化しすぎて、内容がわかりづらいかもしれない。場所がわからないために、物語の内容がジャンプしてしまう。

4．字幕をもっと詳細につけると会話の内容がはっきりと伝わると思う。できればデータなども付けたら、もっと分かりやすくなると思う。

これらのコメントからは、作品から観客がどのような現実を受け止めたかということ以外に、映画の中で、わかりづらかった部分が見えてくる。あえて、字幕を最小限におさえているが、内容をわかりやすくつたえていくことに重点をおくか、それとも字幕をあまり使用せずに、観客には主人公たちのアクト（行為）や表情に焦点をあてて貰う作りにするかは、再考しなければならない課題である。

以上の考察によって、撮る側の視点と作品を介した観る側の視点を考察してきた。次の節では、これらの上映後のディスカッションにおける相互行為をさらに分析し、上映において観る側の現実がどのように構成されているのか、詳細に分析したい。

2　アゴラにおける（共振と）リアリティの生成

観客と語り手の相互関係によって、観客はどのように映像から現実を構築していくか。映像を通して観客が、「リアリティ」、「現実的」という言葉を何度か発言していることに注目したい。観客の一人でもある司会者は、主催者の一人であり、ＨＩＶ陽性者とはＮＧＯ活動やエイズ会議などを通して知人・友人も少なくないが、映画を観賞して、ＨＩＶ陽性者の生きている世界の現実、リアリティに改めて気付かされたと述べている。そして、映画を観て泣いているのは、決して同情や哀れみからではなく、彼らの生きざまに心を打たれたと述べている。

観客1はタイ人の一般客であるが、ＨＩＶ陽性者の生活を現実的（リアル）に観て感じとれたのは、監督が自らの価値観でＨＩＶ陽性者らの世界を描くのではなく、彼らの世界をありのままに描いているためであると述べている。

観る側が、ドキュメンタリー映画にリアリティを感じるのは、撮る側が、彼らの世界をありのまま描いている、と観る側が感じるためである。しかし、これまでも議論してきた通り、映像が「ありのまま」の現実を描くことは不可能である。すべて撮る側の主観で現実を切り取り、現実を構成している。にもかかわらず、観る側がありのままと感じるのは、撮る側が、現実構成の一部となっていたからである。つまり、親密な関係を築きながら、日常に溶け込んでいたと言えよう。

また、観客が映画に共感や同情を超えて共振することで心を動かされ、リアリティを感じたということは、彼らの価値観や現実も、映画によって変化したということが言える。つまり、映画を通して、観る側は自らの現実を相対化し、映画の世界を自らの世界の一部としていったのである。そして、「他者」としてのＨＩＶ陽性者が、自らの世界の構成する一員として、存在するようになる。

さらに、上映後の筆者との質疑応答での介入により、観客は映像を再解釈することになる。また、筆者自身も観客からの質問やコメントをもらうことで新たな視点を得る。こうして、観客と筆者は、相互作用による変化をとげる。

人類学者の佐藤は、ウィトゲンシュタインの概念を用いて、どのように他者の「痛み」を理解し、その「痛み」の概念によって他者との間に会話が可能なものになるかを論じた。さらに、アーレントの概念を用いて、「人々が事物にリアリティを感じ得るのは、人びとが同じように事物を見るからではなく、自分とは異なるアスペクトからそれを見る人がいることを知ることを通じてである」［佐藤 2004: 162］と述べている。

佐藤が、アーレントの理論から、リアリティは、自分と異なる視点の存在を理解することから生まれると述べているように、上映においても、作品がいかにこれまでの観客の視点をずらせるか、そこから新たなリアリティの構築形成の可能性は生まれてくるのである。

また、『アンナの道』の上映における映画専門家のコメントからも、リアリティと視点の関係が見えてくる。

〈Pusan International Film Festival 2009のコンペティション部門審査委員 Lee Seung-Min による選考理由〉

観客は、一人のＨＩＶ陽性者の女性の日常生活をみつめることで、ＨＩＶ陽性者の日常が他の女性と全く変わらないことを知る。この映画は、主人公の彼女がＨＩＶ陽性者だという事実を忘れてしまう、という驚くべき経験を導く映画である（釜山国際映画祭2009パンフレットより一部抜粋）。

〈山形国際ドキュメンタリー映画祭選考委員による選考理由〉

タイ在住の作者が、日だまりに抱かれていきる「いのち」を情感溢れる映像で描き出す映画である（山形国際ドキュメンタリー映画祭2009パンフレットより抜粋）。

〈慶応義塾大学環境情報学部　田中茂範教授による作品評〉

『アンナの道』（撮影・編集・監督　直井里予）は力作である。生活の糧である市場での卵（売り）をオープニングとエンディングに置くことでこの映画の枠（フレーム）を設定し、中味は時間軸に囚われることなく、アンナを巡る日常のエピソードを自在に配置することで、アンナのさまざまな顔がクローズアップされている。監督のカメラを（計算ずくで）意識させる場面が数箇所あるが――これはこれで効果を生んでいる――、カメラがあることを忘れてしまうほどまでに、日常がありのまま描かれている。これは、監督がアンナ家族の生活に受け入れられ、信頼関係があってはじめて可能となる表現である。

本来、ドキュメンタリーは、カメラを聴衆に意識させない最大の努力をするが、傑作と呼ばれるものも含めて多くは、「外からの視点（エティック［etic］な視点）」で「記録（document）」されたものが多い。これほどまでに、カメラを持つ監督が透明化している作品は初めての体験である。日常を描こうとすれば、そこには一貫したテーマはありえない。しかし、ドキュメンテーションにおいて取捨選択が行われるのは確かであり、それは監督の関心の所在と結びつく。それをあえてコトバで表現すればアンナという一人の女性の生き様である。映画ではＨＩＶに感染したアンナがエイズを発症し、闘病後にという設定であり、思春期の娘を持つ母親としての顔が全面にでている。

この映画は、時間の流れ、因果関係といったロジックを持ち込まずに、内容を構成している。そこに不自然さが生まれないところがこの映画の最大の魅力である。日常を描くということの意味がここにあるように思われる。撮影・編集・監督である直井里予氏が日常の中に溶け込んでいる、私もこの映画のヴューアーとしてタイ北部の日常の中に自然に入り込んでいた（『アンナの道』公式サイトから抜粋）。

これらのコメントの考察を通して、映画上映によって、どのような公共空間を形成することが可能であるか、佐藤によるウィトゲンシュタインの言語ゲームとアーレントの議論を継承しつつ、空間と映像の関係に関して本章の最後に考察したい。

3 映像と公共空間

観客のコメントや意見からも明らかなように、観客は自分の経験によって、映像を意味づけし、リアリティを形成していく。そして、また、自分の経験と比較し、映像を自らの経験に結びつけ、主人公と自らを関係づけようとする。

例えば、観客2の米国人は、タイでＨＩＶ陽性者の支援活動を行う慈善家であるが、自らの活動地域での状況を、映画の中の状況と比較しながら、自らの現状を客観視しながら把握しようとしている。観客は、映画の主人公たちと、自らの生、そして彼らの生活の中での仕事、つまり、ＨＩＶ陽性者支援という生と、自らの関わりのあるＨＩＶ陽性者らとを何かの形で関連づけながら映像をみている。

映像は聴衆を限定しないという意味において、公共物であり、公共空間に開かれたものだが、映像の意味づけにおいては、個々人の私的空間の問題になり、個々人の主体的な意味づけがそれぞれ関わる親密圏（親密な関係）に影響を及ぼすことがある。ゆえに、映画上映において、その空間は公共空間ともなり、また親密な空間ともなる。つまり、映像にリアリティを感じるかどうかは、観る側がどのように意味づけするかという問題でもあり、重要なのは、観る側が自分の問題や関心にひきつけ、自らの生と重ね合わせてそれぞれの視点から映像を解釈することができるような描写であった。

その空間は、例えば、映画をいつ、どこで、誰と観るかによって変容する。そして、いかに自分の生の一部としてみることができるかが、影響してくる。これは、第2章と第3章で考察してきた、HIVをめぐる関係の中で触れた、公共空間と親密圏の議論とも繋がってくるのではないだろうか。

上映における空間とは、「生のニーズに関わるところで成り立つ共同体」〔速水 2012〕であり、「多数の者が、出会えない体制のなかで、共有しえない痛みを抱えたまま、各人がその痛みの内実を問い詰め、生身の個々の人間として出会い直そうとするところに、形成される」と篠原が述べる公共空間〔篠原 2012：147〕がまさに、映画上映を通して形成された空間であるといえよう。つまり、大切なことは、観る者が映画上映空間を通して、彼らを「見知らぬ他者」としてではなく、自分自身の日常の生の実践とのつながり〔速水 2009：277〕を見出すことである。

映画上映後には、さまざまな議論がうまれた。その空間に主人公であるHIV陽性者が不在である場合でも、一つの空間の中で、全く見知らぬ他人と同席し、同じ映像を観てその映像について語り合う。これは、個室で一人鑑賞するのとは全く異なった空間である。同じ映像に対する他者の異なった（さまざまな）意見が交わされる（共振する）中で、固定観念が崩れ、新たな視点が生まれる可能性がある。そしてそれぞれの視点が重なり合わさった時、まったく新たな価値の創出がそこに生まれ、その価値の多様性が新たな公共空間の形成へとつながっていくのである。

4 映像の撮影・利用と許可について

本章の最後に、映像の撮影と利用に関する許可に関して述べておきたい。

まず、撮影開始にあたっては、ドキュメンタリー映画制作を目的としていることを関係者やＨＩＶ陽性者に伝えた上で、カメラを持たずにチュン病院へ足を運ぶことからはじまった。異国からきたばかりの筆者が、すんなりと病院での調査を受け入れて貰えた背景には、病院と長年にわたって信頼関係を築いていた日本のＮＧＯ団体（谷口21世紀農場）の協力があってのことだった。最初の一年目は、谷口21世紀農場内に設置してある寮に宿泊しながら、週に一度、病院の野菜を届けにいく日に、筆者もスタッフらと同行し、病院に通いながら、病院における看護師とＨＩＶ陽性者らの関係性を観察することができた。また、谷口21世紀農場内においても、ＨＩＶ陽性者らのためのイベントや活動が頻繁に行われていたため、筆者は、ＨＩＶ陽性者と頻繁に接する機会にも恵まれた。

しかし、カメラを村の中に持ち込み、ＨＩＶ陽性者らに向けられるようになるまでには、時間がかかった。病院に行くたびに新規のＨＩＶ陽性者や末期症状のエイズ患者が来診していた。顔と名前を覚えはじめ関係性を構築後、急に症状が悪化し亡くなってしまうエイズ患者も少なくなかった。結局、主人公をアンナとポムに決め、撮影の許可を申し出たのは、病院に通いはじめてから、一年経ってからのことであった。しかし、この時点ではドキュメンタリー映画とは何か、参与観察とは何か、主人公たちは理解していない。そこで、撮った映像を少しずつ観てもらいながら、制作の意図を伝えていった。

撮影開始後は、新規のＨＩＶ陽性者やエイズ患者が居る際には、撮影前に看護師から、撮影の意図と目的などの説明をして貰い、許可を一人一人から、逐一貰うという形をとった。ＨＩＶに感染したことを家族に知らせていない陽性者への、自助グループによるＨＩＶ陽性者の家庭訪問カウンセリングの際には、カウンセリングに同行するのみで、カメラを持ち込むことを避けた。

編集した映像は仮編集の段階で、撮影対象者のＨＩＶ陽性者や看護師などと一緒に観てもらい、内容を確認しながら、進めていった。上映に関しては、テレビでの放送はせずに、国際映画祭や自主上映会での上映を目的とする旨も同時に伝えた。

筆者の前著『アンナの道――ＨＩＶとともに生きる』〔直井 2010〕に掲載の写真使用に関しても、映像と同じように、一枚一枚、本人に確認をとり、掲載許可が下りてから使用した。撮った映像を、撮影対象者に観て貰うために、撮影後も撮影対象者との連絡を取り合う関係性を構築しておく必要がある。それは、文章の場合でも同じことであろう。第3章でも述べたが、自分の身分や立場を相手に伝えた上で調査を進めていくことが、フィールド調査においては重要であると筆者は考える。

二〇一二年からは、博士論文を執筆するための調査・撮影となる。一二年前、撮影を始めた当初とはまた別の目的で同じ場所へ戻ることになった。しかし、医師や看護師などスタッフのほとんどが新しいメンバーになっていたため、旧スタッフにこれまでの経緯を伝えて貰い、旧作も鑑賞して貰うことで、これまでの撮影過程を伝えることを試みた。しかし、前回とは違い、大学に提出用の論文のための撮影と調査ということを説明に加え許可を得た。

本書の出版に際しても、ＱＲコードを付して一部映像を公開することを伝え、掲載用の映像や写真を一緒に観賞し、許可を得た。

またドキュメンタリー制作においては、インタビュー形式ではなく、日常生活をアンナの家族と過ごす中で、調査対象者と親密な関係性を築きながら、何気ない日常の会話をカメラで収めた。地域研究におけるフィールドワークでは、調査対象者の日常に入り込み、共同作業をしながらデータを集める調査スタイルは珍しくないが、調査対象者にどの語りをデータとして研究成果に使用しているのか開示している研究は多くはない。筆者は、編集した映像を主人公たちに開示し、使用データを調査対象者に確認した上で、データを使用し、筆者の視点を開示し、撮影や研究の意義を伝え親密な関係性を形成した上で、調査を行った。こうした調査方法は、学術調査における倫理的な問題解決の一助となると考える。

結語

本書では、ＨＩＶ感染によって構成された人間関係のありようとその変容過程を映像は一体どのように捉えることができるのかという問題を提起した。そして、アクター（撮られる人）とアクターが関わる主要な人たちの社会的相互作用の「現実」をカメラが捉える時に、「撮る側」と「撮られる側」そして「観る側」という相互関係の中で、ＨＩＶをめぐる関係の「現実」がどのように表現（表象、あるいは構成）され、地域社会へ反映されるか、という視点の関与の問題に焦点をあてて、その可能性と限界を検討してきた。

本章では、まず本書の視座を振り返り、そして本書で明らかになった事項を整理しながら、この問題に答えていきたい。

1　本書の視座

映像を用いた研究は、近年、主に人類学や人文・社会学の学問領域において関心が寄せられているが、そこには、「記述分析ではとらえきれないものを映像が捉えることができる」という前提がある。つまり、テキストによる記述と映像による記述が、別個のものとして扱われてきたきらいがある。事実、学術研究におけるＨＩＶをめぐる関係に関する研究においては、学術論文化と映像化は、別個のアプローチとみなされてきた。

第1章で整理したように、タイにおけるＨＩＶ表象に関するこれまでの学術研究は、メディアにおけるＨＩＶ表象の分析に留まっており、タイ国家によるイメージ戦略としてのネガティブなＨＩＶ表象について論じているものが主であった。ＨＩＶ／ＡＩＤＳを主題としたドキュメンタリー映画は、欧米を中心に医学的見地から記録されたもの、そして、悲観的なイメージ描写に対するアンチテーゼとして、当事者たちがビデオカメラで自らを等身大の姿で描写しオルタナティブを提示する作品が制作されてきた。タイにおけるドキュメンタリー映画制作は、欧米よりやや遅れてはじまったため、一九九〇年代に関しては、欧米人による作品が主であった。そして、その表象もＮＧＯや医療関係者による活動記録というもので、ＨＩＶ陽性者の生きざまやＨＩＶをめぐる関係性に焦点をあてた作品、また、その変容過程を日常生活の視点から長期的に観察し、論じているものは少なかった。

本書にて、関係の変容を分析する際に、日常生活を考察する視点の必要性を主張してきたのは、生活の場に身をおきながら、自らの世界観（イデオロギー）を相対化し見つめなおすことで崩し、観察したものを体系化された理論に還元せずに、現実を批判的に捉える必要性からであった。

映像によるアプローチにおいて、撮影者（調査者）の視点が問題になるのは、「撮る」という行為は、客観的な行為では決してなく、撮る側の主観的な行為であり、フィールドにおける撮影の際に、調査者の立ち位置（視座）や見る方向性（視野）によって現実の捉え方（視点）に影響を与えるためである。

以上の問題意識から、本書においては、ＨＩＶをめぐる関係における現実表象に関する可能性と限界（課題）を検討し、次のような方法論を提示した。すなわち、ＨＩＶをめぐる関係の変容に関するドキュメンタリー制作過程を自己再帰的に考察し、映像表現における撮影者の視点の関与という問題をどう理解するかを重要な課題として取り上げる手法である。具体的に言えば、主人公アンナの日常生活における関係性の形成に焦点をあて、彼女のアクションが家族やエイズ孤児たち、そして彼女の生活の場の一部でもあったＤＣＣにおいて看護師などのスタッフや自助グループメンバーたちとの関係にどのような影響をあたえたのか。また、そうしたアクションとリアクションの連鎖の中で関係が変容していく過程を、映像はどれくらいリアリティをもって捉えられるのかを長期にわたって考察する、という試みである。

2　映像が捉えた「病縁」を介する新しいコミュニケーション、新しい「家族」

まず、第Ⅰ部では、映画場面構成やシークエンスを通して、ＨＩＶ陽性者をめぐる社会関係と日常生活における親密な関係性について考察を行った。

調査村では撮影当初（二〇〇〇年）、エイズに対する知識は広まりつつあるものの、偏見は未だ根強く残っていた。しかし、

ＨＩＶに感染し、偏見のため家に篭っていたＨＩＶ陽性者らが、ＤＣＣという場での出会いを機に、新たな関係を構築しはじめた。そして、病院における看護師やスタッフらとの相互行為やラジオ出演、さらに村の中での仕事を通した関係を構築する中で、自らの居場所を形成していった。

調査村では、このように、ＤＣＣという場を通して親密な関係が構築され、自助グループの活動が拡がっていった。そして、行政と村のリーダー、仏教僧、牧師、教師、病院やＮＧＯらのコラボレーション（協働）によって、ＨＩＶ感染に関する理解を深めるための社会活動が盛んに行われた結果、ＨＩＶ／ＡＩＤＳの理解が深まり、偏見は減少していった。しかし、ＨＩＶ陽性者らの就職や結婚における際の差別は村の中に依然として存在し、自らの将来に関する悩みを抱える者も少なくなかった。

第2章では、そうした課題に対する病院や政府、ＮＧＯらの取り組みに焦点をあてて制作した映画『いのちを紡ぐ』の場と語りの分析から、自助グループの親密な関係が、ケアという創発的な関係を通して共同性を形成していく過程を考察した。具体的には、『いのちを紡ぐ』において映像化したＨＩＶ陽性者の日常生活実践、アンナが関わるエイズデイケアセンターにおけるケアを通した「協働」やＨＩＶ陽性者自助グループの活動が、共同性を形成していく過程を論じた。そして、親密圏から公共圏へ関係が開かれていく過程の考察においては、経済発展が進む中で、生活空間が失われつつあるという状況が背景にあること考慮しなければならないと示唆した。

また、第3章における『アンナの道』の事例を通した考察から、現在タイが抱える新たな問題、つまり、思春期を迎えたエイズ孤児たちが直面する就職における差別や恋愛や結婚における問題などが浮かび上がった。そうした問題に対応しているのが、アンナのような病院でカウンセラー養成を受けた准看護師だった。ＨＩＶ陽性者により、エイズ孤児を村の中でケアしていく取り組みがはじまったのである。そこでのＨＩＶ陽性者とエイズ孤児の関係というのは、母と子という擬似親子関係であると同時に、ＨＩＶ陽性者同士、思いを共有し気遣いあうものであった。

文字通り、ＨＩＶ陽性者たちが病を通したつながり——「病縁」——を形成しながら、地域の中に新たな関係性を構築しはじめていることが、映像の中に詳細に映し出されているのである。

では、そうした関係性の変容を映し出した映像それ自体は、その関係にいかなる影響を与えたのか？　そこで重要になるのは、ＨＩＶをめぐる関係を主題とした映画制作における視点の問題である。

3　参与観察ドキュメンタリー映画制作における映画制作者の視点

本書第Ⅱ部では、『いのちを紡ぐ』と『アンナの道』の二作品の制作過程（撮影、編集、上映）を自己再帰的観点から考察することで、この視点の問題に迫り、映像表現の可能性と限界を分析した。撮影者と撮影対象者の関係性が、「観る者」も含む地域社会へどのように反映したのか、撮影者の視点の関与がどのように映像表象（作品）に反映されたのか、具体的に検討するという試みである。考察にあたっては、ドキュメンタリー作品は、所与の何かの表象ではなく構成された現実であること、そして、作品がリアリティをもって観客に受容されるには、撮影者の親密な視点が重要な要素であるという仮説をたてた。

その結果、明らかになったのは次の三点である。

第一に、撮影における親密な関係性は、作品構成に大きな影響を及ぼすということである。筆者はこれを〈撮影者と撮影対象者の共振〉と呼んだ。

撮影の初期段階では、「できるだけありのままを撮ろう」とする意図から、撮影者は、主人公たちとの距離をおきながら関係を築いていく。しかし、撮影という実践的な関わりを通して人間関係が密になると、日常生活における家族問題に撮影者も関わることになり、そこでは、一定の距離感を保つことがむずかしくなる。関係性の距離感が縮まることはカメラの位置にも反映され、撮影者の視点も、観察者のそれから参与者の視点へとシフトした。さらに、撮影が進むと、関係は深まり、「親友の視点」にもなっていく。そしてその視点の変容に伴い、質問の仕方などにおいても変化が生じる。これは、カメラが親密空間に入り込む変化であるともいえる。さらに、カメラとともに、質問や視点が親密な視点をとることで、撮られる側の語りの内容や行為も変容し、撮る側の関心のあり方にも変化を及ぼした。映像を撮ることは、生きた人と人の関係に深甚な影響を与えずにはおかないものである。

第二に、編集過程において、映像を見直し視点を相対化することで作品は創られるということである。撮影対象者と一緒に映像を見直し、撮影対象者の視点を入れ、撮影中には無意識に撮影していた主人公たちの言葉や語りを再解釈していくことで、筆者の関心が変容した。こうして、撮影中には気付かなかった視点を作品に取り入れることで、作品の構成が変化する。そして、長期的に観察していた同一人物の映像を、編集という行為の中で、同時に、同列に、並べて何度も見返す中で、同じ人物の表情が時間を経て変化していることに気づいた。それは、映像制作のプロセスのなかでこそ見出される時間と場面を越えつつ並列できるからこその発見であったと言えよう。

時間軸に沿って進展する出来事を捉え、その時間と空間を再構築することにより、撮影者の視点が映像の作り出す現実に大きく関与しているのである。そうした視点関与の自己再帰的考察を行いながら、関係性の形成過程を分析することで、「いま、ここ」という流動的な場における北タイにおけるＨＩＶ陽性者の人間関係のダイナミクスを捉えることが可能となった。

さらに、論文化（文章化）の最中に、作品の構成的には繋がらない箇所を発見し、再編集へと繋がった。つまり、映像と文章の往還により、映像の内容を詳細に考察することが可能になり、映像の構成を組み立てることへと繋がった。

最後に、ドキュメンタリー映画上映後における質疑応答を通した、観客と撮影者、観客と撮影対象者との相互行為から、上映における公共空間の生成過程が明らかになった。本書では、映画上映後のディスカッションにおけるオーディエンス・エスノグラフィーを通した分析と、上映後における観客と撮影者との相互行為の考察から公共空間の生成を分析した。その結果、上映後のディスカッションを通して、観客と撮影者の視点が織り交ざり合うことにより、双方に新たな視点が現れることが見て取れた。

ドキュメンタリー映画は、一般に客観的視点が重要だとみなされる傾向があるが、ドキュメンタリー映画におけるリアリティとは、現実に起こっていることの表象のみではなく、撮影と編集を通して構成される現実であり、作り手の主観的な視点が不可避に関与し、撮る行為もその現実生起のコンテクストの中にあり、撮影者と撮影対象者の相互関係によってつくられるものである。

本書では、こうした関係性による作品を「共振のドキュメンタリー」とした。重複することにはなるが、改めて整理しておこう。

第一の撮影における関係性では、撮影者と撮影対象者が共振することで、作品構成は大いに影響を受けた。主人公たちとの親密な関係性を築くことで親密空間が形成され、距離感が縮まると、カメラが関係性に共振し、撮影者の視点は、観察者の視点から参与者の視点へとシフトした。さらに、カメラは撮影対象者へも共振し、彼らの語りの内容や行為が変化した。

第二に、編集過程の中で、映像を何度も見返す中で、撮影対象者の表情や自然の変容を詳細に考察する中で、筆者（作成者）の視点が変化した。

第三に、作品上映により、観客と映像、そして上映後のトークにおいて、観客と撮影者が共振することで、また新たな現実が生まれた。

ドキュメンタリー映画におけるリアリティは、このように、撮影者と撮影対象者と観るものが「共振」しながら現実が創りあげられたのである。「共振」はその場で出会った者同士が引き起こし、経験する場の力である。予定調和的に、あるいは計画的に一方が他方に影響を与えるというより、まさに、創発するものである。その意味では、撮影者と撮影対象者がその場で響き合い、共振の結果としての作品が生まれるのだといえる。双方が引き込み合ってリズムが生まれる、これが「共振」だといえる。

以上、本書では、ＨＩＶをめぐる関係を主題に据えた二本のドキュメンタリー作品を、改めて分析者の観点から考察し、撮影者の視点の関与がどのように映像表象（作品）に反映され、カメラは「関係」をどれくらい「リアリティ」を持って捉えることができるのかという問題を考察した。そして、ドキュメンタリー映像はＨＩＶをめぐる関係をいかに捉えるかを自己再帰的観点から考察し、ドキュメンタリー作品として編集・制作する過程で生じる「撮る者―撮られる者」の関係の動態を分析し、それを「観る者」も含む社会の文脈に位置づけて考察した。

分析対象としての二本の映画は、時間軸上で変化する被写体のアンナとアンナが関わる人々との関係性の変化を撮影したものであるが、その撮影過程、そして編集過程において、撮影者とアンナの関係性（撮る者と撮られる者の関係性）も共振することで不可避的に関与しており、その関与（撮る者の視点）こそが映像におけるリアリズムの不可欠な要素であると結論づけた。

4　地域研究における映像の位置づけ

以上の長期にわたった映像と文章を往還しながらのフィールドワークアプローチは、地域研究や文化人類学などの学術研究においても参考になると筆者は考える。地域社会における生活や文化などの考察において、調査者自身が映像を使用し、その場に身をおきながら、現実構築成員（関係性の構築）の一員となる研究はこれまでも行われてきた。しかし、調査者（撮影者）が、長期にわたって制作した映像作品を改めて自己反省的に見返しながら、調査（撮影）対象者とどのように関係性を形成し、共振することでドキュメンタリー作品が制作されたのか、撮影対象者との関係性の形成プロセスと撮影者の視点を開示しながら、地域における関係性の形成過程を考察し、映像を文章に還元、往還し、自己反省的に調査手法を叙述する手法は、これまでとは異なるアプローチである。

これまで述べてきたように、ビデオカメラという映像媒体を使用しながら観察する参与観察型ドキュメンタリーの調査手法は、撮影者の無意識なカメラ操作や演出や、調査対象者がビデオカメラを意識するため、質的研究におけるデータにも影響を及ぼしかねない。また、現実地域における現実（関係性）の変容を伴う可能性がある。

また、ナレーションを入れずにテロップを最少限にし、観る者へ映像テクストの解釈をゆだねる映像表現手法は、主張が曖昧になり、調査者（撮る側）の意図が観客に十分伝わらない場合もある。

しかし、こうした地域研究における映像利用の限界を含めて、関係性を捉える際には、映像と文章の往還による長期にわたる共振のドキュメンタリー制作が有効であると筆者は考える。主張をあえて曖昧にすることで、観る者が多様な視点をもって、映像と対峙することができ、解釈の幅を緩めて、価値観を押し付けることなく、映像を届けられる。そして、作成者の視点をテクストで自己分析することで、観る者（及び読者）が、制作の追体験が可能となり、映像への解釈の幅をさらに広げられると考える。

そうした主張を、作品を撮った人間が、その作品を研究として長期にわたって分析したところに本書の特徴はある。映像を自己再帰的に考察・分析することによって、関係性の変容とともに、ドキュメンタリーという作品の構成には視点が関わり、その視点に気づくことで何を構成しているのかに対して自覚的になる。本書はそうした論点を、具体的に示し得たのではないかと思う。このようなプロセスを公開する手法は、映像と文章を往還することにより可能となり、文章のみでは難しい手法である。

撮る側の価値観や視点は、撮影中における撮影対象者らとの関係を築き共振することで変容した。フィールドワーク中に、他者との関係を築く中で新たな気づきがあった。つまり、理念や思想によってではなく、凝視と観察によって現実を批判的に受けとめ、自らの捉われている考え方を破壊することにより、新たな視点（世界の捉え方＝価値観）の創出につながったと自負できる。

さらに、撮影者のみならず、撮影対象者も、カメラの眼差しや撮影後に撮影対象者が自らの言動を映し出された映像を観ることによって、自らの言動を意識し、これまで本人自身も気づかなかった無意識下の言動に気づくことがある。撮影中は、撮られる側と共に映像をみつめる過程において、撮る側の視点を撮られる側に開示していくことで、お互いの視点を共有した。重なりあう部分と重なり合えない部分を理解しあう中で、「撮る者」と「撮られる者」の視点が共振し、関係がさらに親密なものへと構築されていく。こうして、カメラという媒体が介入することで、それまで可視化されていなかった地域の現実の実態が現れる場合がある。

さらに、作品を社会に対して提示することによって、別の解釈や理解が生まれ、共に映像を見つめていく上映過程そのものが、リアリティを創造し、地域社会における新たな公共空間の創出へとつながる。

そして、上記の筆者自身の視点の変容と撮影過程における発見の経験を、作品を提示することを通して、観る人も同じように映像的に発見する、という経験として提示する。すなわちその経験は、ＨＩＶをめぐる別の解釈や理解が生まれる過程なのである。

映像制作はこのように、地域空間の中でさまざまなモノ、自然、生命が共振することで、新たな価値観を創造しながら新たな現実を構築していく可能性を秘めている。

5 映像という方法論への思い——おわりに

映像と文章を往還する作業を終えるにあたって、そもそも北タイを訪れる前に遡って、筆者自身の生身の感慨を語ってみたい。

私たちは、普段、自分が目の前にある現実をどのように観て、経験し、何を感じながら、自分がどう行動しながら（演じながら）生活しているのか、自分自身で意識することなく日常を過ごしている。しかし、そうした日常の生活空間にビデオカメラが入ることで、私たちは自分の言動を意識するようになる。それは撮影対象者としてだけではない。撮影者がビデオカメラを通して撮影対象者と共振しあうことで、撮影者自身が映像に投影されていく。

私が映像制作に携わりはじめたのは、そうしたビデオカメラという機材を通した自己観察と投影（プロジェクション）に関心を抱いたことがきっかけだった。学生時代、卒業間際に思い出作りのため偶然ビデオカメラを手にした。そして、撮影した映像を繰り返し観る中で、意図せず写っていた風景や表情や声がカメラに収めてあり、実際に目にして（感じて）いる現実とカメラを通した現実との相違に驚いた。それは、自分がどのように人や自然と関わりあいながら生きているのか、見つめ直す機会となった。

映像は特定のコードをもちえず多様な解釈を生みだす。時間の流れの中に浮かび上がる情緒、音、声、空気など文章だけでは伝えられないイメージ効果をもつ媒体である一方、現実を固定化させてしまう権力的な一面をもっている。さらに、そのイメージが強すぎると、また新たな固定観念を生み出してしまう特質を持つため、映像の権力性に対峙していく必要があるが、私たちはステレオタイプから逃れることはできない。そのため、多様な視点からさまざまな情報を得ながら、自らステレオタイプを更新していく必要がある。

実を言えば、私の北タイにおけるＨＩＶ陽性者に関するドキュメンタリー映画制作のはじまりも、自分の抱いていたエイズへの偏見が覆されることからはじまった。タイでＨＩＶ陽性者に出会う前まで、エイズは私にとって恐ろしい病であった。それは、末期症状のエイズ患者のメディアに映し出されてきたイメージが私に埋め込まれていたと同時に、スティグマにさらされ社会から排除されてしまう病という認識から生まれた恐怖心からだった。社会とのつながりが途絶えてしまうことは、当事者たちにとって病による身体的苦痛よりも、精神的に耐え難く「痛み」を伴うものだろう。

しかし、北タイでＨＩＶ陽性者がＤＣＣを通して自助グループを形成し、村の中で関係性を形成しながら、ＨＩＶとともに穏やかに日常を生きる姿を目にしたことで、私の予断は次々に崩れていく。

冒頭でも触れたように、私とアンナとの出会いは、テレビのドキュメンタリー番組制作のために北タイでＮＧＯ活動をしていたある日本人の取材中のことだった（アンナとの関係が形成される過程と背景は、拙著『アンナの道――ＨＩＶとともに生きる』［直井2010］に詳しく述べているので併読して頂きたい）。ドキュメンタリー映画制作の当初の目的は、ＨＩＶ陽性者の日常を撮るというものだったが、最初の一年はカメラを回さず、アンナの通院する病院や仕事場の孤児院や市場など、ＨＩＶ陽性者がどのように村の中で受け入れられているのか、撮影可能な場所をアンナと一緒に行動し調査することからはじまった。そして、ＨＩＶ陽性者の自助グループの活動イベントや病院の中での活動など、特定の場所での撮影を少しずつ進めていった。

ところが、ビデオカメラをアンナ家に持ち込み、私がアンナ家で寝泊まりをしながら、彼らの日常生活を撮りはじめることで、彼らの日常にさまざまな変化がおきた。アンナとポム夫妻が、『アンナの道』の撮影初日（冒頭シーンの市場で働くシーン）の際に、お揃いの服を装い撮影に臨んだことは、前述した通りである。撮影風景を目にした村人たちが家へ訪れるようになり、客の出入りも頻繁になった。撮影後半になると、アンナやポムが積極的に撮影に参加しはじめ、撮影場所やカメラのアングルなどに関するアドバイスをくれるようになり、主人公の彼らが私の代わりに映画制作を指揮するようになっていった。また、撮影の際には「観る」と同時に、「聴く、嗅ぐ、味わう、触る」という身体的感覚が加わるため、単独での撮影においては、カメラレンズの外の動きを捉える（見る）ことが難しく、主人公の動きに追いつかずに、再演して貰うこともあった。何気ない日常の会話をカメラが捉えはじめたのは、村での生活が私自身の日常になってからのことだった。稲刈りや市場での卵売りを手伝ったり、村のお祭りなどに参加をしたりする中で、私の心身の緊張感がほぐれはじめると、アンナやポムがカメラの前で自らのライフヒストリーを語りはじめるようになった。このように、私自身がアンナ家の「居住者」となり、カメラが「居場所」をえることで、アンナ家の日常が変化しはじめた。日常を撮るということは、結局、私自身が彼らとともに日々を暮らしながら、彼らの日常に関与せずには捉えられないものであった。

編集作業は、撮影以上に私の視点が作品に影響を与えた。素材のどの部分を使用しどのように構成するかで、まったく違う現実が創りあげられる。私たちは普段、無意識に美しいモノに囚われ、美しく感じないモノを視界から排除し、自分の世界を自らで狭めてしまう傾向がある。感情が入り過ぎると妄想が入り込み、自分の視点が狭まり偏ったまま固定化していってしまう。編集作業には充分な時間をかけ、様々な角度から映像を観ることを試みたが、自分の感情や固定観念に気づくことは容易くできる作業ではなかった。

そこで、現地でＨＩＶ陽性者の支援活動をしているＮＧＯ団体の職員と現地へ一度も足を踏み入れたことのない第三者、そして主人公自身にも時折、映像を観てもらいフィードバックを貰った。さらに、大学院においてフィールドワーク手法を学びながら映像を分析していった。こうして、文章と映像を往還しながら自分の視点を自己再帰的に分析しながら、アンナやポムの表情を何度も見直す作業を継続することで、アンナの別な側面を発見することが出来るようになった。

また、制作過程におけるタイの上座部仏教との出会いもドキュメンタリー映画制作に大きく影響した。第5章で触れたＨＩＶ陽性者が日々実践していた瞑想（「身体感覚・感情・意識・観念などを実況中継するかのように、言語化し、枠取り、それへのこだわりを放っていく」［矢野 2008: 833］こと）は、ドキュメンタリー映画制作にも通じるものである。撮影（調査）者が「ありのまま」観察すべきものは、撮影（調査）対象者と向きあった時の自分の感覚や感情であろう。撮影した映像を、編集と上映を通して何度も観返しながら、撮影した時の自分の身体が何と共振しながら、視点がどのように変化したのか観察することが、撮影（調査）対象者をめぐる関係性の分析にもつながった。

本書で繰り返し強調してきたように、ドキュメンタリー映画制作においては、制作者が日常生活における（自分を含めた）現実世界を批判的に見つめ直すことが重要である。私自身は、フィールドでのこうした経験から、エイズという病いを悲劇的に捉えるのではなく、病いを受け入れ、ＤＣＣを通し出会った夫（ポム）とお互いの「痛み」を思いやりながら「今、この瞬間」を生きるアンナの姿を描けるようになったのである。それは、私自身が自らの日常をアンナの日常に重ね合わせ、自らの生のあり方を見つめ直す過程でもあった。

ＨＩＶ陽性者の日常生活の営みに焦点をあてた参与観察による映像制作と文章の往還は、私自身が自らの視点を観察しながら、ＨＩＶ陽性者をめぐる新たな視点（世界の捉え方＝価値観）と空間を生み出す試みであった。自らが囚われている観念を「壊す」ことから、新たな価値観や視点がうまれ、そこから新たな関係性が形成されていく。つまり、ドキュメンタリー映画制作を通して現実を捉えるのではなく、現実が構築されていく過程に自分も参与しながら現実を生成していくのである。映像が映し出すのは、関係性を形成するその生成過程であるということに自覚的に目の前の時間時間をとることが重要である。本書においても、私がアンナと北タイで出会い、アンナをめぐる関係性の一員となりドキュメンタリー制作を通して価値観を崩されながら関係性を見つめた経験を、読者が映像と文章の往還を通して追体験していただけたらと思っている。アンナの生き様の生々しい感触をより身体的に経験（共振）できるように、随所にＱＲコード（映像）を付けたのもそのためである。

このように、映像ドキュメンタリーと文章を分析者自らの観点から「自己再帰的」に考察する（観察者である自己を自ら観察する）という手法は、個の立ち位置などを含めた視点の変容を明らかにし、現実（本書でいうＨＩＶをめぐる関係）がどのように構成されているのかという問題を扱うにあたっての方法論としての可能性は大きい。

本書が、民族誌など文化・社会の記述分析を目指す学術研究（地域研究や文化人類学研究）に方法論的な貢献ができれば幸いである。

参考文献

英文・タイ文

Bonggoch Thaidecha; Katesara Takagi; Usa Duongsaa; Dusit Duangsa and Fujita Masami. 2009. *HIV Day Care Center of Chun Hospital, A History and Case Study of "Happy Heart Center."* Chun Hospital and Phayao Provincial Health Office, Phayao Province, Thailand.

Bonggoch Thaidecha. 2003. *HIV/AIDS Care: Chun Hospital*. PowerPoint Presentation.

Borthwick, P. 1999. Developing Culturally Appropriate HIV/AIDS Education Programs in Northern Thailand. In: Peter A. Jackson and Nerida M. Cook (eds), *Genders and Sexualities in Modern Thailand*, pp. 206–225. Bangkok: Silkworm Book.

Carroll, Noel. 1996a. *Theorizing the Moving Image*. Cambridge: Cambridge University Press.

———. 1996b. Nonfiction Film and Postmodernist Skepticism. In: David Bordwell and Noel Caroll (eds.), *Post-Theory: Reconstructing Film Studies*. Madison: University of Wisconsin Press.

Celentano, David D. *et al*. 1994. HIV-1 Infection among Lower Class Commercial Sex Workers in Chiang Mai, Thailand. *AIDS* 8 (4) pp. 533–537. London, England.

Crimp, D. 1988. AIDS: Cultural Analysis/Cultural Activism. In: D. Crimp (ed.), *AIDS: Cultural Analysis/Cultural Activism*. pp. 3–16. Cambridge: The MIT Press.

Day Care Center, Chun Hospital (DCC). 2012. *Chun Hostital Aids Day Care Center Report*. Chun Hospital Aids Day Care Center.

———. 2014. *Chun Hostital Aids Day Care Center Report*. Chun Hospital Aids Day Care Center.

Department of Communicable Disease Contrlol, Ministry of Public Health. 2001. *Projection for HIV/AIDS in Thailand:*

2000–2020. Nonthaburi: Ministry of Public Health Thailand.

Flaherty, Fances H. and Robert Gardner. 1958. *Flaherty and Film*（*extraits*）. In: Robert Flaherty（Coffret 3 DVD）, Editions Montaparnasse.

Fordham, Graham. 2005. *New Look at Thai Aids: Perspectives from the Margin*. New York and Oxford: Berghahn Books.

Geertz, Clifford. 1988. *Works and Lives: The Anthropologist as Author*. California: Stanford University Press.

Jeefoo, Phaisarn. 2012. Spatial Patterns Analysis and Hotspots of HIV/AIDS in Phayao Province, Thailand. *Archives Des Sciences* 65（9）: 37–50.

Jhon, U. 1990. *The Tourist Gaze. LEISURE AND TRAVEL IN CONTEMPORARY SOCIETIES*.（アーリ、ジョン．一九九五．『観光のまなざし』加太宏邦（訳）、法政大学出版局．）

Juhasz, Alexandra. 1990. The contained threat: women in mainstream AIDS documentary. *Journal of Sex Research*, 27.1: 25–46.

———. 1995. *AIDS TV: Identity, Community, and Alternative Video*. Durhum, NC: Duke University Press.

Kitti Kunphai; Parichat Sthapitanonda; Phatanapong Jatiket and Piyanat Jatiket. 2003. *Health Communication: the Potential of Mass Media for Health Promotion*. Bangkok: Chulalongkorn University Book Centre.

Lyttleton, Chris. 1994a. Knowledge and Meaning: The AIDS Education Campaign in Rural Northeast Thailand. *Social Science & Medicine* 38（1）: 135–146.

———. 1994b. Messages of Distinction: The HIV/AIDS Media Campaign in Thailand. *Medical Anthropology* 16（1–4）: 363–389.

———. 2000. *Endangered Relations: Negotiating Sex and Aids in Thailand*. Bangkok: White Lotus.

MacDougall David. 1997. The Visual in Anthropology. *Rethinking Visual Anthropology*: 276–295.

———. 2005. *The Corporeal Image: Film, Ethnography, and The Senses*. Princeton University Press.

Malee Sunpuwan. 2001. *Care and Acceptance of AIDS Orphan: A Case Study in Phayao*. Bangkok: Mahidol University, Dissertation.

McGrath, Janet W. *et al.* 2014. Challenging the Paradigm: Anthropological Perspectives on HIV as a Chronic Disease. *Medical Anthropology* 33（4）: 303-317.

Meyrowitz, Joshua. 1985. *No Sense of Place: The Impact of Electronic Media on Social Behavior*. Oxford University Press.（メイロビッツ、J. 二〇〇三『場所感の喪失〈上〉―電子メディアが社会的行動に及ぼす影響』安川 一・高山 啓子・上谷香陽（訳）、新曜社.）

Nakai, Senjo. 2006. *Executive Summary of Self-Help Groups for People with HIV/AIDS*（*PWA*）*in the Upper-North of Thailand*. Department of International Communication, Macquarie University.

Nichols, Bill, ed. 1976. *Movies and Methods: An Anthology*. Berkeley: University of California Press.

Nichols, Bill. 1991. *Representing Reality: Issues and Concepts in Documentary*. Bloomington: Indiana University Press.

———. 1994. *Blurred Boundaries: Questions of Meaning in Contemporary Culture*. Bloomington: Indiana University Press.

Pakdeepinit Prakobsiri. 2007. *A Model for Sustainable Tourism Development in Kwan Phayao Lake Rim Communities, Phayao Province, Upper Northern Thailand*. Doctoral Dissertation, Silpakorn University.

Patchanee Malikahao. 2012. *Sex and the Village: Culture, Religion and HIV/AIDS in Thailand*. Penang, Malaysia and Chiang Mai: Southbound Sd. Bhd and Silkworm Books.

Phayao Provincial Health Office: PPHO. 1998. *Phayao Provincial HIV/AIDS Statistics 1998*. Phayao: Phayao Provincial Health Office.

———. 2009. *Phayao Provincial HIV/AIDS Statistics 2009*. Phayao: Phayao Provincial Health Office.

———. 2014. Situation of Sypatomathic HIV/AIDS 1989-2014. *HIV/AIDS NEWSLETTER*.

Porapakkham, Y.; Pramarnpol, S.; Athibhoddhi, S. and Bernhard, R. 1996. *The Evolution of HIV/AIDS Policy in Thailand: 1984-1994*. AIDSCAP. Policy Working Paper Series.

Potter, Sulamith Heins. 1977. *Family Life in a Northern Thai Village: A Study in the Structural Significance of Women*. Los Angeles, London: University of California Press Berkeley.

Pramualratana, A.; Kanungukkasem, U. and Guset, P. 1994. *Community Attitudes and Health Infrastructure Impacts on Identification of Potential Cohorts for HIV Testing in Phayao Province*. Preliminary Assessment.

Shilts, Randy. 2007. *And the Band Played on: Politics, People, and the AIDS Epidemic*, 20th-anniversary edition. New York: St. Martin's Griffin.

Skrobanek, Siriporn. 1987. Strategies against Prostitution in Thailand. *Third World-Second Sex* 2: 211-217.

UNAIDS and WHO. 2007. *AIDS Epidemic Update*. Geneva: UNAIDS.

Urry, John. 1992. The Tourist Gaze 'Revisited'. *American Behavioral Scientist* 36: 172-186.

Wantana Limkulpong. 1998. *Impact of AIDS Risk Reduction Interventions Among Commercial Sex Workers in Southern Thailand*. Mahidol University.

Wathini Boonchaluksi; Somsak Nakarachan and Aree Uden. 1995. *Mass Media and AIDS: A Qualitative Study for Future Media Development* (สื่อเอดส์ : การศึกษาเชิงคุณภาพเพื่อพัฒนาสื่อในอนาคต). Nakhon Pathom: Institute for Population and Social Research, Mahidol University.

Weniger, B. G.; Limpakarnjanarat, K.; Ungchusak, K.; Thanprasertsuk, S.; Choopanya, K.; Vanichseni, S. and Wasi, C. 1991. The Epidemiology of HIV Infection and AIDS in Thailand. *Aids* 5: 71-86.

Wiput Phoolcharoen. 2005. Evolution of Thailand's Strategy to Cope with the HIV/AIDS. *Food, Nutrition, and Agriculture* 34: 1-8.

Worachai Thongthai and Oraphin Phithakmahaket. 1994. *Knowledge, Information Access, and Behavior about AIDS: Survey Project on AIDS Communication Efficiency towards Behavior and Value B.E.* (*โครงการสำรวจประสิทธิผลของการสื่อสาร เรื่องโรคเอดส์ ต่อพฤติกรรม และค่านิยม พ.ศ. 2536.*) Mahidol University.

Yoddumnern-Attig, B.; Kanungsukkasem, U.; Pluemcharoen, S.; Thongkrajai, E and Suwanjandee, J. 2004. *HIV Positive Women in Thailand: Their Voices and Choices*. Vietnam and Geneva: Ford Foundation and UNAIDS.

邦文

阿部宏慈：二〇一一：「ドキュメンタリー映画における〈アクチュアル〉の問題に関する一試論」『山形大学人文学部研究年報』8:83-111.
アーレント、ハンナ：一九九四：『人間の条件』志水速雄（訳）、筑摩書房.（原著 Arendt, H. 1958. *The Human Condition*. Chicago: University of Chicago Press.）
池本幸生・武井　泉：二〇〇六：「タイの地方格差——労働移動から考える」松井範敦・池本幸生（編）『アジアの開発と貧困——可能力、女性のエンパワーメントとＱＯＬ』明石書店、279-301.
石井美保：二〇一三：「パースペクティヴの戯れ——憑依、ミメシス、身体」菅原和孝（編）『身体化の人類学——認知・記憶・言語・他者』世界思想社、375-396.
稲垣貴士：二〇〇七：「トリン・Ｔ・ミンハ《ルアッサンブラージュ》——ドキュメンタリーの脱構築の試みと映像表現としての魅力」『大阪成蹊大学芸術学部紀要』3:29-34.
入江詩子：二〇〇〇：「北部タイにおけるＨＩＶ／ＡＩＤＳ当事者および家族の現状と福祉課題」『長崎ウエスレヤン短期大学紀要』24:87-101.
入江詩子・菅原良子・開　浩一：二〇〇七：「社会開発としての子育て支援のあり方をめぐって——タイ北部パヤオ県におけるエイズ遺児問題の発生と対応の事例から」『長崎ウエスレヤン大学地域総合研究所研究紀要』5（1）:57-70.
岩瀬悉有：二〇〇三：『蜘蛛の巣の意匠——アメリカ作家の創造性』英宝社.
岩本憲児・波多野哲朗（編）：一九八二：『映画理論集成』フィルムアート社.
インゴルド、ティム：二〇一四：『ラインズ——線の文化史』工藤　晋（訳）、左右社.（原著 Ingold, Tim. 2007. *Lines: A Brief History*. Routledge.）
浮ヶ谷幸代：二〇一〇：「ケアの場所性——北海道浦河町精神保健福祉の取り組みから」『相模女子大学紀要Ａ、人文系』74:7-19.
浦崎雅代：二〇一三：「瞑想と生きる実践——生きにくさに寄り添う」櫻井義秀（編）『タイ上座仏教と社会的包摂——ソー

シャル・キャピタルとしての宗教』明石書店、186-228.
ウィトゲンシュタイン、ルートヴィヒ．一九七二．『哲学探求』（ウィトゲンシュタイン全集8）藤本隆志（訳）大修館書店．（原著 Wittgenstein, L. 1953. *Philosophische Untersuchungen* (*Philosophical Investigations*). Oxford: B. Blackwell.）
大森康宏．一九八四．「民族誌映画の撮影方法に関する試論」『国立民族学博物館研究報告』9（2）: 421-457.
――――．二〇〇三．「民族誌映画を用いたマルチメディアによる研究発表」『国立民族学博物館調査報告』35: 17-29.
岡田　晋．一九八七．『映画学から映像学へ――戦後映画理論の系譜』九州大学出版会．
小河原あや・箭内　匡．二〇一四．「映像作家ルーシュ――ヌーヴェルヴァーク映画を鏡として考える」村尾静二・箭内匡・久保正敏（編）『映像人類学（シネ・アンスロポロジー）＝Ciné-Anthropology: 人類学の新たな実践へ』せりか書房、109-127.
小栗康平．二〇〇六．『時間をほどく』朝日新聞社．
オング、ウォルター・J．一九九一．『声の文化と文字の文化』桜井直文・林正寛・糟谷啓介（訳）、藤原書店（原著 Ong, Walter J. 1982. *Orality and Literacy: The Technologizing of the Word*. London/New York: Routledge.）
春日直樹．二〇一一．「序章　人類学の静かな革命」春日直樹（編）『現実批判の人類学――新世代のエスノグラフィへ』世界思想社、9-31.
川島ゆり子．二〇〇七．「コミュニティ・ケア概念の変遷――新たなケアの展開に向けて」『関西学院大学社会学部紀要』103: 73-84.
川瀬　慈．二〇一〇．「アフリカにおける創発的な映像表象の地域研究」京都大学大学院アジア・アフリカ地域研究研究科博士論文．
河森正人．二〇〇九．『タイの医療福祉制度改革』御茶の水書房．
――――．二〇一〇．「地域福祉の東アジア域内比較をめぐって――タイの事例を中心に」『大阪大学大学院人間科学研究科紀要』36: 179-195.
ガーフィンケル、ハロルド．二〇〇八．「エスノメソドロジー命名の由来」ハロルド・ガーフィンケル（編）、山田富秋・好井裕明・山崎敬一（編訳）、『エスノメソドロジー社会学的思考の解体』せりか書房．11–20.

ギアーツ、クリフォード．一九八三．『ローカル・ノレッジ——解釈人類学論集』梶原景昭他（訳）、岩波書店．（原著 Geertz, Clifford. 1983. *Local Knowledge: Further Essays in Interpretive Anthropology*. New York: Basic Books.）

——．一九九六．『文化の読み方／書き方』森泉弘次（訳）、岩波書店．（原著 Geertz, Clifford. 1988. *Works and Lives: The Anthropologist as Author*. California: Stanford University Press.）

ギルマン、サンダー・L．一九九六．『病気と表象——狂気からエイズに至る病のイメージ』本橋哲也（訳）、ありな書房．（原著 Gilman, Sander L. 1988. *Disease and Representation: Images of Illness from Madness to AIDS*. New York: Cornell University Press.）

クラインマン、アーサーおよびジョーン・クラインマン．二〇一一．「苦しむ人々・衝撃的な映像——現代における苦しみの文化的流用」『他者の苦しみへの責任——ソーシャル・サファリングを知る』アーサー・クライマン他（編）、坂川雅子・池沢夏樹（訳）、みすず書房、1–32.（原著 Kleinman, Arthur, Veena Das, and Margaret M. Lock, eds. 1997. *Social Suffering*. California: University of California Press.）

クリフォード、ジェイムズ．二〇〇三．『文化の窮状——二十世紀の民族誌、文学、芸術』太田好信・慶田勝彦・清水　展・浜本　満・古谷嘉章・星埜守之（訳）、人文書院．（原著 Clifford, James. 1988. *The Predicament of Culture: Twentieth-Century Ethnography, Literature, and Art*. Cambridge, MA: Harvard University Press.）

クリフォード、ジェイムズ．一九九六．「序論——部分的真実」『文化を書く』ジェイムズ・クリフォード、ジョージ・マーカス（編）、春日直樹・和邇悦子・足羽與志子・橋本和也・多和田裕司・西川麦子（訳）、紀伊國屋書店、1–50.（原著 Clifford, James; Marcus, George E, eds. 1986. *Writing Culture: The Poetics and Politics of Ethnography: A School of American Research Advanced Seminar*. Barkeley: University of California Press.）

クリフォード、ジェイムズおよびジョージ・マーカス（編）．一九九六．『文化を書く』春日直樹他（訳）、紀伊國屋書店．（原著 Clifford, James and George E. Marcus, eds. 1986. *Writing Culture: The Poetics and Politics of Ethnography: A School of American Research Advanced Seminar*. Barkeley: University of California Press.）

国際協力銀行．二〇〇一．『貧困プロファイル　タイ王国』国際協力銀行．

小坂啓史．二〇一四．「ケアの場における相互行為を分析するために――エスノメソドロジーの応用可能性に関する考察」『日本福祉大学子ども発達学論集』（6）：21–29.

ゴールマン、ダニエル．一九九六．『ＥＱ――こころの知能指数』土屋京子（訳）、講談社．（原著 Goleman, Daniel. 2006. *Emotional Intelligence: Why It Can Matter More than IQ*. New York: Bantam Books.）

櫻井義秀・佐々木香澄．二〇一二．「タイ上座仏教寺院とＨＩＶ／ＡＩＤＳを生きる人々――プラバートナンプ寺院を事例に」『年報タイ研究』12：21–41.

佐藤　真．一九九七．『日常という名の鏡――ドキュメンタリー映画の界隈』凱風社．

――．二〇〇一ａ．『ドキュメンタリー映画の地平（上）』凱風社．

――．二〇〇一ｂ．『ドキュメンタリー映画の地平（下）』凱風社．

佐藤郁哉．一九九二．『フィールドワーク――書を持って街へ出よう』新曜社．

佐藤知久．二〇〇二ａ．「共通性と共同性――ＨＩＶとともに生きる人々のサポートグループにおける相互支援と当事者性をめぐって〈特集〉危機に瀕した人格」『民族學研究』67（1）：79–98.

――．二〇〇二ｂ．「第10章　ＨＩＶとともに生きる主体――ニューヨーク市ブルックリンにおけるサポートグループの事例から」田辺繁治・松田素二（編）『日常的実践のエスノグラフィ』世界思想社、265–285.

――．二〇〇四．「ＨＩＶと他者性――合州国ブルックリンの事例から」京都大学大学院人間・環境学研究科博士論文．

篠原雅武．二〇〇七．『公共空間の政治理論』人文書院．

――．二〇一一．『全―生活論――転形期の公共空間』以文社．

清水　展．二〇〇三．『噴火のこだま――ピナトゥボ・アエタの被災と新生をめぐる文化・開発・ＮＧＯ』九州大学出版会．

シュッツ、アルフレッド．一九八二．『社会的世界の意味構成――理解社会学入門』佐藤嘉一（訳）、木鐸社．（原著 Schutz, Alfred. 1999. *Der sinnhafte Aufbau der sozialen Welt: Eine Einleitung in die verstehende Soziologie*. Zurich: Suhrkamp Verlag KG.）

——．一九八三『アルフレッド・シュッツ著作集（第一巻）——社会的現実の問題1』渡辺 光・那須 壽・西原和久（訳）、マルジュ社．（原著 Shutz, Alfred. 1973. *Collected Papers I, The Problem of Social Reality*. Martinus Nijhoff, The Hague, Netherlands.）

菅原 祥．二〇一〇．「社会主義体制における現実の表象——ポーランド・ドキュメンタリー映画の検討から」『フォーラム現代社会学』9:113-125.

須藤 護．一九九六．「学術の表現と映像表現——民俗の世界を中心に」『放送教育開発センター研究紀要』13:77-88.

関 泰子．一九九七．「タイのエイズ問題における『家族』と『地域』の役割」『村落社会研究』4（1）:45-56.

想田和弘．二〇一二．『演劇ＶＳ映画』岩波書店．

ソンタグ、スーザン．一九九二．『隠喩としての病い・エイズとしての隠喩』富山太佳夫（訳）、みすず書房．（原著 Sontag, Susan. 1989. *AIDS and Its Metaphors*. New York: Farras, Straus and Giroux.）

田中茂範・深谷昌弘．一九九八．『〈意味づけ〉論の展開——情況編成・コトバ・会話』紀伊國屋書店．

田辺繁治．二〇〇六．「ケアの社会空間——北タイにおけるＨＩＶ陽性者コミュニティ」西井凉子・田辺繁治（編）『社会空間の人類学』世界思想社、372-394.

——．二〇〇八．『ケアのコミュニティ——北タイのエイズ自助グループが切り開くもの』岩波書店．

——．二〇一二．「情動のコミュニティ——北タイ・エイズ自助グループの事例から」平井京之介（編）『実践としてのコミュニティ——移動・国家・運動』京都大学学術出版会、247-272.

田沼幸子．二〇一四．「映像と人類学のあたらしい関係——Anthro-Film Laboratory」『年報カルチュラルスタディーズ』2:166-171.

張 小虹．二〇一一．「身体—都市のフェードイン／アウト——侯孝賢と『珈琲時光』」星野幸代・洪 郁如・薛 化元・黄英哲（編）『台湾映画表象の現在（いま）——可視と不可視のあいだ』あるむ、17-52.

トゥアン、イーフー．一九八八．『空間の経験』山本 浩（訳）、筑摩書房．（原著 Tuan, Yi-Fu. 1977. *Space and Place: The Perspective of Experience*. Minneapolis: University of Minnesota.）

直井里予．二〇一〇．『アンナの道――HIVとともにタイに生きる』岩波書店．

――．二〇一五．「北部タイにおけるHIVをめぐる関係のダイナミクスの映像ドキュメンタリー制作――リアリティ表象における映画作成者の視点」京都大学大学院アジア・アフリカ地域研究研究科博士論文．

――．二〇一七．「北タイ・HIV陽性者の日常における自助グループ活動の展開――ドキュメンタリー映画『いのちを紡ぐ』の制作を伴う考察」『東南アジア研究』54（2）：182-204．

――．二〇一九．「北タイでHIV陽性者とともにケアを考える――映像制作から見えたケアと関係性」速水洋子（編）『東南アジアにおけるケアの潜在力――生のつながりの実践』京都大学学術出版会，29-59．

中井仙丈．二〇一二．「『エイズ未亡人』として生きる――タイ最北部農村におけるHIV陽性者の社会的アイデンティティーと生き残り戦略の光と影」『年報タイ研究』12：1-19．

中村秀之．二〇一〇．「フィクションのリアリティとは何か――小説における言説と幻想」『ソシオロゴス』18：184-204．

西　真如．二〇一〇．「ウイルスと共に生きる社会の倫理――エチオピアのHIV予防運動にみる『自己責任』と『配慮』」『人間環境論集』10（2）：47-61．

西岡恒男．二〇一三．「アラン・レネにおける空間――その記号学的諸相」大阪大学言語社会研究科博士論文．

西山智則．二〇〇四．「エイズ感染の物語に感染しないために――疫病の政治学（2）」『埼玉学園大学紀要人間学部篇』4：77-91．

野崎謙二．二〇〇七．「タイにおける地域格差――人口移動が可能な社会での状況」『Economic Development and Income Disparity in China Proceedings: The 22th Economic Research Center and KITAN International Symposium』Session（Vol. 2）．

濱　雄亮．二〇一二．「『病縁』論に向けての断章（Portfolio 民俗知の世界へ）」『アリーナ＝Arena』14：272-274．

――．二〇一三．「病いをめぐる理念と実践：1型糖尿病を中心に」慶応義塾大学博士論文．

速水洋子．二〇〇九．『差異とつながりの民族誌――北タイ山地カレン社会の民族とジェンダー』世界思想社．

――．二〇一二．「生のつながりへ開かれる親密圏――東南アジアにおけるケアの社会的基盤の動態」速水洋子・西　真

如・木村周平（編）『(講座　生存基盤論3）人間圏の再構築――熱帯社会の潜在力』京都大学学術出版会、121-150.

バーガー、ピーター・Lおよびトーマス・ルックマン．一九七七．『日常世界の構成――アイデンティティと社会の弁証法』山口節郎（訳）、新曜社．（原著 Berger, Peter L. and Thomas Luckmann. 1966. *The Social Construction of Reality: A Treatise in the Sociology of Knowledge*. New York: Doubleday & Company.）

バザン、アンドレ．一九七〇．『映画とは何か〈2〉映像言語の問題』小海永二（訳）、美術出版社．（原著 Bazan, André. 1958. *Qu'est-ce que le Cinima?* 1 *Ontologie et Langage*. Éditions du Cerf.）

バルト、ロラン．二〇〇五．『映像の修辞学』蓮實重彦・杉本紀子（訳）、筑摩書房．

ファーマー、ポール．二〇一一．「トリアージの必要を問う『極度の』苦しみ／人々の『苦しみ』と構造的暴力――底辺から見えるもの」『他者の苦しみへの責任』アーサー・クライマン（編）、坂川雅子・池澤夏樹（訳）、みすず書房、69-102.（原著 Kleinman, Arthur, Veena Das and Margaret M. Lock, eds. 1997. *Social Suffering*. California : University of California Press.）

フォンセカ酒井アルベルト清．二〇〇六．「ケン・プラマーにおけるライフストーリー調査法のメディア研究への応用可能性――初期オーディエンス・エスノグラフィーとの関連性からみた認識論的・方法論的考察」『千葉大学社会文化科学研究』12:191-200.

フレドリック、ジェイムソン．二〇一五．『目に見えるものの署名：ジェイムソン映画論』．椎名美智・武田ちあき・末広幹（訳）、法政大学出版局．（原著 Jameson, Fredric. 1992. *Signatures of the Visible*. Routledge, Champman &Hall, Inc.）

ブルーナー、ジェローム．一九九九．『意味の復権――フォークサイコロジーに向けて――』岡本夏木・仲渡一美・吉村啓子（訳）、ミネルヴァ書房．（原著 Bruner, Jerome. 1990. *Acts of Meaning: Four Lectures on Mind and Culture*. Massachusetts: Harvard University Press.）

藤井仁子．二〇一四．「『ワン・ビン』の業」『収容病棟』（王兵監督）、映画パンフレット、発行元、ムヴィオラ．

分藤大翼．二〇一一．「先住民組織における参加型映像制作の実践：共生の技法としての映像制作」（特集 映像の可能性：文化を記録するとは何か）．『アジア太平洋研究』（36）:21-38.

マクルーハン、M．一九八七『メディア論─人間の拡張の諸相』栗原裕・河本仲聖（訳）、みすず書房、（原著 McLuhan, Marshall. 1964. *Understanding Media: The Extension of Man*. New York McGraw-Hill.）
マクルーハン、M．およびカーペンター、E．二〇〇三『マクルーハン理論──電子メディアの可能性』大前正臣・後藤和彦（訳）、平凡社．（原著 McLuhan, Marshall and Edmund Capenter, eds.1960. *Explorations in Communication*. Toronto: Beacon Press.）
益本仁雄・宇都宮由佳・スィワナーソン・パタニ．二〇〇四．「北タイの農村における家族の役割構造・機能について──社会情報化・市場経済化の進展の影響を中心に」『日本家政学会誌』55（10）：771-784.
松家理恵．二〇一二．「空間の経験としての風景──イーフー・トゥアンから石牟礼道子へ」『国際文化学研究：神戸大学国際文化学部紀要』38：1-21.
松田素二．二〇〇九．『日常人類学宣言！──生活世界の深層へ／から』世界思想社．
松本俊夫．二〇〇五．『映像の発見──アヴァンギャルドとドキュメンタリー』清流出版．
道信良子．二〇〇四．「〈総説〉医療人類学におけるＨＩＶ／ＡＩＤＳ研究」『札幌医科大学保健医療学部紀要』7：1-4.
三井さよ・鈴木智之（編）．二〇一二．『ケアのリアリティ──境界を問いなおす』法政大学出版局．
ミンハ、トリン、T．一九九六．『月が赤く満ちる時──ジェンダー・表象・文化の政治学』小林富久子（訳）、みすず書房．（原著 Minh-ha, Trinh T. 1991. *When the Moon Waxes Red: Representation, Gendera and Cultural Politics*. New York and London：Routedge.）
村尾静二．二〇一〇．「人類と映像のコミュニケーション──映画学・映像人類学における現実表象の捉え方」葉山高等研究センター研究プロジェクト「人間と科学──科学におけるコミュニケーション──」（代表 平田光司）編『科学におけるコミュニケーション 二〇〇九』195-208.
村尾静二・箭内 匡・久保正敏（編）．二〇一四．『映像人類学（シネ・アンスロポロジー）＝Ciné-Anthropology：人類学の新たな実践へ』せりか書房．
メッツ、クリスチャン．二〇〇五．『映画における意味作用に関する試験──映画記号学の基本問題』浅沼圭司（訳）水声社．

（原著 Metz, Christian. 1968. *Essais surla significantion au cinema.* tome I. Paris: Klincksieck.）
メルロ＝ポンティ、モーリス．一九六六．『眼と精神』滝浦静雄・木田 元（訳）、みすず書房．（原著 Maurice Merleau-Ponty. 1953. *Eloge De La Philosophie L'Oeil et L'esprit.* Paris: Gallimard.）
森 美智代．二〇〇三．「弱者の表象に関する一考察――ミンハの表象から考える」『国語教育研究』46:49-58.
森 達也．二〇〇五．『ドキュメンタリーは嘘をつく』草思社．
森田良成．二〇一四．「ビデオカメラとフィールドワーク――ドキュメンタリー『アナ・ボトル』制作の過程から」『年報カルチュラルスタディーズ』2:172-180.
箭内 匡（編）．二〇〇六．『映画的思考の冒険――生・現実・可能性』世界思想社．
箭内 匡．二〇〇八a．「映画が描き出す「現実」とは何か――R・ブレッソンの映画（論）の周辺で」一橋大学「映像と人類学II――映画的経験をめぐって」ワークショップ第3回、二〇〇八年七月一六日．
――．二〇〇八b．「映像と人類学――「表面的なもの」をめぐって」一橋大学「映像と人類学II――映画的経験をめぐって」ワークショップ第4回、二〇〇八年七月二三日．
――．二〇〇八c．「イメージの人類学のための理論的素描――民族誌映像を通じての『科学』と『芸術』〈特集〉芸術と人類学」」『文化人類学』73（2）:180-199.
矢野秀武．二〇〇八．「変容するタイ上座仏教と修行――修行の身体・空間・時間（宗教における行と身体、〈特集〉第六十六回学術大会紀要）」『宗教研究』81（4）:828-848.
山口 元．二〇〇五．「『エル・ニド』における象徴と遊び」『千葉大学人文研究』34:153-172.
山田富秋．一九九七．「エスノメソドロジーの現在」山田富秋・好井裕明（編）『エスノメソドロジーの想像力』せりか書房、72-87.
――．二〇〇〇．『日常性批判――シュッツ・ガーフィンケル・フーコー』せりか書房．
――．二〇〇四（編）．『老いと障害の質的社会学』世界思想社．
山中速人．一九九四．「序 人文・社会科学の研究・教育法における映像の高度利用に関する研究（人文社会科学の教育・研究法における映像の高度利用に関する研究――家族研究の教育・研究における映像利用――)」『研究報告』76:1-2.
好井裕明．一九九九．『批判的エスノメソドロジーの語り――差異の日常を読み解く』新曜社．
――――．二〇〇九．「映画を読み解く社会学の可能性――「日常の政治」のエスノグラフィーへ（〈特集〉「見る」ことと「聞く」ことと「調べる」こと)」『社会学評論』60（1):109-123.
吉村千恵．二〇一一．「ケアの実践と『障害』の揺らぎ：タイ障害者の生活実践におけるケアとコミュニティ形成（特集 研究と実務を架橋する実践的地域研究)」『アジア・アフリカ地域研究』10（2):220-256.
ライアン、マイケルおよびメリッサ・レノス．二〇一四．『Film Analysis――映画分析入門』田畑暁生（訳)、フィルムアート社．（原著 Ryan, Michael and Melissa Lenos. 2012. *An Introduction To Film Analysis: Technique and Meaning in Narrative Film*. New York: The Continuum International Publishing Group Inc.)
ルフェーヴル、アンリ．一九六九．『日常生活批判〈第1〉』奥山秀美・松原雅典（訳)、現代思潮社．（原著 Lufebvre, Henri. 1958. *Critique de la Vie Quotidience, Introduction*（*reedition*). Paris: L'Arche Editeur.)
――――．一九七二．『現代世界における日常生活』森本和夫（訳)、現代思潮社．（原著 Lufebvre, Henri. 1968. *La vie quotidienne dans le monde moderne*. Paris: Gallimard.)

ウェブサイト

Ministry of Public Health: MOPH. 2012a. Thailand Health Profile 2001-2004, http://eng.moph.go.th/index.php/health-situation-trend（二〇一四年六月一〇日最終アクセス).
――――. 2012b. Thailand Health Profile 2005-2007, http://eng.moph.go.th/index.php/health-situation-trend（二〇一四年六月一〇日最終アクセス).
――――. 2012c. Thailand Health Profile 2008-2010, http://eng.moph.go.th/index.php/health-situation-trend（二〇一四年六月一〇日最終アクセス).
National Statistical Office: NSO. 1997. Report of Migration Survey, http://web.nso.go.th/en/（二〇一四年六月一〇日最終アク

セス）.

——. 2000. Key Indicators of Population and Households, Population and Housing Census 1990 and 2000 (Contd), http://web.nso.go.th/census/poph/finalrep/payaofn.pdf（二〇一四年六月一〇日最終アクセス）.

——. 2009. Report of Socio-economic Survey, Various Years, http://web.nso.go.th/en/survey/bts/bts_a_total2009.htm（二〇一四年六月一〇日最終アクセス）

UNAIDS. 2000. HIVand Health-care Reform in Phayao: From Crisis to Opportunity, Joint United Nations Programme on HIV/AIDS Case Study. UNAIDS Best Practices Collection. Geneva: UNAIDS. UNAIDS Statistic, http://www.unaids.org/sites/default/files/media_asset/jc450-phayao_en_1.pdf（二〇一四年六月一〇日最終アクセス）.

——. 2004. Epidemiologicla Fact Sheets on HIV/AIDS and Sexuality Transmitted Infections. UNAIDS/WHO Epidemiological Fact Sheet-2004 Update. Geneva: UNAIDS. http://data.unaids.org/publications/Fact-Sheets01/thailand_en.pdf（二〇一四年六月一〇日最終アクセス）.

——. 2012. Knowing Your Epidemic. 2012 Thailand AIDS Response Progress Report, 2010-2011, http://www.unaids.org/thailand/en/（二〇一四年六月一〇日最終アクセス）.

——. 2014. Thailand Ending Aids, 2014 Thailand AIDS Response Progress Report, 2012-2013, http://www.unaids.org/sites/default/files/country/documents//THA_narrative_report_2014.pdf（二〇一四年六月一〇日最終アクセス）.

World Bank. 2002. World Bank Group Work in Low-Income Countries under Stress: A Task Force Report. World Bank, http://siteresources.worldbank.org/INTLICUS/Resources/388758-1094226297907/Task_Force_Report.pdf（二〇一四年六月一〇日最終アクセス）.

国立感染症研究所エイズ研究センター第一室　二〇一八「薬剤耐性ＨＩＶインフォメーション「薬剤耐性の問題［治療の現状と問題点］」https://www.hiv-resistance.jp/knowledge01.htm（二〇一九年五月二五日最終アクセス）.

抗ＨＩＶ治療ガイドライン．二〇一八．平成二九年度厚生労働行政推進調査事業費補助金（エイズ対策政策研究事業）ＨＩＶ感染症及びその合併症の課題を克服する研究班
https://www.haart-support.jp/guideline/part06_2.htm（二〇一九年五月二五日最終アクセス）．
日本エイズ学会．二〇一八．「ＨＩＶ感染症治療の手引き」
http://www.hivjp.org/guidebook/hiv_22.pdf（二〇一九年五月二五日最終アクセス）．

引用映画作品

呉　耀東．一九九八．『ハイウェイで泳ぐ *Swimming on the Highway*』台湾、製作：呉耀東．

ヴェレナ・パラヴェルおよびルーシャン・キャステーヌ＝テイラー．二〇一二．『リヴァイアサン』アメリカ・フランス・イギリス製作：ハーバード大学感覚民族詩学研究所．

ＮＨＫ．一九九四．「埋もれたエイズ報告〜血液製剤に何が起こっていたか」『ＮＨＫスペシャル』日本、二月六日放送、製作：ＮＨＫ．

小川紳介．一九八二．『ニッポン国　古屋敷村』日本、製作：小川プロダクション．

――――．一九八七．『一〇〇〇年刻みの日時計　牧野村物語』日本、製作：小川プロダクション．

キアロスタミ、A．二〇〇一．『ＡＢＣアフリカ *ABC AFRICA*』イラン、製作：カルミッツ、M、キアロスタミ、A．

是枝裕和．一九九四．『彼のいない8月が』日本、製作：是枝裕和．

佐藤　真．一九九七．『阿賀に生きる』日本、製作：阿賀に生きる製作委員会．

――――．二〇〇三．『まひるのほし』日本、製作：シグロ．

Spottiswoode, Roger. 1993. *And the Band Played on.* アメリカ、製作：Aaron Spelling.

谷岡功一．二〇〇六．『Think once again!』日本、製作：谷岡功一．

Chartrichaloem Yukhon. 1996.『シア・ダーイ（Sia daai 2）*Daughters 2*』タイ、製作：Chartrichaloem Yukhon.

テレビ東京一九九七．『龍平への日記――薬害エイズ・母の闘い』日本、製作：テレビ東京．

Deflev F, Neufert. 2004.『天国の草地——バーン・ゲルダの小さな思い *Heaven's Meadow. The Small Wonders of Baan Gerda*』ドイツ・タイ、製作：GTMA GERMAN THAI MEDIA ASSOCIATION.

直井里予．二〇〇五．『昨日 今日 そして明日へ… *Yesterday Today Tomorrow*』日本・タイ、製作：アジアプレス・インターナショナル、直井里予．

——．二〇〇九．『アンナの道——私からあなたへ…』日本・タイ、製作：アジアプレス・インターナショナル、直井里予．

——．二〇一八．『アンナの道——私からあなたへ…（完全版）』日本・タイ、製作：アジアプレス・インターナショナル、直井里予．

——．二〇一八．『いのちを紡ぐ——北タイ・HIV陽性者の12年』日本・タイ、製作：アジアプレス・インターナショナル、直井里予．

ハラシー、J．二〇〇二．『マーシー／ルクナムの命 *Mercy/med-dah*』タイ・アメリカ、製作：ハラシー、ジャンヌおよびサヨット、ジャムロン．

フラハティ、R．J．（Flaherty, Robert J.）一九二二．『極北のナヌーク』（原題：*Nanook of the North*）、アメリカ、製作：ロバート・J・フラハティ

Friedman, Peter Tom Joslin. 1993. *Silverlake Life: The View From Here*. アメリカ、製作：Zeitgeist Films.

Praunheim, Rosa von. 1990. *Silence = Death*. アメリカ、製作：Rosa Von Praunheim Filmproduktion.

ブンナグ、S．二〇〇九．『クロントイを歩く *Walking Kongtoy*』タイ、製作：Tew Bunnag.

三浦淳子．二〇〇七．『空とコムローイ』日本、製作：三浦淳子．

ミンハ、T．M．一九八二．『ルアッサンブラージュ』アメリカ、製作：ブールディエ、J．P・ミンハ、T．M．

ヤン、ルビーおよびレノン、トーマス・T．二〇〇六．『中国 エイズ孤児の村 *The Blood of Yingzhou District*』アメリカ・中国、製作：Thomas Lennon Films.

ラストークス、M．一九九四．『イーグル・スカウト：ヘンリー・ニコルス物語 *Eagle Scout: The Story of Henry Nicolls*』ア

メリカ、製作：c/o Scout's Honor Production.
リー、リン．二〇〇三．『魂を救う（*Save Our Souls*）』オーストラリア、製作：リー、リン．
ワン・ビン．二〇一三．『収容病棟（原題＝瘋愛）』香港・フランス・日本、製作：Y．プロダクション／ムヴィオラ．

付録

1．映画シークエンス別解説とシナリオ
1―1．『いのちを紡ぐ――北タイ・ＨＩＶ陽性者の12年』
1―2．『アンナの道――私からあなたへ…（完全版）』
2．映画上映におけるディスカッションの記録

◆　◆　◆

1．作品シークエンス別解説

1―1．『いのちを紡ぐ――北タイ・ＨＩＶ陽性者の12年』

（英語タイトル：*Weaving the Web of Life Together Today and for Tomorrow*）

作品概要

撮影・編集・監督・製作　直井里予
日本―タイ／二〇一八／六〇分／タイ語（日本語、英語字幕）／DV／Color
制作総指揮：赤塚順、田中茂範、速水洋子
編集協力：プッサジ ピパット
翻訳・字幕協力：シリポーン ルンルアンタンヤ、高杉美和、吉村千恵、キーラン アレクサンダー
制作協力：京都大学大学院アジア・アフリカ地域研究研究科、京都大学東南アジア地域研究研究所
宣伝協力：チェストパス、糸賀毅、盆子原明美

制作意図

ＨＩＶ陽性者の生きざまとＨＩＶ陽性者を取り巻く人々の関係の変容を一二年間にわたり追いながら、ＨＩＶ陽性者とエイズ孤児、村人たち、病院、ＮＧＯ関係者などの血縁関係を超えた親密な関係と社会の繋がりを描く。

病にかかったとき、家族や大切な人を失ったとき、人はどのような関係の中で立ち上がって生きていけるか。人が生きて行く中で大切なものは何なのか、我々を支えているものは何なのか。経済・政治・文化的な視点を通して考察する。

また、本作品は、北タイの「緩やかで、自律的な人間関係」を表現する際に「蜘蛛の巣」の象徴表現による映像表現の有効性を検証する実験的作品である。

内容

二〇〇〇年一二月世界エイズデー。この日、タイ北部に位置するパヤオ県の国立チュン病院に併設して建てられたエイズデイケアセンター「幸せの家」の新築祝いのセレモニーが盛大に行なわれた。その後、センターでは、さまざまな活動が展開されていく。カウンセリングやケア、家庭訪問などの活動を通して、ＨＩＶ陽性者自助グループも形成され、バンコクでエイズ薬の特許を求めたデモに参加するものや、カウンセリングを自ら行うものも出てきた。

二〇〇二年以降、エイズ薬の浸透により、エイズは必ずしも死ぬ病気ではなくなった。エイズ孤児の寿命が長くなったことで、思春期をむかえる一〇代の子どもたちの精神的ケアなどの新たな問題が出てきた。病院では、看護師によるケアから次第にHIV陽性者自身によるケアが進められていくようになる。そうした変化の中で、DCCでの自助グループの役割、そして看護師の立場も徐々にシフトしていく。経済的な背景も影響を及ぼしながら、DCCの空間が変容していく。

一方、チュン病院のDCCの式典が行われた同じ年に、同県内のプサン郡でも、HIV陽性者自助グループが立ち上がり活動を開始させていた。病院から独立した形で自助グループを形成していったグループは、チュンとは新たな活動を展開していく。彼らは自ら資金を集め、病院には属さない形で活動を続けながら、グループの活動を拡げていった。

HIV陽性者自助グループが立ち上がり活動を開始してから一二年、パヤオの自助グループはそれぞれ、次のステップに向かおうとしていた。終焉と新たな活動展開。この間失ったもの、そして新たに築かれたものとは何だったのか……。病院の管轄下にある自助グループと独立系自助グループとを比較考察しながら、公共空間を成立させていくために必要な条件とは何だったのか考察していく。

構成

1．HIV陽性者の日常生活実践
2．回想シーン（二〇〇〇〜二〇〇三年）
2—1　デイケアセンターにおける関係
—交流の場（HIV陽性者、村人、NGO関係者のサポート）
—瞑想の場（仏教思想）……痛み、不安、悩みと患者はどうむきあっているのか。
—HIV陽性者同士で悩みを相談し合う場。情報交換。
—看護師からカウンセリング、薬の処方箋。
—ラジオ出演
—エイズ孤児との関係（孤児⇕施設⇕病院→孤児⇕看護師の家庭訪問）
2—2　HIV陽性者自助グループの活動展開（政府への抗議デモ、学校啓蒙活動）
2—3　看護師とHIV陽性者、HIV陽性者同士の関係
2—4　村人との関係の変容（二〇〇七〜二〇〇八年）
3．新たな人間関係のありよう（二〇一二〜二〇一三年）
3—1　デイケアセンターでの役割の変容（看護師→HIV陽性者）

3―2　HIV陽性者ネットワークの拡がりと新たなコミュニティの形成

3―3　村人たちとの関係……仕事を一緒にする（仲間を得る）↓経済的な自立

シークエンス別解説：（視点・関係・カメラの動きとシナリオ）

（字幕：▼場面説明とカメラの動き）

1．HIV陽性者たちの日常生活実践

シークエンス1―1　蜘蛛の巣とゴム園

早朝の水田シーン。水滴がついた稲に蜘蛛の巣がはっているシーンにタイトル『いのちを紡ぐ』がフェードイン。水田の奥に山が連なっているのが遠くに見える。そしてその山の麓にゴムの木園がある。タイトルがフェードアウトし、ゴムの木へシーンがうつる。ゴムの木に柔で刻みをつけ、樹液を取り出す作業をする主人公パシィ。真夜中から数千本あるゴムの木に刻みをつける作業を繰り返し続けている。ゴムの木園に朝日が照らされ、白い樹液が露のように映る。静かなゴムの木園に、虫の声が響いている。

視点：映画のテーマをファーストシーンで打ち出すために、蜘蛛の巣の映像を最初に持って来た。さらに、象徴シーンであることを分かりやすくするため、蜘蛛の巣のちょうど真ん中に、タイトル『いのちを紡ぐ』の文字を被せた。早朝六時頃。まだ稲に朝露がかかっている内に撮影。露は時の流れの儚さを象徴させた。そして蜘蛛の巣は、これから映画で描く、人と人、そして自然と人との関係を象徴している。

関係：ゴム園の仕事の合間にゴムの木の前でパシィへのインタビューは、一時間にも及んでいる。すでに多くのエイズ会議やエイズ活動を経験してきているパシィの話はとても流暢である。流暢すぎるくらいで不自然さが出るが、作業の合間のちょっとした立ち話のような感じを演出させるため、ゴムの木の前で立ちながら、手持ちカメラでの撮影でのぞんだ。さらに、映像を被せることにより、会話をなるべく長く引用した。

カメラ：観察型。相互行為的。固定三脚と手持ち。ロングショット、ミディアムショット、クローズアップ。

［シークエンス1―1　字幕］

タイトル入り「いのちを紡ぐ」

▼ゴムの木園

（ゴムの木から樹液を取り出す作業をするパシィ）

シークエンス1―2　HIV陽性者が発信するラジオ局

ラジオ放送でDJを担当するパシィの妻ルチダと娘ジェル。リスナーからのリクエストに答えるルチダ。そしてルチダをサポートする娘のジェル。高校三年のジェルは、NGOから寄付され設置されたPCを巧みに操りDJの母親の横でリクエストの曲をラジオへ流す。

視点：『アンナの道』のラジオ放送との比較シーン。受け手から発信する側にまわっている。

関係：二人と初対面時の撮影であった。作品制作の趣旨は、パシィやNGOスタッフから伝えて貰っているため、説明に時間を費やすことなく、撮影が進む。NGOと親密な関係が作られているため、初対面での撮影にも関わらず、カメラに対して信頼を置いている。

カメラ：観察型。説明的。固定三脚カメラ。ミディアムショット。

［シークエンス1―2　字幕］

▼ラジオ局

字幕：HIV陽性者が発信するラジオ局

（ラジオ放送をするパシィの妻ルチダと娘ジェル）

ルチダ（女性）：では、カウトンヌン村の男性からのリクエストです。村の女性の皆さんに届けたいそうです。

ルチダ：最近涼しくなってきましたので、皆さん、風邪を引かないように気をつけてくださいね。心配していますから。

それでは、二曲続けてお聴きください。

ルチダ（電話）：ほら、曲かけて。

字幕：ルチダ（四二歳）

ジェルを妊娠中にHIV感染が判明し

前夫と離婚後病院でパシィと知り合い再婚した

ルチダ：もしもし。こんにちは。

はい、朝から来てるわよ。今日は娘も来てくれてるのよ。

シークエンス1―3　パシィの家

県道沿いに建っているパシィの家。家の塀に、ゴムをかけて乾かす作業をするパシィ。ゴムには木の影が映っている。家ではルチダが朝食の用意をしている。おかずは鶏肉入りの海鮮スープと豪華である。朝食をとりながらお米が固いだの水が少ないだのと、家族三人での会話が続く。会話のシーンの合間に字幕でジェルの紹介。

視点：白いゴムの樹液を固め伸ばし一度干す。ゴムの作り方をはじめて見た筆者が関心を持ったその作業そのものを編集にも残した。食事は、はじめてパシィの家で朝食を一緒にした時のものである。毎朝こんなに豪華な食事をとってはいないが、エイズにまとわりつく貧しさという固定観念を崩すためにもこの食事シーンを入れた。

関係：ラジオ放送と同様、家での初撮影であったが、スムーズに撮影が進む。NGOスタッフが度々海外からの訪問客を連れてくるためか、接待慣れしている。唯、村の人々は、撮影を物珍しく眺めている。

カメラ：観察型。説明的。固定三脚。ロングショット。

［シークエンス1―3 字幕］

▼パシィの家

（ゴムを乾かすパシィ）

（朝食の用意をするルチダ）

ルチダ：鶏肉入り、海鮮スープよ。うん、できた。

（朝食をとりながらの家族の会話）

字幕：ジェル（一七歳）ルチダの前夫との一人娘

ジェル：お母さん、お米硬いよ。

ルチダ：まだ炊けてないね。

パシィ：炊飯器が壊れているからだよ。

ルチダ：水を足してもう一回炊き直そうか。

パシィ：ダメだよ、母ちゃん。もう一回蒸さないと。

（ＨＩＶ陽性者の来訪）

パシィ：どうぞ、あがってください。ご飯は？

客（男性）：今月はもう金がなくなってしまったよ。収入が全く無くてね……。バンコクから帰ってきてからとにかく忙しくて。用事があって、あちこちまわってばかり。

パシィ：そうだね……。なんでもお金がかかって仕方がないよ。うちの娘も大学に進学したいと言っててね。受験料や交通費がかかって大変だよ。メファルワン大学にも落ちちゃって……。たいした問題じゃないけどね。チェンライ県の大学にも申し込んだけど、二〇〇バーツもかかって。

シークエンス1―4 ゴム園でのPの語り〈動画2〉

朝食後、ゴム園へ戻り、仕事を続けるパシィとルチダ。ゴムを踏む作業を続けるパシィとルチダ。ゴムを伸ばす機械があるが、基本すべて手作業である。仕事の合間にゴムの木の前でパシィへのインタビュー。二人がバイクに乗って家へ戻るシーンに言葉をかぶせる。

視点：日常のワンシーン。ゴム園では夫婦が二人きりで働いているため、ここでは、日常における相互関係というより、仕事の作業を詳細に撮影。そして、夫婦の関係も仕事を通して描いた。

関係：パシィのインタビューは、一時間にも及んでいる。すでに多くのエイズ会議やら活動を経験してきているパシィの話はとても流暢である。筆者の撮った前作も観てもらっているため、どのように自らが描かれるか、言葉や態度にもカメラを意識した態度が見られる。

カメラ：参与型。説明的。ミディアムショット。手持ちカメラ。流暢すぎ不自然さが出るため、作業の合間のちょっとした立ち話しのような感じを演出し、ゴムの木の前で立ちながら、手持ちカメラでの撮影でのぞんだ。さらに、映像を被せることにより、会話をなるべく長く引用した。

［シークエンス1―4　字幕］

▼ゴム園・ゴムを踏む作業

パシィ：何の作業か分かる？（カメラマンに対しての質問）

ルチダ：ちゃんと踏んで伸ばして。

ルチダ：これではちょっと伸ばしづらいんじゃない？

パシィ：でもこの方が薄く伸ばせるよ。

ルチダ：そうかな。ちょっときついと思うけど。

パシィ：大丈夫だって。普段あまり機械の調節をしないからだよ。ほら、できるって。

パシィ：最近色々お金がかかって。この仕事だけでは足りなくて大変だよ。でも今は前よりずっといい。昔は仕事が全くなかったんだ。日雇いすら難しくて。身体の調子がいい人は、県外に出稼ぎに行かなきゃいけなかった。ここに残っても本当に仕事がなかった。でも最近は体の調子がいい時はここで仕事が出来るようになったし、こうやって自分の仕事を持っている人も多いよ。余裕があるとは言えないけど、一応家族を養えるようになったんだ。子供も学校に行かせられるようになったし、なんとか食べていける。少なくとも娘が卒業するまで頑張らないとね。そのために今は毎日仕事に精を出しているよ。それで今は十分幸せ。仕事は疲れるけど、それが普通だよね。ちょっと休めば疲れはとれるし。普通に仕事ができるってことは、幸せだよね。朝から晩までやることはたくさんある。グループの打ち合わせに行って情報を交換したり、その時その時の問題について、話しあったりする。家族のことと社会的活動を両立するのはとても大変で……。大切なのは時間をちゃんと管理することかな。仕事がなかった昔と比べて、今はやることが多くてとても忙しいよ。

（バイクに乗って家へ帰るシーン）

昔は普通の人と一緒に仕事をするなんて考えられな

かった。でも今は村の人たちが理解してくれるようになったよ。それは小さなセミナーとかラジオ番組などによる教育活動のおかげなんだ。

2. 回顧シーン（二〇〇〇～二〇〇八年）

シークエンス1―5　チュン病院でのセンター建立式〈動画9〉

汽車の窓からの北タイの村の風景をフェードイン。シーンをバックに「私が北タイのエイズグループと知り合ったのは、二〇〇〇年八月のこの旅からだった」というテロップ入り。その後すぐに、パヤオ県チュン郡チュン病院のシーンへうつる。一二年前に、北タイではじめてＨＩＶ陽性者らに出会った時の映像である。二〇〇〇年一二月、病院の入口近くにケアセンターが移されることになり、地元の高校生たちのボランティアにより庭づくりが進められていた。大勢の人たちが心待ちにしていたオープニングセレモニーであったが、影でセレモニーの準備に精を出し、ＨＩＶ陽性者を支えていたのは、ＮＧＯで研修中の農業高校の学生たちであった。

視点：ＨＩＶ陽性者の新婚夫婦、アンナとポムのシーンを冒頭シーンにインサートすることにより、映画が二人との出会いからはじまったこと、それからこれまでに流れた一二年間という、目には見えない「時間」をこれから映画の中で展開していくという意味を込めた。ケアセンターの一日を通して、ケアの「場」を観察することで、空間の変容を考察した。そのため、彼らがこの集まり（カウンセリング）に参加する狙いはなんであったか、詳細の説明やインタビューなどはインサートせずに、場の雰囲気だけを流している。この時期の筆者は、どこに視点を合わせるべきか分かっていない。ＮＧＯ活動の記録的な映像に留まっている。

関係：撮影開始当初はＨＩＶ陽性者たちとの距離がとれず、セレモニーを陰で支えていたＮＧＯ関係者やＮＧＯで研修中の地元の農業高校の学生たちの姿を中心に撮っている。編集上、取り入れられなかったが、センターの開設準備作業中、高校生たちはＨＩＶ陽性者たちと一緒に作業をかさね、食事も一緒にとっている。

カメラ：観察型。説明的。ロングショット。三脚固定、手持ち。

ファーストシーンは、バンコクから撮影地へ向かう車窓からの風景を手持ちカメラで撮った映像である。この時点では、まだ「観光者」の視点である。北タイの田園風景を「他者」の視線で撮っている。こちら側とあちら側、境界線として、汽車の中、そして窓越しの風景の距離、また、季節感や空気感を質感で表現した（フレーム内フレーム）。チュン病院のケアセンターのオープニングセレモニーでも同様に手持ちカメラで撮影している。現場をまだ理解できていない状況の中で、自由に動ける態勢をとるためである。また、人物ではなく建物中心に撮影しているため、センターの全景をロングショットで撮影している。

［シークエンス1―5　字幕］

2章　回顧シーン（二〇〇〇年～二〇〇八年）

▼汽車からの風景

字幕：私が北タイのエイズグループと知り合ったのは、二〇〇〇年八月のこの旅からだった。

▼センターの建立式

字幕：パヤオ県チュン郡チュン病院

字幕：地元の高校生たち

字幕：デイケアセンターの新築祝い式典

放送：それでは、今から「健康のための自転車試乗会」を始めます

シークエンス1―6　エイズデイケアセンターの一日

映画のメインの舞台の一つであるチュン病院のデイケアセンターでの会合の一日を描いたシーン。

視点：ケアを「場」を通して観察するため、ケアセンターの一二年間の変容を映像により分析する試みである。彼らがこの会議に参加する狙いはなんであったか。作品ではインタビューをインサートせずに、雰囲気だけを流して説明はしていない。

関係：撮影初期のため、主人公やＨＩＶ陽性者たちメンバーとは距離がある。ケアセンターという親密な空間に、撮影者がまだ馴染めていない。

カメラ：観察型。説明的。固定三脚。ロングショット。

［シークエンス1―6　字幕］

▼病院

（お経と瞑想）

「ナモー　タッサ　パカワトー　アラハトー　サンマーサンプッタッサ」

（訳：私は阿羅漢であり、正自覚者であり、福運に満ちた世尊に敬礼したてまつる。）

（注：タイではよく耳にするこのお経は、仏法僧（三宝）の徳の偈文の礼拝文という。初めに釈迦に対して挨拶をするのだという。この文を三回繰り返し唱えた後、仏陀の九徳、法の六徳、そして僧伽の九徳へと続

く）

＊仏陀の九徳

「イティ ピ ソー パカワー アラハン サンマーサンプットー
ウィッチャーチャラナ サンパンノー スガトー ローカウィトゥー
アヌッタロー プリサ タンマ サーラティー サッター テーワ
マヌッサーナン プットー パカワー ティ
プッタン ジーヴィタ パリヤンタン サラナン ガッチャーミー」

（訳：世尊は

1．阿羅漢（一切の煩悩を滅尽し、神々、人間の尊敬、供養を受けるに値する方です）

2．正自覚者（完全たる悟りを最初に覚って、その悟りへの道を他に教えられる方です）

3．明行具足者（八種の智恵と一五種の行「性格に関する徳」が備わっている方です）

4．善逝（正しく涅槃に到達した／善く修行を完成した／正しく善い言葉を語る方です）

5．世間解（1、宇宙、2、衆生、3、諸行という3つの世界を知り尽くした方です）

6．無上の調御丈夫（人々を指導することにおいては無上の能力を持つ方です）

7．天人師（人間、それより超次元的存在である神々等の一切衆生の唯一の師です）

8．覚者（真理に目覚めた方、仏陀です）

9．世尊（全ての福徳を備えた方です）

（以上の徳が具わっている仏陀に私が生涯帰依致します）

法の6徳

「スワーッカートー パカワター タンモー
サンティッティコー アカーリコー エーヒパッシコー
オーパナイコー パッチャッタン ウェーディタッポー
ヴィンニューヒーティ
タンマン・チーウィタ パリヤンタン サラナン ガッチャーミ」

（訳：世尊が説かれた法は

1．善く、正しく、教えられました。（意：正法は教理、実践方法、論理、言語の上だけではなく修行の結果に於いても完全であります）

2．実証できる、何時でも、誰にでも体験することができるものです。

3．普遍性があり、永遠たる教えです。（真理そのものですので、時と場合によって訂正するべきものではありません。また、即座に結果が得られる教えでもあり

ます）

4.「来れ見よ」と言える教えです。（「どなたでも確かめて、試して見て下さい」と言える確かな教えです）

5.涅槃へ実践者を確実に導く。

6.賢者によって各自で悟られるべき真理（解脱）。

（以上の徳が具わっている）法に私は生涯帰依いたします。

僧伽の9徳

「ス パティパンノー パカワトー サーワカサンコー

ウジュ パティパンノー パカワトー サーワカサンコー

ニャーヤ パティパンノー パカワトー サーワカサンコー

サーミーチ パティパンノー パカワトー サーワカサンコー

ヤティタン チャッターリ プリサ ユガーニ アッタプリサ

プッガラー エーサ パカワトー サーワカサンコー

アーフネッヨー パーフネッヨー ダッキネッヨー アンチャリ

カラニーヨー アヌッタラン プンニャッケッタン ローカッサー ティ

サンカン チーウィタ パリヤンタン サラナン ガッチャーミ」

（訳：世尊の弟子たる僧（僧団）は、

1.正しい道を実践するものであり、

2.真直ぐの道（涅槃への直道）を歩むものであり、

3.涅槃を目指して修行するものであり、

4.尊敬に値する道を実践するものであります。これらは四双八輩という八類に属する（聖者の位を得た）世尊の弟子達を指す。

5.これらの仏弟子僧団は遠くから持ってくるものも受けるに値する。

6.来客として接待を受けるに値する、

7.徳を積むために供えるものも受けるに値する。

8.礼拝を受けるに値する。

9.世の無上の福田である。

（以上の徳が具わっている）僧伽に私は生涯帰依いたします。（日本語訳：テーラワーダ仏教協会サイト：http://www.j-theravada.net/sutta/sanga-9toku.html からの引用参照。一部タイ語発音へ変更あり。最終アクセス二〇一三年八月一日）

（自己紹介）

オイ：こんにちは。オイです。チュン村から来ました。

アンナ：こんにちは。アンナです。ファイカウカム村から来ました。

ポム：こんにちは。ポムといいます。ファイカウカム村から来ました。

女性：独身ですか？（笑）

字幕：医療当局が定期的に健康診断や日常生活の指導をしている。

（レクチャー、情報交換）

看護師：脳膜炎の原因のほとんどが真菌です。結核も原因の一つです。原因が真菌なのか結核なのかを知るために腰椎穿刺をします。そうすることで適切な薬を使うことが出来ます。

アンナ：原因が結核の場合、抗真菌薬を使わなくていいですか？

看護師：その通りです。真菌が原因である場合にしか抗真菌剤は使いません。結核が原因の場合は結核の薬を飲まないと。その場合、肺結核と同じ療法になります。とにかく大切なことは、自分の体にいつも気を配ることです。どこか変わった所がないかどうか常にチェックしてください。しこり（肉腫）がどこかに出来てないかどうか。肺結核ではない場合もあります。

シークエンス1―7 ラジオ局でのアンナの語り〈動画1〉

パヤオ県全域で流されるラジオ番組でのアンナの出演シーン。

視点：はじめて公共の場で、HIV感染をカミングアウトするアンナ。本名でパヤオ県全域に流れるラジオ放送を通して、自らのHIV感染の経緯、そして今の心境などを語るシーンから、アンナが公共の場へ一歩踏み出し、そして自分の経験を再帰的に振り返りながら理論的に語る姿（変容）を表現した。アンナの娘ジップは母の感染は知っているが、母から直接の過去の体験話（実父との関係など）を聞いたことがなかった。DCCでメンバーらと一緒にラジオを聞いていたジップの撮影も考えたが、DJの質問に論理的に答えていくアンナの理性的な姿を伝えることを選んだ。

関係：アンナのラジオ出演は、看護師の指名であった。映画の物語がつくられはじめていく時期。そして、アンナのラジオでのトークを撮影後、アンナ中心の密着撮影にシフトした。そして、この撮影以降、カメラがアンナと共に公共の場を自由に移動していくようになる。

カメラ：観察型。説明的。三脚固定。ミディアムショット。

［シークエンス1―7 字幕］

▼ラジオ放送に出演するアンナ

（ラジオブースの中にいるアンナ）

ラジオ：これからは「市民はどう考えるか？」のコーナーです。どうぞお聞き下さい。
ＤＪ：これからＨＩＶ陽性／エイズ患者代表の、アンナさんを紹介します。
今日は、標準語と北タイ語の、両方使ってこの番組を放送しています。
ＤＪ：いつＨＩＶに感染しましたか？
アンナ：一九九五年です。
ＤＪ：どうして感染したのですか？
アンナ：亡くなった夫から感染しました。
ＤＪ：ご主人から感染したことがどうして分かったのですか？
アンナ：夫の具合が悪くなり、病院に行きました。その時、医者に告げられました。
ＤＪ：その時、どんな気持ちでしたか？
アンナ：とても哀しかったです。私は普通の専業主婦でしたから。外に遊びにも、仕事にも行かないのに。
ＤＪ：自分の夫からの感染は、ショックですよね。哀しいですね。
アンナ：家にずっと閉じこもっていました。でも、センターにいくようになり、精神的に立ち直っていきました。友達ができ、お互いに励ましあえたのです。
ＤＪ：今は社会からどのように、受け入れられていますか？
アンナ：昔と比べると、とてもよくなりました。昔はすごく嫌がられましたが、今は社会から受け入れられるようになりました。屋台を出すことも、出来るようになりました。焼きとりなどを売っています。お客も大勢います。村の活動にも参加しています。
ＤＪ：よかったですね。お祭りなどにも、参加しているのですね。
昔と違って今は村の中で、受け入れられているのですね。
ＤＪ：九四、九五年ごろは、皆怖がっていましたね。でも今はＨＩＶ陽性者やエイズ患者のことを、皆よく理解し、同情しているのですね。エイズになりたいと思う人はいないはずです。先程アンナさんは、センターで友達が出き、励ましあえたと言いましたが、どんな活動をしていますか？
アンナ：毎週木曜日活動があります。登録をすませ、瞑想をし、その後、お医者さんから、色々アドバイスを受けます。
病気になった時の処置などいろいろな助言を聞きます。
メンバー同士、自分の症状を伝えあい、情報交換します。一緒に昼食を料理し食べて、それから薬を貰って帰ります。
ＤＪ：センターに通いはじめて、自分自身の変化は何かありましたか？

アンナ：はい。成長したと思います。自己管理の仕方を学び、精神的に強くなりました。
DJ：そうですね。一人でいると、考えすぎてしまいますが、友達と一緒にいると、自分のことを心配してくれる人がいることに気づくのですね。

シークエンス1―8　エイズ薬の問題

隣郡のチェンカム病院。少年が医師に診断を受けている。診断後、家族が医師に薬の説明を受ける。少年はこの後、抗レトロウィルス剤を飲み始めるも身体にあわずに投薬を断念する。医師が一人ひとりに対応する時間も限られ、試行錯誤しながらの時期であった。そんな中で、カウンセリングが行われていた。

視点：抗HIV薬の投薬に関しては、患者が受け身的ではなく、自主的に知識を得ようとしはじめている。個人個人がこのような意識を持ち始め、医師や看護師たちとの親密な関係を築きはじめている。この姿勢が、次のシーンの政治的要求運動（デモ）へと繋がっている。

関係：少年の家族とは、すでに二年間、撮影を続けてきていたため、カメラの前で少年をはじめ、自然体で会話が進められている。医師とは、まだ会って数回であったが、医師と患者たちの間に親密な関係が構築されていたため、撮影もスムーズに行われた。

カメラ：観察型。説明的。固定カメラ。ミディアムショット中心。

［シークエンス1―8　字幕］

▼チェンカム病院
（医者から薬の説明を受けるボーイの家族）
字幕：ボーイ（九歳）
医者：どこか痛い所ありますか？　ちょっと押してみるわよ。
アチュン（父）：痛い？　痛かったらお医者さんに言って。
ボーイ：ここ痛い。
医者：ここ押したら痛い？
ボーイ：（首を振る）
医者：ここが痛いの？
医者：はい、服を着て。よく出来ました。ちょっと立ってね。
アチュン：CD4の数字が上がれば問題ないですよね。
スパニ（母）：この薬をずっと飲み続けるのですか？代わりの薬はないのですか？
アチュン：よくなれば、薬を代える必要はないのですよね。

医者：今、抗HIV薬は何種類かありますが、ほとんどがものすごく高いです。子供の薬は安く購入して無料で配布しています。でも種類があまり無いのです。もしこの薬が合えば変える必要はないのですが……。でももし合わなければ、投薬療法を変えなくてはなりません。
ア：最初からやり直しということですか……。
医者：そうです。いろいろな方法がありますけれど……。
字幕：その後、ボーイは薬が合わず投薬を諦めた。ボーイのように薬があわずに亡くなる子どもたちが増えていった。

シークエンス1―9　政府への抗議デモ（NGOのリーダーと大臣の語り）〈動画4〉

二〇〇一年一一月バンコクで政府への抗レトロウィルス薬の治療薬代の改善運動や、（三〇バーツ制度への）抗議デモが行われた。黄色のシャツを着てプラカードを持つHIV陽性者たち。保健省へとむかいながら、デモのリーダーが車の上に乗り、マイクを片手に訴える。自助グループたちが、NGOなどと一体となって、政府への抗議活動を展開していった。パヤオからも、多くの患者がバンコクにむかった。交通費などはNGOから支給されていた。なお、当時の厚生省の大臣は、タクシン派であるが、当時は黄色のシャツを着ている。デモをしている人々もみな黄色のシャツを来ている。個々人の自主性が結集しデモへと繋がっていく瞬間である。

視点：リーダーたちに煽動されてはじまるデモが多い中、この時のデモは、一人ひとりの意志が集結しておこったものであった。主に主婦や女性などにインタビューを重ね、子どもをもつ親などの表情に焦点をあてた。

関係：このデモで、偶然DCCの自助グループのメンバーたちに出会う。病院以外の公的スペースで、はじめての撮影でもあった。その後、バンコクからチュンへ戻り、グループのメンバーたちとの関係が築きあげられていった。そういう意味で、この撮影は、撮影対象者たちと関係を築く中での、一つの転換点でもあった。

カメラ：観察型。説明的。固定三脚。ロングショットの長回し。

［シークエンス1―9　字幕］

▼政府への抗議デモ（バンコク）

字幕：二〇〇一年一一月　バンコク　政府への抗議デモ

リーダー（男性）：政府は政権を握った当初、皆保健（三〇バーツ政策）は全ての病気をカバーすると公約しました。貧しい我々の生活を保障するとてもよい政策だと思いました。でも今になって、抗ＨＩＶ薬は高額だという理由から、三〇バーツ政策ではカバーできないと言い出したのです。だから我々は今、国民みんなのために闘っているのです。薬が高いのは、権力を持つ一部の国が握る特許権のせいです。今、世界中でこのようなデモが行われています。われわれも一緒に闘っているのです。今日、薬の値段はなんとか安くなりました。

皆さん、今日我々がここへ来たのは政府に提案をするためです。我々の提案は決して難しいものではありません。直接影響を受けているのは私たちです。当時者の声を政策に反映させてほしいのです。我々も参加できる委員会を設置して貰いたいのです。抗ＨＩＶ薬を三〇バーツ政策に含めて欲しいのです。抗ＨＩＶ薬を購入するために、五〇億バーツの予算を立てることを提案したいのです。

リーダー（女性）：この予算は、防衛費の飛行機たった一機分の値段です。このたった一機の飛行機分の予算で全国一〇万以上の国民の命を救えるのです。ＨＩＶ陽性者全員が薬を飲まないとダメというわけではないのです。医学的には、ＣＤ４（免疫体）の値が２５０以下になると薬を飲みはじめなければなりません。

字幕：スダラット厚生大臣

リーダー：薬をください！　薬をください！ありがとうございます。

リーダー：これは貧しい我々のマイクです。音が悪くてすみませんが、どうぞお話し下さい。

スダラット：皆さん、今日は感染症予防局長及びタイ製薬公団（ＧＰＯ）と共にここへ来ました。

スダラット：抗ＨＩＶ薬の値段を下げるよう、私たちも努力してきました。もう少しだけ時間を頂けますか？　以前、皆さんにＧＰＯによる抗ＨＩＶ薬の自国生産計画があることを報告しました。実現すれば、外国から輸入するより薬の値段が劇的に安くなります。我々はずっとＧＰＯによる多大なる協力のもとに努力をしてきました。

スダラット：三〇バーツ政策はタイの健康制度全体を改革するものです。国民皆の健康を改善させることができるのです。

シークエンス１—10　看護師によるカウンセリング

ケアセンターに場面が戻る。民衆が政治を動かし、二〇〇二年、ＧＰＯによる抗ＨＩＶ薬自国生産が始まり、全エイズ患者への投与がはじまった後、病院での看護師の講義とカウンセリングが頻繁に行われるようになる。

視点：保健医療制度（三〇バーツ制度）がはじまり、ケアセンターの雰囲気が変わっていく様子を描く。カウンセリングの内容も薬に関してのものが増えていく。
関係：ポムのカウンセリングに、はじめてカメラが入る。プライベートな内容ではないが、アンナの前では見せないポムのアンナへの感情が表情から感じられる。
カメラ：観察的→参与的へ変化。手持ち。クローズアップ。

［シークエンス1—10 字幕］

▼病院（Nとケサラ看護師）
病院（HIV孤児と診断）
字幕：N（五歳）
ケサラ：はい、息を吸って。こうやってみて。出来る？
N：（首を横に振る）
ケサラ：できないの？
ケサラ：薬は二サジ飲んでね。忘れないでね。
孤児（N）：（首を縦に振る）
ケサラ：大丈夫だよね、忘れないでね。おじちゃんにちゃんと薬を飲ませて貰っている？　何の薬を飲ませて貰っているの？　薬かな？　それともお菓子かな？

▼ケアセンターでの薬に関する講義
字幕：二〇〇二年、GPOによる抗HIV薬自国生産が始まった。全エイズ患者への投与の試みがはじまった。
看護師：HIVが身体の中に入ると免疫体の数が減ります。五〇〇から四〇〇、三〇〇、二〇〇、一〇〇それから〇になります。免疫体（CD4）の数が〇になってしまうと危険です。具合が悪くなり死んでしまいます。この抗HIV薬は悪いウィルスの数を減らすものです。そして身体を守る兵隊さんを増やすものです。薬を飲むとゼロから少しずつ通常のレベルまで増えていきます。六〇〇ぐらいまでいくと健常者と同じぐらいですごく元気です。そこまでいかなくても二五〇をこえると、体調がよくなります。でも、抗HIV薬は一度飲み始めたら一生飲み続けなければなりません。やめてしまうとCD4、いわゆる兵隊の数が、再び減ってしまいます。私たちが毎日飲んでいるこの白い薬はウィルスの数を減らすものではありません。だから今飲んでる薬と抗HIV薬は違うものです。効き目も違います。

▼ポムにカウンセリングする看護師
看護師：前回と同じCD4の数値ですね。
ポム：仕事に夢中になると薬を飲むのを忘れてしまう

かもしれません。飲み忘れが続くと不安になってストレスが溜りそうですね。でもそろそろ飲みはじめるべきだとアンナとも話しました。

ケサラ：アンナさんも心配していましたよ。もしちゃんと飲めたら、彼女も安心するでしょうね。同じ心配をしている人たちもたくさんいます。薬をビニール袋に小分けにしておくなど、薬の飲み方は色々工夫しながらやっていきましょう。

ポム：はい

シークエンス1—11 家族への影響〜NGO活動

看護師のカウンセリング後、投薬を決心したポム。すでに投薬中のアンナにサポートして貰いながら、投薬をはじめる。湖で水遊びするシーンの後、エアロビクス、病院でのエイズ孤児のための人形劇のシーンへとうつる。人形劇をみている子どもたちの中には、『アンナの道』に出演した子どもたちも含まれている。

視点：政府の制度が整いはじめるのと同時に、村の中での公共的な空間が徐々に形成されはじめていく。健康促進運動のための公園などが作られ、出会いの場が増えていく。

関係：カメラが観察的なものから参与的な視点へと変化すると同時に、撮影者と被撮影者の距離が縮まる。撮影場所が、より公共的な空間へ、そしてより親密な空間へと変化した時期である。

カメラ：参与型。相互行為的。手持ち・固定カメラ。ロングショットとクローズアップ。

［**シークエンス1—11 字幕**］

▼アンナ家でのアンナとポムの会話

アンナ：水を一緒に飲まないと。

ポム：三錠と……。

ポム：薬をちゃんとしまわないと。

アンナ：薬を飲んだ後の記入も忘れずにね。

ポム：飲む前にもう済ませたよ。薬飲む前に記録を済ませておいた。

アンナ：八時に？

アンナ：薬を飲んでから記入しなくちゃダメよ。後で分からなくなるもの。

▼湖で水遊びする

アンナ：ジップ、気をつけなさいよ！

ケサラ：ジップは泳げないでしょ？

アンナ：そうよ。ジップは泳げないわ。

ジップ：少しは泳げるもん。

▼チュン郡、エアロビクス
字幕：政府はその後、抗ＨＩＶ薬の給付だけでなく生活全般における健康増進活動をはじめた。

▼病院（孤児の心のケア）
字幕：諸ＮＧＯの活動も活発になった。（ＮＧＯによる子どもの心のケア）
子供１：こんにちは、先生。
ＮＧＯスタッフ：こんにちは。今日先生は健康な身体のつくり方を皆に教えますね。誰か分かる人いますか。
子供１：はい！　わたし分かります。よく運動をすることです。

ＮＧＯスタッフ（女性）：身体の調子がおかしいと感じたらお医者さんの所へ行ってくださいね。指の爪はいつもちゃんと切りましょうね。ライムの皮で拭けば汚れが取れてきれいになりますよ。では、今日はこれで帰りますね。又会いましょう。バイバーイ。

シークエンス１―12　孤児Ｎをケアするアンナ

アンナが病院で診断を受けた孤児のＮをバイクに乗せてＮの家へむかう。『アンナの道』でのエイズ孤児施設でアンナが世話をしていた子どもの一人、Ｎ。当時三歳だったＮは九歳になり、小学校に通うようになっていた。Ｎは幼い頃にエイズで両親を亡くし、母方の祖父と暮らしている。

視点：Ｎが小学校に入学したこと、そしてこの場所で生活を営んでいることを表現するため、小学校の制服の洗濯物が干してあるシーンをまずインサートした。アンナとＮの会話の内容は、新学期がはじまる前に新しい鞄をねだる、というものであるが、『アンナの道』の、アンナとジップの間で、ジップが鞄をねだるシーンと内容が重なるように、意図的にこの会話のシーンを選んだ。ＨＩＶに感染しているＮに対する表情と娘に対する表情。アンナが「母」として見せる多用な表情を映像で表現した。

関係：親密的な視点と親密的な空間での撮影ができる関係がこの時点で築きあげられた。カメラは、観察から参与へと変化している。

カメラ：参加型。相互作用的。クローズアップ。手持ち。

［シークエンス１―12　字幕］
▼孤児（Ｎ）の家庭訪問へ行くアンナ
字幕：Ｎは両親をエイズで亡くし、祖父と一緒に暮らしている。

Nの祖父：新しい登録証、作らなかったの？
アンナ：作っていません。予約カードだけです。病院登録証持っていますか？
Nの祖父：N、持っているかい？
アンナ：そのカードがあれば緊急治療室の予約ができるからね。
アンナ：熱ある？ 痛い？
アンナ：熱があったり風邪の症状の時は、この薬を飲ませて下さい。
これは、風邪薬だから一緒に飲んで。
鼻をすすっている時はこの薬も一緒に飲ませてくださいね。
ちゃんと飲ませないとあぶないから。
アンナ：薬は二種類あります。全部なくなるまで飲み続けてください。特に抗生剤は大切です。ちゃんと飲ませてくださいね。
祖父：わかったよ、飲ませるよ。
アンナ：Nは「お父さんのお金を隠しておかなくちゃ」って言ってますよ。そうしないと、全部お酒に費やしてしまうからって。
祖父：もうお酒は飲んでないよ。かなり前から止めてるんだ。
アンナ：Nは学校へ行くために、お小遣いを貯めているんですよ。学校に行くときのお小遣いはいくらもたせてますか？
祖父：一〇バーツだけだよ。
N：本いっぱい買ったよ。とっても重いんだから。だから先生に鞄を買うように言われたの。今日は土曜日だから、週末市場へ行かないと。
アンナ：これ使っていいわよ。お母さんも昔は洗剤箱を使ってたのよ。
N：嫌よ。先生は鞄に本を入れて持ってくるように言ってるのに。鞄がないんだもん。
アンナ：大きいのがいいの？ それとも小さいの？
N：大きいの。だって、こんなにいっぱい本があるんだもん。
アンナ：N、お母さんはもう行くね。
N：うん。
アンナ：又来るからね。
N：うん。

シークエンス1―13 看護師の離任式

ケアセンター設立当時から勤務していた看護師の離任式での一場面。村の様子が変わる中、デイケアセンターも変化しはじめる。離任式で、看護師は、これまで何度か他の病院へ転勤の話をもらっていた。しかし、DCCのHIV陽性者たちとの時間を選んだのは、何よりもそれが自分の幸せだったからだとメンバーたちに語りかけた。メンバーたちは、「看護師がいるだけで心が落ち着いた」「看護師がいなかったら、私は今まで生き延びてこられなかった」「看護師の励ましのお蔭で頑張る気力が生まれた」と、離任式中、涙を流しながら看護師に語りかけていた。こうした離任式での看護師やメンバーたちの語りからも、ＤＣＣメンバーとの間に強い信頼で結ばれた親密な関係が築きあげられたことがわかる。

視点：筆者自身も看護師と過ごした時間が長かったこともあり、感情的になって撮影してしまったシーン。映画に使用するためには撮っていない。看護師の父親にプレゼントするつもりで撮ったプライベート的な映像である。しかし、編集の際に、映像をインサートすることを決断。唯、情緒的になりすぎないよう、短めにカットをした。そしてアップのシーンをできるだけとり除いた。

関係：友達としての関係、親密な視点。

カメラ：参与型。相互作用的。手持ち。クローズアップ。

［シークエンス1―13　字幕］

▼チュン病院　送別会

字幕：メンバーが頼りにしていたチュン病院のエイズ担当の看護師ケサラさんが、離任の日を迎えた

ケサラ看護師：いろいろお世話になったわね。ありがとう。

私は行くけど 健康に気をつけてね。

何かあったら 電話して。ご飯もちゃんと食べて……。

辛いことがあってもあきらめないで。わたしがいつも側にいることを忘れないで。

ケサラ：実は二―三年前に転勤の話があったけど断りました。みんなのことが心配だったから。何度か転勤の機会があったのだけど、結局ここにいるのが幸せだと気づいて手続きを取り止めにしました。ここが好きだから残ることに決めました。みんなが好きだから。私のところに相談に来てくれるのがうれしかった。

女性：心の支えだった……。

ケサラ：家族の面倒を見る感じがとてもうれしかったの。だからあれからここにずっといたの。

3. 新たな人間関係のありよう（二〇一二〜二〇一三年）

シークエンス1―14　ＨＩＶ陽性者によるケアの展開

五年後の二〇一二年。家のシーンを映しながら、料理の

音をインサート。朝食準備をする母とアイロンがけをするアンナの娘ジップ。市場での卵売りから戻ったばかりのアンナは、朝食もとらずに急いでバイクで病院へむかう。DCCはリフォームされ、建物内の配置が一新した。撮影の転換期の中、ベテラン看護師が離任式を迎え退職することにより、その後のアンナの存在が絶対的なものとなる。アンナは、有給スタッフとして、センターで働くようになっていた。HIV陽性者のカルテ作成や、投薬に関するアドバイス、看護師と患者たちとのコミュニケーターとしての役割も果たすようになる。

視点：DCCの配置の変化は、DCCをすっかり様変わりさせた。関係の変容は、人と人との関係以外にも、こうした空間からも生じ、現れる。その中で、アンナの行動が一際目立っていた。自主性が増すと同時に、患者や看護師たちから信頼を受けることで、責任感というものが付随してきていた。

関係：新任の看護師や医師がDCCへ赴任してきたため、一から関係作りをしなければならなかったが、アンナや古い看護師やスタッフたちが、映画制作や前作の上映の様子などを事前に説明していてくれたため、DCCの撮影がスムーズに再開できた。しかし、医師たちの表情はカメラ視線に慣れていないため、撮影まもないこの頃は、ぎこちないものであった。センターには、新しい患者たちもいたため、撮影前には、患者全員に撮影の趣旨と意図、そして承諾を看護師やアンナらスタッフを通じて行った。

カメラ：観察型。説明的。固定三脚。ロングショット。

シークエンス1―15　家庭訪問ケア

病院を出るシーンから、アンナと看護師がペアになって、ホームケアで村を廻るシーンへ。あるエイズ患者の家族の家への訪問のシーン。アンナが看護師をリードしていく形で、家庭訪問ケアが進められていく。

視点：ケアセンターでの雰囲気とは一変し、タイの農村風景をインサートしながら、村の中での訪問ケアがどのようにされながら、主人公アンナと看護師と患者たちとの関係が築かれているのかを描いた。ここでは、関係を描くことがメインであったため、各家庭訪問でのカウンセリングの内容や、各家庭の抱えている問題点などは、映像からカットした。

関係：看護師が変わったため、撮影者と新しい看護師との関係の構築の期間。アンナが映画制作の理由やこれまでの上映による撮影者の活動を、すべて看護師や医者に説明してくれ、関係を構築していった。

カメラ：観察的。説明的。手持ちカメラ。ミディアムショット。

【シークエンス1―15 字幕】

▼HIV陽性者の家庭訪問

（道～家へ向かう車の中）

（家庭訪問するHIV陽性者アンナと看護師）

アンナ：こんちにわ、おばあちゃん。今日も又来ましたよ。

看護師：ちょっと顔を出しにきました。

アンナ：プワンおばあちゃん、元気にしていますか？

プワン：畑が乾ききってしまってね。向こうから水をポンプで送水しないと。ところで、どこへ行ってきたの？

看護師：ベアウさんとトンさんの家よ。

アンナ：お医者さんの診断はどうでしたか？

プワン：来月又来るように言われたわ。

アンナ：娘さんの体調はよいですよ。CD4も上がっています。

（プワンおばあちゃんの血圧測定）

アンナ：プワンおばあちゃん、今日は一六〇ですね。

プワン：薬飲んでるからね。

アンナ：いつもはどうなの？

プワン：安定してないわ。上がったり下がったり。

アンナ：おじいちゃんも血圧測ってみる？

アンナ：おじいちゃんは薬飲んでないわよね？

プワン：おじいちゃんも薬飲んでるよ。

看護師：おじいちゃんは薬飲んでるでしょ？

プワン：飲んでるよ。

プワン：ええ、S30を飲んでるよ。

看護師：薬に問題がないか、今度お医者さんに聞いてみるわ。

シークエンス1―16 ボランティアスタッフRの語り

再びデイケアセンターにシーンが戻る。デイケアセンターのシーンを画面に出しながら、デイケアセンターの変化の様子にもう一人のスタッフ、Rが語る声を上からかぶせる。病院での仕事を終えたRとアンナは向き合って座り語りあっている。時折、撮影者にも語りかけるR。

視点：Rのプライベートのインタビューをとるために、セッティングしたシーン。話は彼女の生い立ちからHIVに感染するまでの経緯など一時間近く及ぶ。そして話の終盤にデイケアセンターの話に入る。この間、撮影者は一切質問していない。Rの一人語りであった。カメラはその間ずっとRに向けたままである。時折涙を流しながらの語りであった。しかし、あえて声だけをインサートした。そして象徴表現として、雨のシーンと雨の音をインサートした。情緒に流れないようにしたのは、映画のテーマを一貫させるためでもある。さらに、「悲劇のＨＩＶ」というテーマに戻ってしまわないように心掛けた。ＨＩＶに感染し、彼らの人生がどのように変化したのかは第二部にまわし、第一部では、関係の構築にテーマを絞った。

関係：Ｒとは、アンナ同様、一二年にもわたる長い付き合いであったが、このような形でインタビューをし、語りを聞いたのははじめてことであった。

カメラ：参与観察的。相互作用的。三脚による固定カメラ。ミディアムショット。

［シークエンス１―16　字幕］

▼デイケアセンター（センターのスタッフ、ＨＩＶ陽性者Ｒのインタビュー）

Ｒ：昔は何人か一緒に仕事をしてたわ。でも今は皆、自分の生活が忙しくて。ボランティア精神がなくなってしまったのかな。

病院の仕事をやめて他の仕事を探しに行ってしまったわ。今はアンナと私しか残ってないの。でも私はずっと仕事を続けたいわ。例え無給だとしても続けるわ。娘が大学を卒業したら経済的負担が無くなるし。ずっと活動を続けたいわ。

娘が大学を卒業することをとても誇りに思うわ。でも心配ごとは減らないの。就職する時に健康診断があるかもしれないし、何か差別されるかもしれない。仕事をすることをずっと夢見て、一生懸命勉強してきたのに。いざ卒業するとなると、社会に出た時のことがとても心配で……。

シークエンス１―17　自助グループ活動の拡がりと深まり
～社会の中心へと

　場面はバンコクへ切りかわる。二〇〇一年の抗ＨＩＶ薬請求デモから一二年後のバンコクはすっかり様子を変えた。新築されたばかりの百貨店、スターバックスやマクドナルド、外国のブランド店などバンコクの繁華街の街並には、ショッピングや食事を楽しむ人々があらわれはじめた。バンコクの街並などにみるタイの経済発展の様子から、地方と都市との経済格差は依然残るものの、地方のＨＩＶ陽性者らも、経済的に余裕を持ちはじめていることが分かる。

　二〇一三年、そんなバンコクの街中で、「ＨＩＶ／エイズ患者の権利擁護及び権利促進に関する全国会議」が開催され、エイズ患者をとりまく現状と権利の擁護及び促進に関する議論が行われた。

視点：ＨＩＶ陽性者たちが、共同性を形成し、政府を動かすようにまでなる過程を描くと同時に、バンコクの街並からタイの経済発展の様子を表現した。地方と都市との経済格差の問題を指摘するのではなく、経済発展により、経済的に余裕を持ち始めた地方の患者たちも自立し立ち上がりはじめた、ということを強調するためのインサートである。エイズの社会的な告発モノではなく、経済と民主化という普遍的なテーマに迫る試みである。一二年前のデモの時と、ＮＧＯのリーダーが重なっているが、ＨＩＶ陽性者自身も、ＮＧＯのリーダーとともに、組織を運営していくようになる。そして、その活動は、ＨＩＶ陽性者やエイズ患者のみならず、医師や知識人、政治家なども巻き込みながら、続けられていた。

関係：北タイで会うパシィとは又違った印象を受けたバンコクでの撮影であった。普段発言の多いパシィであるが、この会議では、聞き手にまわっている。このように、場が変わると関係も変化する。

カメラ：観察型。説明的。三脚固定。ロングショット。

［シークエンス1―17　字幕］

▼バンコクでの会議

字幕：バンコク

字幕：プリンストン・パーク・スイートホテル

字幕：「ＨＩＶ／エイズ患者の権利擁護及び権利促進に関する全国会議」、

パシィ：こんにちは。プラシット・ラッタブンといいます。パヤオ県のエイズ患者ネットワークから来ました。パヤオ県を訪れる機会がありましたら一〇七・五のラジオ番組にチャンネルを合わせてください。僕の声が聞こえてきますよ。

女性：このセッションではエイズ患者をとりまく現状と権利の擁護及び促進、そしてこれからの方向性に関する議論をします。これから三―五年先の活動について、どうあるべきなのか話し合いたいと思います。

男性：我々の活動は社会正義を求める闘いだと思います。我々は社会的な考え方の上に立って生活しています。我々が社会と言う時、実は我々もその社会の構成員の一員として生きています。社会はさまざまな人たちで構成されています。人権侵害や差別に関して話していますが、これはＨＩＶ陽性者を対象としています。ＨＩＶ陽性者はみんな多かれ少なかれ、人権を侵され差別されています。我々のプロジェクトはこの問題を解決するためのものです。

シークエンス1―18　ラジオ局（スカシーカオ　ラジオ局）

再びパヤオに戻り、ラジオ局でのシーン。パシィの所属する自助グループを支援するＮＧＯの担当者が、全国会議から帰ってきたパシィと意見交換した。

視点：先日のバンコクの会議で、パシィがどのように会議での討論内容を受け止め、感じていたのかを聞くためにセッティングしたインタビューである。ラジオ放送日の収録にあわせたわけではなく、たまたまこのようなセッティングになっている。一方的ではなく双方向性の会話になるよう、インタビューの聞き手には、パシィの活動を長年支えているＮＧＯのリーダーにお願いした。聞いてもらいたい事項をあらかじめ用意し、リーダーに託したうえでインタビューをしてもらっている。

関係：ＮＧＯのリーダーとパシィの関係、そして筆者とリーダーとの関係が親密なものであったため、予め質問事項を用意して頼めたインタビューである。

カメラ：観察型。説明的。固定三脚。ロングショット。

［シークエンス1―18　字幕］

▼ラジオ局

字幕：スカシーカオ　ラジオ局

字幕：パシィの所属する自助グループを支援するＮＧＯの担当者が、全国会議から帰ってきたパシィと意見交換した。

トム：あなた方が活動する周りで不快なことは今でもおこりますか？

パシィ：かつてとは違うストレスがあります。例えば、約九〇％のエイズ患者は今、政府から毎月五〇〇バーツの支給を受けていますが、村では、配布時に実名を放送されてしまって大変困っています。なぜわざわざ受給者の名前を村中に知らせる必要があるのでしょうか？　たった五〇〇バーツの支給で、村中に誰がＨＩＶ陽性者か知らせることは、差別を助長するものだと思います。

私たちも他の人と同じように働きたいのです。社会の一員として働きながら生きていきたいのです。いつもコミュニティの中で伝えています。ＨＩＶ陽性者でも一緒に暮らせると。

新しい政策では、ＨＩＶ／エイズの正しい知識や人権について、全ての人に周知するとあります。決して、法律による施しをして、ただ気持ちよく生きていればいいというだけではないのです。権利を持った社会の一員として生きていけるように啓発してほしいのです。

しかし、いまだ地域の人々にはきちんと伝わっていません。

シークエンス1―19　郡レベルの会議（パシィが参加）

パシィの住むプサン郡を拠点にエイズ患者支援活動を行うNGO事務所へとシーンがうつる。建物の外観、そして乗用車が駐車されているシーンに、会議中の会話の声を被せながら、NGOの担当者と村の有識者たちによる協議会のシーンへと入る。

視点：有識者の中でのパシィがどのような発言をしていくのか、全体の中の個の存在と、自助グループとNGOや医師、行政側のつながりがどのように形成されつつあるのか、それぞれの視点を捉える試み。

関係：ほとんどの撮影対象者と初対面であり、会話もあまり交わさないままの撮影。パシィとNGOとの関係は親密なものであるが、パシィと有識者とは筆者と同様、その場で初めて会話を交わしている。しかしNGO側はこうした会議に慣れているためか、会議をリードしていく。パシィは聞き手側にまわっているが、当事者からの発言者として会議の重要な存在となっている。

カメラ：観察型。説明的。固定カメラ。ロングショット。

［シークエンス1―19　字幕］

▼郡レベルの会議（パシィが参加）

字幕：北タイでエイズ患者支援を行うNGOの担当者と村の有識者たちによる協議会

女性（NGO関係者）：今日の会議にあたって、皆で一緒に計画を立てたくて、事務所や医療機関など大切な六カ所の関係機関に案内を出しました。大変恐縮ですが、今日の話し合いに参加したからには、実現に向けて最後まで皆さんに協力して頂きたく思います。

活動の一つは、世界エイズデーのイベントです。市の福祉課と話し合ってきました。市役所が中心となってこれから会議など、色々な活動を主催するそうです。今回のエイズデーは郡のレベルでも主催するそうです。

パシィ：今（の性教育）は小四から小六、中三まで様々な対象のグループに分けて、それぞれに相応しい教育方法を考えることが必要です。もし本格的にやるのなら、各関係者機関の協力も不可欠です。子供たちを対象グループに分けて貰わなければなりません。

シークエンス1―20　自助グループ（ハクプサン）の会議

「思いやりの家」。プサンエイズ患者自助グループ（患者同士の互助組織として一九九九年にスタートした自助グループ）の活動拠点の建物。建物の前にはバイクが数台とめてある。外観シーンに、建物の中からにぎやかな声が聞こえてくる。建物の中では、メンバーたち、そして自助グループの運営を支えているＮＧＯの代表による話し合いが行われながら、メンバー費を徴収したり、合計金額の計算をしている。

視点：パシィの行動から、自助グループがどのように運営されているのか、説明的な映像をつなげている。活動資金は、政府のみに頼るのではなく、主体的にＮＧＯや郡役員などに交渉しながら、得ている。

説明的な表面的な映像表現になってしまっている部分があるが、ここでは支援金の流れ、そして自助グループの運営資金管理がどのようになされているかに焦点をあてている。プサン自助グループは、設立当初のメンバーが今も変わらず、活動的に続いている。メンバーが離れてしまっているチュンとの違いを表現した。

関係：郡レベルの会議、自助グループ（ハクプサン）の会議には、ＮＧＯスタッフに同行をお願いし、雰囲気を作りだしてもらっている。

カメラ：観察型。説明的。固定と手持ちの両方。ロングショット、ミディアムショット、クローズアップ。

［シークエンス1―20　字幕］

▼自助グループ（ハクプサン）の会議

字幕：思いやりの家

字幕：プサンエイズ患者自助グループ（患者同士の互助組織として一九九九年にスタートした自助グループ）

グループの一員のＨＩＶ陽性者（女性）：一七万五〇〇〇バーツ。

トム（ＮＧＯ関係者）：一七万八〇〇〇じゃないの？

女性：三〇〇〇バーツまだ足りないわ。

トム：あっ、そうか。三〇〇〇バーツまだね。

女性：ちょうどだわ。

女性：一、二、三、四、五、六、七万バーツ揃ったわ。

女性：他に五〇〇〇バーツここにあります。

女性：ＯＫ、ちょうどいいわ。金額揃ったわ。

シークエンス1―21　市場～ロータス

市場で働くアンナとポム夫妻。そして村に建設されたばかりのロータスの建物のシーン。お坊さんが二人建物から出てくる。そしてバイクが並ぶ駐輪場のシーン。買い物を終えた客がバイクで去っていく。

視点：市場～ロータスでの映像は、第一部で使用した映像と同じものをあえてインサートした。時の流れ、そして時の位置を示すためである。ロータスの駐輪場のバイクシーンにかぶせる形で、病院の駐輪場のシーンに映像をつなげた。

チュン郡のような田舎町にも資本の流れが押し寄せる。

百貨店などが建設され、国道沿いには、トヨタやホンダなどの店が並ぶ。市内の道路は乗用車やバイクで埋まっていく。そんな経済伸長の影で村の市場の客は徐々に減っていく。活気を失った市場だが、常連客や新鮮な野菜や果物を仕入れにくる固定客は存在する。アンナとポムも卵売りを続けられているのだった。

関係：空間の変容を、人と建物との関係から捉える。

カメラ：観察型。説明的。固定三脚ショット。ロングショット。

シークエンス1―22　病院（デイケアセンター）

病院の入り口。ロータスの駐輪場のバイクシーンにかぶせる形で病院の駐輪場の映像。そして、デイケアセンターで働く看護師と自助グループのメンバー、そして看護師のカウンセリングをうける患者たち。

視点：このシーンではあえてロングショットでカウンセリング室を撮り、パソコンの「カチカチカチ」という音を意識的に編集に取り入れた。

『アンナの道』のラストシーンで娘のジップが病院で、アンナの手伝いで血圧測定をしているものがある。そのシーンと、『いのちを紡ぐ』のこのシーンでのアンナが働いているラストシーンは同じ映像である。ケアセンターに、やがてジップが戻ってくる日を願いながらのシーンである。強い意志をもった自立したアンナの生きざまと存在が、自助組織を何とか支え続けている。映像だけでは、そんな意味の含みが伝えきれるか不安だったため、字幕を入れている。公共空間における親密な視点へ。観察者の視点から参与者の視点へとシフト。

関係：看護師とメンバーとの間の関係が親密になっていく。同時に、筆者もその関係性を構築する一員として位置づけされていった。

カメラ：参与観察型。説明的。三脚固定カメラ。ロングショット。

［シークエンス1―22　字幕］

▼病院（デイケアセンター）

（働くアンナとジップ、R、看護師）

字幕：チュンのエイズグループ活動は終焉を迎え、今は二人のエイズ当事者メンバーが活動しているにすぎない。しかし、アンナが唯一灯火を照らしている。

チュンのエイズ活動は終焉を迎えた。

しかし、一度消えかけた灯火をアンナがただ一人かかげ続けている。

シークエンス1—23　村人と稲刈りするリーダーP（パシィ）〈動画3、12〉

稲刈りのシーンの後、食事、そして、刈り取ったばかりの畑に座って皆で輪になっての会話のシーンへ。会話の内容は、お米の価格と政府の対策についてである。

視点：北タイには、まだこのような協働での伝統的な手作業による稲作作業の文化が残っている。村人との稲刈りの合間の休憩シーンでの会話は、農業に関して経済的な視点で会話を進めてもらうように事前にお願いしていたものである。ラストシーンは、ファーストシーンの場所と同じ場所である。角度や構図を意識しながら田んぼのシーンに字幕を入れる。そして、映画全体のメッセージを、ラストシーンの、田んぼの中を歩きながら、山の中で消えて行くパシィの姿に込めた。ファーストシーンの蜘蛛の巣を、田んぼにおいてある帽子で象徴。そして、蜘蛛をパシィの姿に例えた。山の中で身を置き、蜘蛛は巣に餌がかかるのをじっと待つ。そんな比喩である。しかし、その比喩が映像だけでは、わかりづらいことを考慮し、字幕を入れ、最後にメッセージをはっきりと言葉で綴った。

関係：パシィとルチダ以外は、初対面の村人たちであったが、パシィが村人をリードしながら撮影が進んでいった。カメラを敢えて意識しながらの、パシィのアドリブコメント、そして村人たちとの会話は、筆者の意図を充分に汲んでくれての内容であった。パシィとの関係は、NGOの介入もあり、そしてパシィが筆者の前作の映画も観ていてくれたので制作の意図を把握してくれていたため、短期間であったが、親密な関係を築くことができていた。

カメラ：参加観察型。相互作用的、手持ちと三脚固定。ロングショットとミディアムショット。

［シークエンス1—23　字幕］

▼村人と稲刈りするパシィ

字幕：一方、プサン自助グループでは、村の稲刈りのシーズンを迎えていた。

パシィ：はーい、水が来たよ。

パシィ：はーい、水だよ。水を飲みましょう。日本人たちに、僕たちも水を飲むってこと伝えなきゃ。飲んだら「あーっ」って言ってね。もうおなか一杯になったこと、伝えてね。

（食事のシーン）

ルチダ：さあ、一息つきましょう。足りなかったら言ってね。まだご飯たくさんあるから。いっぱい食べてくださいね。

（食事後に皆で輪になっての会話）

パシィ：一キロいくらなの？
男性：一七～一八バーツ。お米の種類によるけど。
パシィ：昨年は三万六〇〇〇バーツぐらいで売ったよ。もち米は家族で食べる分だけ。
男性：お米の価格補償（農家戸別所得補償）制度は一年しか実施されなかったよね。
パシィ：民主党は政権を握った当初、地主にも収穫の権利を与えたけど、これはダメだったなあ。働いた農家たちが地主にもお米を分けるなんて。全く何のためにもならないよ。本当に農民を助けたいなら、お米の価格を補償して貰わないと農民は食べていけない。
男：そうだよ。そうしないと食っていけないさ。
パシィ：お米の話をすると、結局政治の話になっちゃうね。経済と政治はつき物だから。
パシィ：生活と社会、それから政治って、結局みんなお金を稼いで食べていくことにつながっているんだね。
（田んぼの中を歩いて横切るパシィの後ろ姿）
字幕：二一世紀になって世界の目まぐるしい変化の中で、彼らも又自分の道を、着実に追い求めている（終）

［エンドロール］
制作総指揮
赤塚順　田中茂範　速水洋子

編集協力
プッサジ・ピパット
翻訳・字幕協力
シリポーン・ルンルアンタンヤ　高杉美和
吉村千恵　キーラン・アレクサンダー
制作協力
京都大学大学院アジア・アフリカ地域研究研究科
京都大学東南アジア地域研究研究所
宣伝協力
チェストパス　糸賀毅　盆子原明美

協力
アジアプレス・インターナショナル
谷口21世紀農場
谷口巳三郎　赤塚カニタ
チュン病院
ボンコット・プランスワン
ケサラ・パンヤーウォン　デイケアーセンターのメンバーの皆さん
ラックスタイ・ファンデーション
中薗久美子　ガンチャナー・ソムリット
タイフィルム・ファンデーション

チャリダー・ウアバムルンジット　パヌ・アリー

京都大学大学院アジア・アフリカ地域研究研究科　地域変動論ゼミの皆さん

速水ゼミの皆さん

吉村千恵　木曽恵子　久保忠行　ピーチ　田崎郁子　佐藤若菜

堀江未央　佐治史　和田理寛　近藤奈穂　辻田香織　林育生

映像なんでも観る会（京都大学東南アジア地域研究研究所）

長岡野亜　秦武志

撮影・編集・監督・製作

直井里予

1―2.『アンナの道――私からあなたへ…（完全版）』（英語タイトル：*Path of Anna*）

作品概要

日本―タイ／二〇一八／七〇分／タイ語（日本語・英語字幕）／DV／Color
制作総指揮：瀬戸正夫、野中章弘、吉田敏浩
制作指揮：赤塚順、田中茂範、速水洋子
編集協力：プッサジ ピパット
翻訳・字幕協力：シリポーン ルンルアンタンヤ、高杉美和、ジニー ヘラシィー、吉村千恵、キーラン アレクサンダー
撮影・編集・監督・製作：直井里予
製作助成：釜山国際映画祭アジアドキュメンタリーネットワーク基金
制作協力：アジアプレス・インターナショナル、京都大学大学院アジア・アフリカ地域研究研究科、京都大学東南アジア地域研究研究所
宣伝協力：チェストパス、糸賀毅

制作意図

北タイに住むＨＩＶに感染した女性が、社会に生き、母として家族の要として賢く健気に生きる様を描き「生きることとは何か――」を問う。また、彼女の生きざまと日常生活を通し、ＨＩＶ感染が、母と娘、妻と夫、祖父母と孫の関係などに、どのような影響を与えたのかを考察する。さらに、彼女をとりまく親族やエイズ孤児、村の人々との関係を、家や市場などにおける〈場と語り〉と日常生活を通した考察から、北タイにおいて生み出された、ＨＩＶ陽性者とエイズ孤児、村人たち、病院、ＮＧＯなどの血縁関係を超えて形成された親密な関係を明らかにする。

内容

前夫からＨＩＶに感染したアンナは、村の病院に併設されたエイズデイケアセンター「幸せの家」でポムと出会い再婚。二人は毎朝市場で卵売りをして生計をたてながら日々を送る。日中、アンナは村のＨＩＶ陽性の孤児たちの面倒を見ている。

村の孤児たちの母として、社会の中で、仲間や家族と支え合いながら、「今、この瞬間」を生き、明日へと繋げる日々。再婚一〇年目、突然アンナがエイズを発症し寝込んでしまう。長い病を回復したアンナはある日、思春期をむかえた娘と向き合うことになる。同時に夫婦の倦怠期にも入り、アンナは、母として、そして妻としての悩みを感じるようになっていく。そんなある日、夫のポムが荷物をまとめ家を出てしまう……。

構成

1．アンナのライフヒストリー

—家族の日常生活
—エイズ孤児施設
—チュン病院
2．母・娘・妻として
—思春期をむかえる娘
—母と娘
—妻と夫
3．娘の旅立ち
—ジップの進学と自立
—夫婦の新たな生活
—孤児の家庭訪問

シークエンス別解説：（視点・関係・カメラの動きとシナリオ）

（字幕：▼場面説明とカメラの動き）（［ ］の番号は関連する本書の章・節　例6—2　第6章2節）

1．アンナのライフヒストリー

シークエンス2—1　村の全体のシーン～車の中～市場へ

　タイトル前のイントロダクション。村の全景ショットから映画のファーストショット。短歌のテキストをインサート後、真っ暗な道を旦那のポムが運転する車で市場に向かうアンナ。車窓から、市場での卵売りのシーンが続く。

視点：家族の関係を映画全体のテーマの主とした。テーマを浮き彫りにするために、梅田信子（雲浜妻　一八二六—一八五五）の短歌（「事足らぬ　住居なれども　住まれけり　我を慰む　君あればこそ」）を象徴表現として引用した。さらに、その短歌を、主人公の住む村の全景に被せることにより、町の空間に観る者を閉じ込めて、観る者の視点を「観光のまなざし」［Jhon 1990］ではなく、その場の「居住者」として場の枠を設定させた［6—2］。
　人と人との関係以外にも、人と自然、虫や植物などの生き物の関係などにも観る者の視点を促すために、モノや人をできるだけ画面の中に入れずに、町の風景をロングテイクの20秒近いショットで、音と字幕に観客の視点を促し、虫たちの声や風の音を強調し、夜明け前の空の質感で表現した。町の風景は音から想像して貰えるよう、夜明け前の薄暗い静止画的なものを選んだ［6—2］。
　全景の後には、市場へ向かう車中のシーンをカットイン。主人公たちの日常生活の場である、市場のシーンを冒頭に持ってくることにより、観る側が自分の日常の営みと重ね合わせ、物語に入り込みやすいようにした。また、ＨＩＶ陽性者が市場で卵を売っている姿を通して、村の中でＨＩＶ陽性者らが受け入れられていることを描いた。

関係：ファーストシーンであるが、主人公と出会って七年の月日が経っているため、日常の現実の一部としてカメラが位置づけられている。しかし、市場でのはじめての撮影であったため、カメラも市場を徘徊している。
カメラ：観察型。説明的。三脚固定（風景シーン）、二人の後ろから手持ちでも肩越しツーショット（車中）。ロングショットと手持ちのクローズアップのショット（市場）。観る側には自分の興味にしたがって市場の風景を見てもらうため、市場全体を写すロングショットでの長回しをしている。

［シークエンス2—1　字幕］
（イントロダクション）
▼夜明け前の村の風景
事足らぬ　住居なれども　住まれけり
我を慰む　君あればこそ
梅田信子（雲浜妻　一八一六—一八五五）
▼真っ暗な道、市場へ向う車の中
アンナ：みて！
ポム：寺のお祭りだね。きれいだね。
▼市場で卵売りをするアンナとポム
（夜明け前）
（夜明け後）
アンナ：生みたての卵。
アンナ：生みたての卵。
ポム：いくら分ですか？
客：一〇バーツ分。

シークエンス2—2　市場での仕事から家へ
アンナとポムが市場での仕事から戻り、アンナの母親と一緒に三人で食事をとる。
視点：食事の撮影中にアンナが「今日はお客が大勢来たわ。テレビ撮るから」とカメラの存在を表現しているセリフを敢えてとり入れている。そのことにより、「撮る者」の現場での存在を浮かび上がらせ、観る者にドキュメンタリー映画を撮影していることを意識させる効果がある［5—2］。
食のシーンは、触の感覚を出すために、そして「生きること＝食べること」という北タイの価値観（筆者が滞在中によく耳にした言葉）を強調するために作中に多用している［5—2］。食事を終えたアンナはバイクにのって仕事へ向う。このシーンでタイトル入り。バイクに乗って村の中を走り回りながら仕事をするアンナ。タイトルはアンナの姿に被せるようにフェードインすることにより、タイトルにも使用している「道」（生きる姿）を強調した［5—3］。

関係：食事のシーンは会話や日常を表現しやすく、多用したいシーンであるが、身体的な撮影の一つであり、闘病シーンなどと同様に難しい撮影の一つである。関係が親密的になってからの撮影である。

カメラ：参加型。相互作用的。手持ちカメラ。ロングショット（人物）とクローズアップ（料理）の両方。バイクのシーンでは肩越しショットで、親密性と動態性を出している。

[シークエンス2―2 字幕]

▼アンナを迎えにくるポム
（薬を飲むアンナ）
（卵を車に積む二人）
▼アンナの家、朝食をとる家族
字幕：アンナの母
アンナ：今日はお客が大勢来たわ。テレビ撮るから。
字幕：アンナとポムは一九九九年、村の病院で出会い、翌年結婚した。
▼バイクに乗って仕事に向うアンナ
タイトル：「アンナの道―私からあなたへ…」

シークエンス2―3 エイズ孤児の運動会

タイトル入り直後にパヤオ病院でのエイズ孤児の運動会のシーン。薬を服用中の県内に住むＨＩＶ陽性者の子どもたちが一同に集まり、イス取りゲームやリレーなどで楽しむ。アンナはＮＧＯ関係者たちと一緒に運動会をサポートする。

視点：ここから再び家のシーンに戻るまではアンナのイントロダクション（紹介）である。まずは、エイズ孤児の母として生きるアンナの姿を冒頭で伝えることで、アンナのインパクトを強める。運動会のシーンは、アンナのストーリーのイントロダクション的なものである。

関係：アンナと子どもたちとの付き合いはもう七年近く続いていた。彼らの関係を描くため、アンナの家の近くに住み、親密な関係を持っていた一人のエイズ孤児の子どもに焦点をあてた。

カメラ：観察型。説明的。固定と手持ちの両方。ロングショット。大人数による運動会であったため、初めて会う子どもたちへの撮影が多く、プライベート的な問題も生じるため、顔のアップは避け、ロングショットでの撮影が多い。実際、カメラは、アンナを追うのに精一杯になっている。

[シークエンス2―3 字幕]

1章：母と子

▼HIV孤児のための運動会
放送：今日は二〇〇七年二月二四日です。
（HIV陽性の）子ども運動会です。
（運動会のミーティングをするHIV陽性のグループとNGOスタッフ）
アンナ：私たちのグループは九人ね。
（イスとりゲーム）
R：声だして〜！　応援して〜！
R：名前は何ですか？
HIVの子ども：ポングです。
R：どこから来たの？
HIVの子ども：タージャルーン村です。
R：タージャルーン村は何色のグループ？
こどもたち：緑！
R：それじゃ、緑のグループは声だして！

▼帰りのバスの中
アンナ：ちゃんと座って。
字幕：N（九歳）

シークエンス2—4　エイズ孤児施設「思いやりの家」でのアンナの語り〈動画6〉

二〇〇一年、エイズ孤児施設が設立された当時への回顧シーン。ブランコにのって遊ぶ子ども（N、三歳）の世話をするアンナ。

視点：子どもたちとの親密な関係を描く。主役は子どもではなくアンナであるため、子どもたちの顔の描写の際に、アンナの言葉をかぶせている。

関係：子どもたちは、撮影当初、カメラの前で戯れてばかりいた。しかし、エイズ孤児施設に、毎日通い子どもたちにカメラを向け続けることで子どもたちにカメラを慣れさせて撮影した。

カメラ：観察型。説明的。ロングショット。固定。

［シークエンス2—4　字幕］

回想シーン二〇〇一〜二〇〇三
▼HIV孤児院で働くアンナとポム（Nの成長）
字幕：二〇〇一年
字幕：思いやりの家（エイズ孤児のための施設）
（ブランコで遊ぶNとアンナと他のエイズ孤児の子どもたち）
字幕：N（三歳）
アンナ：ちゃんと座って！　落ちちゃうよ。
N：ポムはどこにいったの？
アンナ：家かな……。
（子どもたちのおやつの時間）

アンナ：おやつよ。ミルクと一緒にね。
（アンナの話）
アンナ：ＨＩＶの症状が出なければ、学校に行けるかもしれません。この子たちは、今は学校に受け入れて貰えません。でも私たちには、自分の子どもと同じ。かわいいです。この子たちも、私たちに親しんで、自分の親のようになついてくれます。
（ポムに抱きつくＮ）

シークエンス2―5　ＤＣＣにおけるエイズ孤児の祖母とアンナの会話

時は一年後の二〇〇二年、場面は移り子供たちの治療の場でもあり、もう一つの居場所であるチュン国立病院内に建てられたエイズデイケアセンター「幸せの家」（以下、ＤＣＣ）に場面はうつる。Ｎの治療に訪れたアンナ。治療室で看護師にＮの治療を受けている間に、順番待ちの女性の孫が学校で差別されている話を切り出す。子どもが学校に通っているため、孫の祖父母が薬を貰いにきているシーンである。ＨＩＶ陽性者の一部が学校へ通い始める中、差別はまだ残っていた。

視点：差別の状況を指摘するのではなく、カウンセリングの場（空間）における相互行為、そしてアンナの会話の表現を意図したシーンである。

関係：カメラを敢えて意識していたのか、孫が学校で差別をされている話を切り出す女性に、アンナは、自分の体験も引き合いに出し、共感しながらも、自分の意見を主張している。

カメラ：観察型。説明的。手持ち。クローズアップ。

［シークエンス2―5　字幕］

一年後（二〇〇二年）
字幕：幸せの家（エイズデイケアセンター）
（看護師に診断して貰うＮと世話をするアンナ）
アンナ：吹き出物が出てしまいました。あんまり痛くないでしょ。
医者：口の中を見せて
祖母：孫が学校の友達にエイズのことでからかわれたのよ。
アンナ：気にしないで。ジップも友達にからかわれたことがあるわ。でも、もう大人だから、他人の言葉を気にしないわ。
祖母：そうね、気にしない方がいいわね。
（昼食をとる子どもたちと世話をするアンナ）
アンナ：水を飲みすぎるとお腹いっぱいになっちゃうよ

ちゃんとご飯もたべて。

シークエンス2—6　病院でのカウンセリング〈動画8〉

センター内の一室で診断とカウンセリングを受けるアンナ。アンナの父に関する悩みをケサラ看護師に打ち明け相談にのってもらう。

視点：筆者自身、この撮影ではじめて知ったアンナの悩みであった。アンナと看護師の表情、そして看護師のケアがどのようにされているのか、身体的コミュニケーションに焦点をあてて撮影をした［5—2］。

関係：カウンセリングに同行するのは、何度かあったが、看護師との深い話がカメラの前で展開されたのは、この時がはじめてである。撮影をはじめて二年経ち、カメラの視点が親密的な視点へと変容しはじめ、アンナがカメラの前で自分自身を語りはじめた時期である。

カメラ：参与観察型。相互作用的。手持ち。クローズアップ。肩越しツーショット。

［シークエンス2—6　字幕］

▼病院でのカウンセリング

字幕：ケサラ看護師

看護師：喉の中におできが出来てますね。咳をしたとき痛いでしょう?

アンナ：咳をした時おできが出てきそうな感じがします。喉の中が痒いです。

看護師：ポムも同じような症状だった?

アンナ：同じです。起きたらすぐ喉が痛くて。薬を飲んでちょっとよくなりました。

アンナ：昨日も父が酔っぱらってしまって。ここ一カ月は飲まなかったのに。飲みたかったのかな。

看護師：ポムは?

アンナ：ポムも耐えられない。もう同じことの繰り返し。

看護師：家族の中でそんな問題があるときついわね。もう何年ぐらい続いてるの?

アンナ：2-3年ぐらい。ポムも耐えられない。もう同じことの繰り返し。

看護師：もう充分がんばったよね。きついとおもったらもうあまり無理しないで。

アンナ：ポムがいなかったらやっていけません。いつも励ましてくれて。問題があるときにはいつも相談にのってくれて……。

2. 母・娘・妻として

シークエンス2—7 母と娘の関係

二〇〇七年三月、撮影中にアンナが体調を崩し寝込み、娘のジップが看病にあたるようになる。

視点：闘病日誌的な映画になる傾向を避けるため、闘病シーンは入れずに、家族の関係の変容に焦点をあてた。これまでの撮影では、アンナは外で働くシーンが多く、家の中での撮影の機会があまりなかった。アンナが体調を崩すことにより、家の中での撮影が増えはじめていく。アンナの姿を空間の中で捉える視点で家の中での親子の関係に焦点をあてている。

関係：施設や市場での撮影から、家の中での撮影がぐっと増えることで、アンナと筆者が家の中で過ごす時間も増えていった。ジップが学校へ行っている間やポムが仕事に出ている間は、二人きりになることも多く、会話も増えていった。そのことで、アンナとの関係が親密な視点、そして友人としての視点へと移り、距離も縮まっていった。

カメラ：観察型。相互作用的。手持ちカメラによる長廻しのロングショット。

[シークエンス2—7 字幕]

▼アンナの家

(家の掃除、洗濯をするジップ)

(エイズを発症し寝込むアンナと側で看病をするジップ)

(庭仕事をするポム)

(栄養剤を飲むアンナとジップ)

字幕：ジップ(一五歳)アンナと前夫の一人娘　母子感染はしていない

(マンゴーの木の下でマンゴーを食べるアンナと家族とジップの友人)

アンナ：誰が先に食べる？　ユイ？

アンナ：ちょっと酸っぱいね。

(四人のロングショット)

シークエンス2—8 娘の思春期と向き合うＨＩＶ陽性者の母親同士によるつながり

日曜の午後、デイケアセンターのメンバーのＳがアンナ家を訪れる。Ｓは、薬や金銭的な問題と同時に、アンナと同学年の娘を持つ母親としての悩みを抱えていた。二人の会話は、薬の相談に収まらず、娘の躾の相談まで展開する。

視点：アンナ家が親密な空間になるのと同時に、相談場所として、公共的な空間性も帯びてくる。娘の話をする時のSは、自分の病気のことを話していた時の表情よりも、ずっと深刻な顔つきになり、母としての表情をみせている。HIV陽性者の母として、思春期をむかえる子どもへの気持ちを表現した。

関係：アンナ家でカメラを回している途中での来客。来客のSとアンナ家で会うのははじめてのことだったが、このシーンの二人の距離のバランスがほどよい感じで自然体に撮れている。家の中の空間が家族以外の者に開きはじめ、親密的空間の質が少しずつ変容していく。Sとは病院ですでに何度か会っていたので、撮影の意図を理解してくれていたためである。

カメラ：参加型。相互作用的。長回しのロングショット(固定)とクローズアップ(手持ち)のショット。二時間のおしゃべりの間、カメラを廻し続ける。ロングショットで二人を撮るのではなく、表情の変化に併せて二人のミディアムショットを捉えた。

［シークエンス2—8　字幕］

▼HIV陽性の友人がアンナに相談に訪れる

アンナ：青の薬を飲んでるわ。

S：変える時は、何の薬にするの？

アンナ：ネビラピンか、AZTに変えるわ。AZTを飲んでいたことがあるの。でも私もよく分からない。お医者さんに聞かないと。

S：お金があれば注射をした方がいいと、医者に言われたわ。七、八カ月間効くみたい。でも、お金がないと薬を変えることもできないわ。高いでしょ。副作用が出たら大変。

アンナ：前の薬に変えても、いずれ効かなくなるし。

S：実は今日、障害者に関する村の会議に行ってたの。休憩中に病院に行って、ゲート看護師に会ったわ。頬のへこみを相談したかったの。そしたら、アンナに相談してみてと言われたわ。市場に二回行ったけど、居なかったから家まで来たの。市場へは行ってないの？

アンナ：四月は卵の最盛期だけど、家でずっと寝ていたわ。もう二カ月間、調子を崩して寝たまま。

S：センターにも行ってないの？

アンナ：うん　他の人たちもいるから……

S：お皿を洗いなさいと言ったら、子どもに反抗されたわ。どうしてあんなに頑固なのかしら。

アンナ：子どもたちは皆一緒。ジップも一緒よ。掃除や皿洗いをすることを、ちゃんと教えてやらないと、自分が何をするべきか分からなくなってしまうわ。

S：私が一五歳の時は、親の手伝いは当たり前だったわ。どうしてこんなに大変なの……。

アンナ：一五歳はそういう年齢ね。
S：私たちが、子どもにしっかり、子どものやらなければならないことを教えなければ。
（Sを見送るアンナ）
アンナ：せっかく来てくれたのに、何も無くてごめんなさい。
S：気持ちだけで充分よ。ストレスが溜まってたの。二時間もおしゃべりして、ストレス解消できたわ。ゲート看護師に薦められたのよ。アンナはこの手の問題の解決方法をよく知ってるって。（バイクで帰る友人、見送るアンナ）

シークエンス2—9 親子・夫婦関係の変容

アンナと娘の会話のシーン。説教するアンナの話を娘は全く聞いていない様子。夫のポムは、その日一日中、一人で庭の手入れをしていた。訪れる友人もいない。ジップにも、遊びの相手になってもらえず、犬と戯れていた。

視点：娘が思春期を迎えはじめると、娘へ関心がむくようになる。妻として生きるアンナから、撮影者の視点が、母として生きるアンナへとシフトした。一方で、夫として生きてきたポムが居場所を失いつつも、父として、娘と接しようと努める視点を導入した。

関係：娘のジップがいつの間にか、カメラの前で自然な行為をとるようになっていた。撮影側も、演技なのかカメラの存在を気にせず自然に振る舞っているのか、わからないぐらいに、カメラとの距離を演技しているかのように保っている。この場面は、カメラの視点が親密な関係の視点へと移り、距離がぐっと縮まったシーンである。前シーン［シークエンス2—8］と同様に、観察者の視点から参与者の視点へと、そして公共空間のものから親密空間へと、大きくシフトしている重要な場面の一つである。映画の中でこの二つのシーンはメインシーンになっている箇所である。

カメラ：参与型。相互作業的。手持ちのクローズアップ。

［**シークエンス2—9 字幕**］
▼夕食の支度をするアンナ
ポム：何食べる？
アンナ：ご飯食べようか。お腹すいたわね。
（唐辛子を鉢でつぶすアンナ）
（靴の手入れをするジップ）
ジップ：こうすれば、破れた所が見えない。

▼ジップとアンナの会話

アンナ：ジップ、洗濯したの？
ジップ：まだ全部やってない。とりあえず一着だけ。後は日曜日にする。
アンナ：ダメよ。全部やってしまいなさい。
ジップ：嫌。スカートを切りに出してしまったし。
アンナ：何で切るの？　裾はどこ？
アンナ：長くないでしょ。短くしたいの？
アンナ：もう充分短いでしょ。何で切るの？
ジップ：もうちょっと短くしたいの
ジップ：新しい鞄を買って。
アンナ：鞄？　今の鞄をまだ使えるでしょ。大切なのは、鞄じゃなくて教科書よ。緑色の鞄があるでしょ。
ジップ：あれはもう使えないよ。鞄一つだよ。何でダメなの？　他の子はいっぱい買っても、文句言われないのに。
アンナ：わかったわよ……。

▼ハンモックで遊ぶジップとポムとユイ
ポム：変な音がするね。
ジップ：もう、降りて。
（ハンモックで揺れるポムと犬）
アンナ：ユイは布で頭を巻いているわ。髪型がはずかしいから。
ポム：どうしたの？
アンナ：ジップよりも綺麗なのに。
（食事の準備をしながら、隣人と会話をするアンナ）
アンナ：油を入れないで、すぐ鍋に入れて。ナンプラーも入れてね。

シークエンス2―10　村の中で生きるＨＩＶ陽性者

中学校の始業式を翌日に控え、父兄参観日の参加の準備をするアンナ。教科書や制服をジップに貰いにくる近所の子どもたち。そんな客の対応をしながら、髪型を整え化粧をし、外出用の服に着替えるアンナ。ポムは、アンナの前髪を切っている。明け方から降り続いていた雨も上がり、日差しが部屋へ差し込み、鳥や虫の泣き声が響きわたっている。アンナの母は二階で布団を干している。牛をひっぱりながら、アンナの家の前の道を横切る村人たち。学校へ向うアンナとジップの親友ユイの母。学校の体育館では、アンナが大勢の父兄の中に混ざって校長先生の話を聞いている。村のコミュニティの中での、村人たちとの関係を捉えた。学校での参観日のシーンでは普通の親となんら変わらない一人の娘の「母」として生きているアンナを描いた。

視点：村の中で主人公がどのように受け入れられ、生活を送っているか、カメラが家の中から、村全体へと、自由に動くようになり、公共空間における、親密な視点が可能となっていく。

関係：カメラが自由に動くということは、関係が親密になっているということである。

カメラ：参与観察型。相互作用的。ロングショット。カメラの視点は、参与をしなくても、自然にカメラがその場に受け入れられはじめているということでもある。ここで、参与観察というどちらにもあてはまる、観察が可能となっている。そして、フィクション映画のような指示型の撮影に移っていく。

［シークエンス2―10 字幕］

▼体調が回復し、学校参観日へ向う仕度をするアンナ

（村の景色。朝の道を歩く村人たち）

（牛がアンナの家の前を横切る）

（布団を干すアンナの母、朝の日差しが映る池）

（アンナのヘアーカットをするポム）

ポム：前髪だけ切るんだね。

アンナ：ちょっと待って。ここをさっきみたいに持ち上げて。まっすぐ切らないで、額にそってちょっと丸くして。

ポム：ＯＫ？ 綺麗だよ。ほらみて、綺麗でしょ。

▼本を貰いに来たユイとユイの母

ポム：いくら入っているの？ 銀行に預けてきてあげる。

いくら入っているの？ 三〇〇バーツでしょ。

ユイ：四四〇バーツ。

ポム：四二〇バーツでいいでしょ。ちゃんと入っている？

数え間違っていないよね？

ユイの母：家にあるお金全部持ってきたけど、教科書代足りるかしら。

アンナ：三〇〇〇バーツ持っていくけど、足りるかどうか心配。

ユイの母：今日、教科書買うの？ 今日、教科書買うの？

ジップに貰った教科書。使えるようだったら、教科書買う必要ないわ。

アンナ：ご飯食べちゃいなさい。

ユイの母：ジップに貰った中学二年の教科書。

先生の所に持っていって、使えるかどうか聞くの。

ポム：三二〇バーツね。

ユイの母：鞄が欲しいと言うの。

ポム：買わなくてもいいよ。お金は貯めておく方がいい。

▼学校へ向うアンナとユイの母
（校長先生の話を聞くアンナ）
先生：明日、教科書と運動服を買ってください。
これから、教科書の値段を伝えます。

シークエンス2—11 母と娘の関係（母の語り）〈動画5〉

学校から戻ったアンナは、ジップに説教をはじめる。話を聞いているのか、聞いてないのか、ジップは本を読みながら、母の話を聞き流す。

視点：このシーンは、著者がアンナとジップに会話を求めて、セッティングしたシーンである。内容は指示せずに、アンナに「参観日で感じたことを、ジップに伝えて欲しい」と会話を求めた。そういう筆者の意図を察してか、ジップはあまり真剣にアンナの話しを聞いていない。しかし、演技をしているかのように、カメラの存在を意識せずに、母親との会話をすすめている。フィクションとノンフィクションの間のような、そんな現場になる。一方、アンナはラジオ放送時と同様、理論的に説得力ある言葉で子どもに説教をすすめていく。

関係：撮影者と撮影対象者の関係に信頼感が生まれ、違和感なく撮影に関する意見や撮影行為に関する意見交換が生まれてくる。カメラが空間の一員となっていく。

カメラ：参与観察型。相互作用的。手持ちと固定三脚。ロングとミディアムショット。クローズアップで表情をとるというよりも、関係を自由に（親密的・公共的両方から）とらえられるようになる。

［シークエンス2—11 字幕］

▼家でジップに説教をするアンナ
アンナ：明日、お金を持って自分で教科書を買ってきなさい。値段はメモしてあるから。一一〇〇バーツ。自分で買ってくるのよ。
アンナ：時間がある日は、昼間、卵売りを手伝って。これから、色々厳しくなるわよ。髪も短く切らなくちゃ。今学期からは、成績が一・五以下の生徒は、進級できないって。携帯電話も学校に持って行ってはダメ。アクセサリーも……。
ジップ：これもダメなの？
アンナ：うん、ダメ。見つかったら、一カ月間没収されるわよ。二回見つかったら、一年間没収されるわよ。お父さんとお母さんの仕事をよく手伝って。思春期は危ないのよ。
まだ彼を作らないで。気をつけないとダメよ。今彼が出来たら、勉強に手がつかなくなるから。彼は大学卒業してからね。今彼がいたら、性行為をしてしまうかもしれない。皆それぞれの仕事を持っているの。農業をしているお父さんだったら、子どもに田植えを手伝わせて、仕事の内容を理解させないと。商売している親も、子どもに手伝わせないと。子どもは両親の生き方が理解できるようになるし、自分自身の経験にもなるわ。仕事を手伝わない子は、何の経験も出来ない。学校で学ぶ知識だけでは不充分なのよ。実体験がなくては……
アンナ：明日から授業はじまるのね。
ジップ：まだ教科書もないのに、どうやって？ 明日は一日中、学校。鞄を持っていかないと。
アンナ：じゃあ、これはなくさないで。
（話を聞かずに本を読むジップ）

シークエンス2―12 娘の思春期

朝の身支度をするジップ。靴磨きをしているシーン。朝食は一人ですます。化粧をし、鞄を持って学校へ出かける。学校の前では、アンナとポムがジップに教科書代を渡そうと車で待っている。ジップがなかなか現れず心配するアンナ。しばらくすると、ジップが友人と一緒に歩いている姿をアンナが見つける。教科書代を渡し、学校へ歩いていくジップを見送るアンナとポム。家へ戻り、洗濯をし、休むアンナ。

視点：このシーンでは、母の帰りを待つ娘。そして娘を待つ親の想いを表現した。長廻しのカットであったが、アンナにとっても長く感じる時間だったと想像しながら、できるだけ長いカットのまま編集で繋げた。

関係：ジップの学校の門の前での撮影。ジップが友人たちに、母親がＨＩＶ陽性者であることを、打ち明けていることが分かってできた撮影である。しかし、一部の友人のみが知る事実ということもあり、カメラは学校の門から先には、入りこんではいない。

カメラ：観察型。説明的。手持ち。ロングショット。

［シークエンス2―12 字幕］

▼朝の身支度をするジップ
（靴磨き、朝食、化粧）
▼学校の前でジップを待つアンナとポム
ポム：あれ、ジップじゃない？
アンナ：違うわよ。
ポム：探してくる。
（ジップの友達と話すアンナ）
アンナ：ジップを見かけなかった？ 学校にもう着いているかも。
ジップに、お金を持って車で待ってるって伝えて。今日、教科書買わないと。ゴイちゃんに渡しておく方がいいかな。
ポム：うん。そうしよう。
アンナ：教室にいるかもしれないから。
アンナ：あれジップじゃない？　そうよね？　間違いないわよね。青い鞄の子。早く歩いてきなさい！　心配かけてもう……。
見つかったから、もう大丈夫。ありがとうね。
（ジップがやってきた）
アンナ：お母さんは、お金を持ってずっと待ってたのよ。
ジップ：いくら？
アンナ：一二一〇バーツ
ジップ：じゃあね。
（学校へ歩いていくジップを見送るアンナとポム）
アンナ：鞄、やっぱり古いわね。
（家へ戻り、休むアンナ）

シークエンス2—13　母として、ＨＩＶ陽性者の母として生きること

田植えの合間の休憩時に、母へインタビューをする。普段は弱音などはかない母がつぶやくようにカメラの前で語る。

視点：ＨＩＶの娘をもつ母の気持ちを知りたいと思ってのインタビュー。家ではなかなかアンナの母と二人きりでじっくり話す機会がとれない。家にいる時とは全く別の表情で答えてくれた母。一対一での会話でしか引き出せなかった会話である。アンナの母の心の拠り所もやはり、娘のアンナだった。アンナという一人の存在が、今にも崩れそうな一家を結びつけていた。

関係：アンナの母は、比較的家にいることが多かったため、アンナといる時間と同じぐらいの時間を一緒に過ごしている。アンナの撮影に関しての意見をまだ聞けていないが、撮影に関しては積極的に参加してくれている。

カメラ：参与型。相互作用的。手持ち。クローズアップ。音声に関して、カメラに付属したマイクのため、声が比較的小さいアンナの母の撮影は、機械の都合上、クローズになっている。一人で撮影する上での（ピンマイク不使用時）、撮影の限界でもある。

［シークエンス2—13　字幕］
▼田植えをするアンナの母
（苗を田んぼに運ぶ母）
▼母へのインタビュー
演出：アンナも昔は田植えをしていたの？

母：昔はね。結構上手だったよ。でも、今は病気だからやらせたくない。
私ひとりだけでやればいいの。
（田植え仕事をしている母、声インサート）：アンナに幸せになってほしい。仕事帰りにここに寄るけれど、田植えはさせないわ。病気でなかったら、手伝って貰うけれど。日にあたりすぎると、又倒れてしまう。

シークエンス2―14 夫の語り（家出をして戻ってきたポム）〈動画7〉

ポムが誰にも行き先を告げずに、荷物をまとめて家を出た。アンナは夜行バスを二日間乗り継ぎ、南タイのポムの実家へ向かった。それから一週間後、ポムはアンナと家へ戻ってきた。そして、湖の前に座って、ポムのインタビューへとうつる。

視点：家出の状況を字幕で説明し、そしてこれまで撮影した映像をみなおし、シーンへ繋げる所まで、ポムのふと寂しそうな表情、庭に緑を植えたりしているシーンを多く入れた。DCCでの仕事は、次第に女性中心になっていて、ポムの役割は少なくなっていた。家計を支えるために、日中は一人市場で働き続けた。アンナと過ごす時間は、卵売りに行く車の中と食事の間だけになっていた。南タイ出身のポムには、親戚も兄妹も周りにいない。ジップも思春期を迎え、以前のように、ポムと時間を過ごすこともなかった。地域の絆が強い村の中で、ポムは孤独に陥っていたのだろう。このシーンでは、人間の生きる孤独さを表現した。

関係：この出来事は予想できなかったことであった。結局、家出シーンを撮影はせず、ポムが帰宅するまで撮影を止めた。繊細なポムの心をカメラで刺激するのを避けるためである。撮影の際に何か生じた時、撮る側はその責任をどうとるのか。筆者に答えが見つかってはいなかった。撮影者の関心のシフトが再び起こる。カメラは再び、主人公たちとの間に一定の距離を取り始める。

カメラ：観察型。説明的。ロングショット。固定三脚。

［シークエンス2―14 字幕］

▼家出をして戻ってきたポム
字幕：ポムが誰にも行き先を告げず、荷物をまとめて家を出た。
アンナは夜行バスを二日間乗り継ぎ、南タイのポムの実家へ向かった。
それから一週間後……、ポムはアンナと家へ戻ってきた。

（家に戻り、髭剃りをするポム）

（湖をみつめるポム）

ポム：ここは、気持ちいいね。

字幕：ポムは一〇年前、前妻からＨＩＶに感染。しかし、そのことを南タイに住む家族や親戚には、ずっと伝えられずにいた。今回はじめて、ＨＩＶに感染していることを家族に告白した。

（湖の前に座って、話しをするポム：インタビュー）

ポム：南タイにいる家族が恋しくなった。親戚の皆に会いたかったんだ。ここでは、僕は一人ぼっち。時々やる気をなくしてしまう。でも僕は諦めない。後戻りしたけど、それは、もう一度立ち上がって、人生を闘い続けるためのステップだったんだ。

（湖をみつめるポムの後姿）

シークエンス2―15　家族の再生、上座部仏教実践

二〇〇七年七月。カオパンサーの朝、お寺から僧侶たちの唱えるお経が村全体に流れはじめる。村の人々は、正装をし、お寺へタンブン（喜捨）に出かける。仕事を一日休み、家でテレビを見ながらくつろぐ。村はシーンと静まり返り、道を歩く人影もない。夜、空が暗くなり、三人は再びお寺へ出かける。

視点：公共的な視点（お寺）→親密的視点（家の中）。

北タイの人たちの心の拠り所と上座部仏教思想を結びつけた。

関係：「撮られる側」、つまりアンナやポム、ジップらは、お寺での撮影シーンを「撮る側」、つまり筆者の撮影意図を理解してくれ、ストーリーのエンディングに近いシーンの撮影という状況をわかっている。撮影を意識しての、アクターの言語行為や身体的行為が増えていく。

カメラ：観察型。説明的。ミディアムショット。固定カメラ。

[シークエンス2―15　字幕]

▼雨季入り

（雨がしとしと降り続く湖）

（蓮の花）

（家で休み、テレビをみるアンナとポムとジップ）

（誰も歩いていない道　家の入り口、入り口を歩く鶏）

（翌日の卵売りの準備をするポム）

▼夜、お寺へ向う家族とユイ

（お寺の中を歩く僧侶）

（お寺の外を歩くアンナの家族とユイ）

（祈り唱える家族）

（ロウソクに灯をつけるアンナ）

アンナ：ロウソク折れちゃった。
ポム：ロウソクは、ここに挿して。
ポム：挿してあげる。こうすればいい。
ジップ：お花は？
ポム：ここに置いておいて。
ポム：さあ、いこう。
（夜景をみつめるアンナとポムの後姿）
（明け方の街の全景）

シークエンス2―16 市場 日常を生き続ける

明け方の空から卵売りをするアンナの後ろ姿。ポムが車でアンナを迎えにくる。アンナの後ろ姿、ポムが車に卵を積むシーンで場面が終わる。

視点：物語の前半の終わりとして、ファーストカットと同じ市場での卵売りのシーンを用いた。一見何事もない淡々とみえる日常の中に、さまざまな物語が入り交じっている。日常を生きるとは、決して受動的な行為ではない。そこには、さまざまな意志と覚悟が必要なのではないか。アンナの生きざまを描くことにより、日常とはどのように続いているのかを問いかけた。

そしてまた、市場に集う犬なども故意的にインサートした。北タイに暮らす人々を、自然の中に置くことで、人間を自然の一部として描いた。

関係：参与観察者としての友人の立場から、親密な関係へとシフトしていることが、アンナの表情からみてとれる。アンナの表情は、ファーストシーンとは随分と違ったものになった。ポムの家出後、又いつポムが去ってしまうかわからない状態の中、アンナの中には、ある覚悟がうまれる。「私が死んだら、ポムは南タイへ帰ると思う。その時、ジップのことをリヨにお願いしたい」アンナはそう筆者に伝えていた。カメラのない所での会話であった。映画制作を通して、一人の親友として関係が筆者とアンナの間に構築されていた。

カメラ：参与観察型。相互行為的。固定三脚カメラ。ロングショット。

［シークエンス2―16 字幕］

▼朝の市場
（明け方の空から卵売りをするアンナの後ろ姿へ）
（ポムが車でアンナを迎えにくる）
（卵売りをするアンナ）
（アンナとポムの顔のアップ 微笑む二人）
（アンナの後ろ姿、ポムが車に卵を積む）

3．娘の旅立ち

シークエンス2—17　娘の旅立ち

四年後の二〇一二年。家の庭には、ポムが植えた木が成長し、緑があざやかに彩られている。料理をするポムと家事手伝いするジップ。祖母とジップはタンブンをしにお寺へ向う。お経を唱えるシーンに「ジップが高校を卒業し、バンコクの看護大学に進学することになった」との字幕が入る。祖母とお寺にお参りに行った後、両親と湖にタンブンをしにいくジップ。三人の祈り、おだやかな湖面。湖畔では建設中のリゾートホテルの工事の音が鳴り響いている。湖を歩き去る後ろ姿をロングショットで長廻しする。

視点：ジップの大学進学をむかえたアンナ家。三人一緒での最後のシーンである。場所は、ポムが家出から戻ってきた時にインタビューをした所と同じ場である。前回はポツンポツンと雨が降り注ぎ、ザワッとする湖面だったが、今回はポムの心境を反映するかのように、青空の下の真っ青な湖面上は穏やかであった。長廻しで三人の会話を組み込みながら、湖を映し出した。そして、湖畔でのリゾート開発が進む中、工事の音が鳴り響く。昔のような静けさが村にはもう存在しない。

関係：最後の撮影のつもりで望んだショット。三人一緒の空間を収める意図からであった。

カメラ：観察型。説明的。固定カメラ（三脚）。ロングショット。

［シークエンス2—17　字幕］

字幕：四年後

▼ジップの大学進学

（料理をするポム～家事手伝いするジップ）

ポム：ジップ、いつバンコクに戻るの？

ジップ：水曜日よ。

ポム：チケットは？

ジップ：とってあるよ。

▼お寺へタンブン（ジップと祖母）

字幕：ジップが高校を卒業し、バンコクの看護大学に進学することになった。

祖母：お参りに来ました。

この子が、幸せになり楽しく安心して勉強できますように。

夢がかなって幸せになれますように。どうかよろしくお願いします。

▼湖へタンブン（ポム、アンナ、ジップ）
ポム：はい、川に戻ってね。川の女神様、今日は家族みんなで魚を川に流して徳を積みますから、どうぞ受け取ってください。元気に生きてね。
ジップ：もう行っちゃったね。
ポム：あそこにまだ二匹いるよ。
アンナ：もうあそこまで行っちゃったのね。この川に慣れるかしらね。
ポム：あそこを泳いでるね。
アンナ：一匹まだここにいるよ。
ポム：もう行っちゃったよ。
アンナ：ほら見て！　ここ。濁ったところに……。
ポム：もう行っちゃったよ。家へ帰ろう。

シークエンス2―18　娘の不在（畑仕事をするアンナとポム）

娘はバンコクへ発ち、アンナとポムの夫婦水入らずの新たな生活がはじまる。アンナとポムは家の近所に土地を借り、野菜を栽培しはじめた。ジップの誕生日に二人はこれまでの人生を振り返る。

視点：娘の不在。夫婦二人きりの時間が増えていく。親子関係、夫婦関係が娘の大学進学で変化していく過程を表現した。

関係：終わったはずの撮影が再開し、いつこの撮影が終わるのか、迷いながらの撮影である。ジップが大学へ進学し、家を不在にすることで、夫婦水いらずの生活がはじまって最初に撮ったシーンである。ジップの不在で、撮影の雰囲気が多少変化した。それまでは、アンナの家族の中に居続けていたが、二人の関係の中での立場へと変化し、カメラのポジションも、二人が中心になっている。筆者自身も、撮影を終えられない状態が続く。北タイにもう少し滞在していたい、という筆者の思いからであろうか。中々撮影を切り上げられずにいた時に撮影したシーンである。

カメラ：観察型。説明的。固定三脚カメラ、ロングショット。

［シークエンス2―18　字幕］
▼家庭栽園（畑仕事をするアンナとポム）
アンナ：今日はジップの誕生日よ。
ポム：メッセージ送った？
アンナ：うん。今朝電話したわ。ＨＢって言ったの
ポム：ＨＢって言ったのか……。
アンナ：一昨日から試験期間だって言ってたわ。試験日が誕生日だったみたい。
ちょうど試験だなんて……。

あの娘に「私の誕生日覚えている?」って聞かれたわ。あの娘、私が娘の誕生日忘れたとでも思ったのかしらね。

アンナ:もうあの子も二一歳だなんて……。いろいろあったわね。

シークエンス2—19 市場~ロイクラトン祭り

市場は灯籠流しの日をむかえ賑わっている。卵を売るアンナの横で、クラトンを作るポム。二人は、市場での仕事を終えた後、祭りで屋台を出し、クラトンとコイロームを売る。美人コンテストやらカラオケ大会が開催されているステージの裏で、コイロームが続けて飛ばされ、夜空にポツンぽつんと光を放っている。午前〇時すぎ。祭りがおわり、誰もいない湖にむかうアンナとポム、二人静かに祈りながらクラトンを流す。

視点:市場でのシーンは、最初のイントロの市場の様子と対比した。北タイの経済発展は進み、近所に大手スーパーなどが建ちはじめ、市場への客足が減った。ロイクラトン祭りもすっかり様子を変えてしまっている。昔ながらの風情がなくなり、年ごとに派手になり、賑やかさが増していった。ポムが売っているコイロームもドラえもんなどアニメキャラクターの絵が書いてあるものである。若者が増えた一方でお年寄りの姿はほとんど見かけない。一方で、クラトンを流して幸せを祈る行為は変わらず受け継がれている。変わりゆく時代の中にもかかわらない北タイの人々の想い、そして夫婦の絆をここでは表現した。

関係:前シークエンスと同様、ジップの不在中の夫婦の関係の中に身を置きながらの撮影である。村人たちの中に身をおくことで、二人との距離を縮めている。

カメラ:観察型。説明的。手持ちカメラ。ロングショット。

[**シークエンス2—19 字幕**]

▼市場:灯籠流しの日

(クラトンを売るポム、唐辛子をしまうアンナ)

ポム:僕たちも灯籠を流しに行こう。

▼ロイクラトン祭り

(祭りで屋台を出すアンナとポム)

ポム:どれにする?

ポム・アンナ:川の女神様よ、われわれの人生にいいことがいっぱいありますように。

ポム:俺の腕を触って。一緒に流そう。

ポム:ほぉぉ~行け行け行け~!

ポム：ほら、見た？　僕たちのは小さいけれど、遠くまで行けるよ。他のよりも遠くへ行くよ。

シークエンス2―20　親子の自立（戴帽式〜病院）

二〇一二年一一月。ジップの戴帽式がバンコクにあるファチアウ看護大学で行われた。一四九名の看護学二年生が校長から帽子を授与された。式を終え、会場の外へ勢いよく駆け足で出てくるジップら二年生たちに、外で待ち続けていた先輩の看護師実習生らが、祝福のエールを送る。アンナとポムが花束を持って、他の保護者たちと会場の外で帽子を被った娘の晴れ姿をそっと見守る二人。

視点：ジップの戴帽式による感動のラストシーンで終わることなく、再びチュン郡に戻り、日常生活が現実的に続いていることを表現した。感動を求めるのではなく、淡々とした現実の中を生き続けていることを表現することに重点を置いた。

関係：このシーンは、映画に使用するかどうか、撮影者も被撮影者も明らかではなかった。ジップの友人という気持ちで参加した。

カメラ：参与型。説明的。手持ちと固定の両方。ロングショット。

［シークエンス2―20　字幕］

▼戴帽式（バンコク）

（式典の様子）

字幕：バンコク（ジップのいる大学での戴帽式が行われた）

字幕：ファチアウ看護大学

女性：スカンヤー・チャイムアンケウ氏

女性：一四九名の看護学二年生へおめでとうございます。これから看護師のキャリアの道へ進まれる皆さんが、幸せで、心身共に健康でありますように、自分の希望通り勉強成就できますように祈っています。おめでとうございます。

シークエンス2―21　アンナとエイズ孤児Nの語り

アンナがバイクに乗って国道を走る。Nの祖父の家でNがアンナの来訪を待っていた。字幕でNがその後、叔母の家へ引っ越し県外の高校へ進学している、という現況。アンナは来訪が遅くなったことを詫びながら、Nと久々の再会を喜んでいる。そして、生理が来たというNにアンナはさりげなく、彼氏ができたか確かめ、性の話をはじめる。素直に、うなずきながらアンナの説教話を聴くN。話を終え、バイクに乗って帰るアンナを見送るジップ。

視点：Nの家庭訪問のシーンは、小学四年から県外に引っ越したNと久々にアンナが対面するシーンである。筆者にとっても久々の撮影であり、緊張の場面であった。アンナにあらかじめNに連絡を入れて貰っている。そして、アンナに事前にNとの会話を撮影することを伝えておいた。ケアセンターで働くアンナとRを撮影の予定だったが、アンナに誘われNが病院を訪れていた。アンナがNの映画のポジションを理解してくれていたため実現した撮影であった。

孤児の家庭訪問では、あらかじめアンナがNに訪問の件を伝えていたため、Nの祖父の家でNがアンナの来訪を待っていた。字幕でNがその後、叔母の家へ引っ越し県外の高校へ進学している、という現況。アンナは来訪が遅くなったことを詫びながら、Nと久々の再会を喜んだ。撮影の合間に、アンナとNの周りには、Nの親戚たちが集まってくる。少し照れた表情で性の話をするアンナ。二人の会話は、『アンナの道』でのアンナとジップ（娘）の会話にあわせるように作品の中でとり入れた。

関係：アンナとNの関係は母と子としてのものと、同伴者としての親密な関係として、はっきりと映像で捉えている。

カメラ：参与型。相互作用的。手持ちカメラ。クローズアップ。

［シークエンス2―21 字幕］

▼孤児の家庭訪問

アンナ：Nいるわね！
Nの叔母：どこへ行って来たの？
アンナ：病院に行ってたわ。
アンナ：この間は、すっぽかしてごめんね。
字幕：Nはその後、叔母の家へ引っ越した。今は、県外の高校へ通っている。
アンナ：生理はもう来た？
N：うん。
アンナ：けっこう前から？
N：うん。小学四年のときから。
アンナ：へぇ！　小学四年で！
N：うん。
アンナ：健康な証拠ね。で、彼氏はできたの？
N：まだ。
アンナ：誰かに口説かれたりした？
N：わかんない。
アンナ：いるでしょ、口説いてきた男。Nが興味ないだけかも。普通よ、彼氏がいることは。でも一線を越えないように気をつけないと。彼氏がいるのはいいけどね。一線を越えたら大変。生理もきたしね。
N：うん……。

アンナ：彼氏ができたら、妊娠しないように気をつけないとダメよ。コンドームを使わずに性関係を持ってはダメよ。自分の身体のこと、ちゃんと理解しなきゃね。彼氏ができたら、叔母さんやお姉ちゃんたちに相談しなきゃね。コンドームの使い方も覚えなきゃ。でもそれは大人になってからの話よ。あなたはまだ子どもなんだから、今は勉強に集中しないと。もちろん、一緒に話したり、遊びに行ったりする彼氏はいてもいいけれどね。

シークエンス2—22 エピソード

舞台は再びチュン病院へ戻る。アンナが有給スタッフとして働きはじめ、ジップは実習のためにチュンへ戻ってきた。病院で血圧測定をするジップにアンナがアドバイスをする。しばらくして、ジップが脱帽式を迎え、病院での実習に又パヤオに戻ってくる。一人の自立した女性として、病院ではアンナの同僚として働くようになるジップは、日中はデイケアセンターで有給スタッフとして働きはじめた。そんな様子を映しながら、物語が終わる。

視点：公共空間における親密な視点へ。観察者の視点から参与者の視点へとシフトした。

関係：アンナとジップの親子が同業者として関係を築いている。HIV陽性者の娘がDCCで看護師として働くようになることで、看護師とメンバーとの間の関係が親密になっていく。

カメラ：参与観察型。説明的。三脚固定カメラ。ロングショット。

▼病院

字幕：ジップは今、お母さんが働く同じ場所で看護実習をしている。

（働くアンナとジップ。血圧測定をするジップ）

アンナ：じっとしててね。

ジップ：お母さん、なんでこれ震えているの？

アンナ：こんなもんよ。あまり動かしちゃダメよ。測れなくなるから。

アンナ：安定してきましたね。

患者：いままで通りなんだけど

アンナ：ああ、変えてないの……。

患者：日本のテレビに出るのね。

ジップ：そう、日本まで行きますよ。

患者：ありがとうございました。

アンナ：まだ血圧測っていない方はどうぞジップの所

に来てください。

字幕：ジップはその後、バンコクの病院で看護実習を続けている。

字幕：ケサラ看護師は日本人と結婚し、妻として、また、一児の母として今、日本で生活を送っている。

字幕：アンナはポムと朝市で卵売り、日中はデイケアセンターで准看護師として働いている。

（終）

［エンドロール］

制作総指揮
瀬戸正夫　野中章弘　吉田敏浩

制作指揮
赤塚順　田中茂範　速水洋子

編集協力
プッサジ・ピパット

翻訳・字幕協力
シリポーン・ルンルアンタンヤ　高杉美和
ジニー・ヘラシィー　吉村千恵　キーラン・アレクサンダー

製作助成
釜山国際映画祭アジアドキュメンタリーネットワーク基金

制作協力
アジアプレス・インターナショナル
京都大学大学院アジア・アフリカ地域研究研究科
京都大学東南アジア地域研究研究所

宣伝協力
チェストパス、糸賀毅

協力
佐藤真
谷口21世紀農場
谷口巳三郎　赤塚カニタ
チュン病院
ボンコット・プランスワン
ケサラ・パンヤーウォン　デイケアセンターのメンバーの皆さん
ラックスタイ・ファンデーション
中薗久美子　ガンチャナー・ソムリット
タイフィルム・ファンデーション
チャリダー・ウアバムルンジット　パヌ・アリー
パッチャナー・マハパン　盆子原明美　根本友美　相馬幸香
中原亜紀　慶淑顕　遠藤環　田辺文　積際愛里
岩波書店

首藤英児
新井優子
京都大学大学院アジア・アフリカ地域研究研究科　地域変動論ゼミの皆さん
速水ゼミの皆さん
吉村千恵　木曽恵子　久保忠行　ピーチ　田崎郁子　佐藤若菜
堀江未央　佐治史　和田理寛　近藤奈穂　辻田香織　林育生
映像なんでも観る会（京都大学東南アジア地域研究研究所）
茨城県ひたちなか市ＹＴＴ上映実行委員会の皆さん
青木傑子　秋山千賀子　礒崎幹子　海野宣三　海野昭彦　海野透
江幡和子　小笠原保代　小野　修　片岡勝利　上村せつ　川崎秀夫
川西ふじ江　久保田明子　黒田順子　御所野英宣　御所野訓代
児玉英世　小船行男　澤畠光　下タ村修　清水実　鈴木誉志男
鈴木邦道
高橋篤　坪田純一　直井啓吾　直井文代　中島正周　中村洋
新山英輔　新山礼子　橋田良造　樋之口修一　平山牧彦　弘津啓子
松井節子　松田正人　松本由美子　安正機　横須賀正留　横瀬友美
四方光　六戸紀子　渡辺貞範　和地均　横川和子
武子みち子　松原裕　林武　直井勝太郎

茨城県ひたちなか市教育委員会
藤岡朝子　長岡野亜　松元義則　秦武志
特別協力：加藤基
撮影・編集・監督・製作：直井里予

2．映画上映時におけるディスカッションの記録

2―1．『いのちを紡ぐ』（国際会議におけるディスカッション）

アジア太平洋地域エイズ国際会議（二〇一三年一一月二一日一三：〇〇～場所：バンコクシリキットセンター）映画上映後のディスカッション二〇分（言語：英語とタイ語）

直井：今日は映画も観にきてくださりありがとうございました。差し支えなければ、このディスカッションを映像で記録したいのですが、問題ありませんか？　では、よろしくお願いいたします。（会場にカメラセッティング）

司会者（主催者）：これがＨＩＶ陽性者のリアリティなんですね。彼らは、人として、彼らの人生を生きています。私たちと同じく、食事をして、仕事を必要として、そして信仰を必要としています。彼らの生きる姿にとても心を動かされました。私が泣いているのは、哀しいわけではありません。映画も悲観的な内容ではありません。私は、今日この席でこの映画を観られたことに感謝して泣いているのです。この映画にありがとうといいたいです。映画は、ＨＩＶ陽性者らが人として生きていることを気づかせてくれました。

直井：ありがとうございます。今日は『いのちを紡ぐ』のプレミア初上映でした。撮影したタイという場所で皆さんと一緒に映画を初めてスクリーンで観て、私自身も、ＨＩＶ陽性者らの生きざまに改めて強い印象を受けました。病院スタッフやＮＧＯ、そして政府を巻き込み一緒になって活動しているＨＩＶ陽性者らの姿は、日本ではなかなかみることができません。タイの成功例を、日本だけではなく、この会議で他の国の人々に紹介できたらと思います。観客の皆さんの中で、タイ以外からいらしてる方いますか？　では、北タイからの方は？

観客１（米国人）：この映画の舞台は、北タイのどの辺に位置しているのですか？

直井：タイの北部に位置するパヤオ県のチュン郡という所です。

観客１：もっとわかりやすい都市を上げて説明してくれますか？

司会者：パヤオは、チェンマイとチェンライの間に位置しています。

観客２：司会の方と同じく、私もこの映画はＨＩＶ陽性者の生きざまをとてもリアルに描いていると思います。それは、監督が自分の価値観（判断）で彼らの世界を描くので

はなく、彼らの世界や生活のスタイルを偏見なく、ありのままに描いているからだと思います。ですから、私にもとてもＨＩＶ陽性者らの生活を現実的な世界として観ることができました。

観客３：インドネシアからきました。映画を長期にわたって制作する過程で困難な点などありましたら、教えてください。

直井：はい。この映画の制作に、一二年間かかりましたが、最初の数年は、カメラを回すことが出来ず、病院へいったり、彼らの家に遊びにいったりしていました。村の中で、彼らを撮影することはとても難しかったからです。なぜなら、撮影前に彼らの村の中での立場を理解しなければならなかったからです。一二年前は今とは違い、まだ差別が残っていました。なので、私は撮影前に、彼らがどのように村人たちに受け入れられているか知らなければなりませんでした。その二年間は大変な期間でした。

次に大変だったのは、やはり、ＨＩＶ陽性者が体調を崩し、亡くなる場面に何度も出会うことでした。皆さん、映画の中で、ボーイ君という小さな子どもが出てきたのは覚えていらっしゃいますか？　彼はその後、二〇〇三年に亡くなりました。当時は、薬が高額だったため、そして種類もあまりなかったために、適切な薬を飲むことができずに、亡くなりました。彼の撮影の時は、彼が衰弱していく姿を追うことしかできずに、撮影はとてもきつい作業でした。

二〇〇五年以降は、抗ＨＩＶ薬が浸透したこともあり、亡くなる方たちも少なくなり、撮影はとてもスムーズになりました。しかし、最初の二、三年は難しかったです。なので、映画を制作するのに、こんなにも年数がかかりました。でも、日本と比べたら、タイは撮影しやすいと思います。なぜなら、日本ではまだＨＩＶ陽性者らへの差別が存在し、彼らがカミングアウトできない状態にあるからです。今日は、主人公たちを、この会場に招待して、皆さんにご紹介したかったのですが、今、ちょうど農繁期（稲刈り）で皆さん、とても忙しく、バンコクまで来ることができませんでした。今回は残念でしたが、次の機会にぜひ紹介させて頂きたいです。

司会者：彼らはこの映画をもう観ましたか？

直井：仮編段階で観て貰っていますが、クレジットや字幕を入れたこの完成版は、これからです。この上映の後、明日からパヤオに行って皆さんに観て貰う予定です。

司会者：私の友人が北タイの病院に勤めています。でも彼らは仕事で忙しく、今日、この会場に来られませんでした。もし監督の時間があれば、又別の上映機会を設け、病院関係者のみならず、タイのＨＩＶ陽性者たちにも観てもらいたいですね。
直井：ありがとうございます。観て頂ければ私も嬉しいです。
観客４：この映画のＤＶＤはどうやったら手に入りますか？
直井：まだサンプル版しか制作していません。今日そのサンプル版のコピーを二、三部持ってきましたので、お渡しすることはできます。
観客４：ありがとうございます。
観客１：素晴らしい映画の完成にまずはお祝いの言葉を述べたいと思います。おめでとうございます。映画の視点がとてもよかったと思います。ＨＩＶ陽性者らの就職時における差別など、よい指摘がされていました。私はアメリカからきました。パタヤに住んでゲイのＨＩＶ陽性者らの支援のボランティア活動をしています。ゲイのセックスワーカーにコンドームを配布したり、ＨＩＶ感染防止啓蒙活動などをしています。映画はＨＩＶの家族の人生を見事に描いていると思います。その中で、母子感染防止のために、どのような活動が行われているのかも知りたかったですが、主人公のアンナが子どもたちに、コンドームの使用の説明をしたりしていることが分かって、勉強になりました。就職の際に差別がまだ残っていることも今回知りました。政府が支給している五〇〇バーツは十分なのかどうか、三〇バーツ制度はＨＩＶ陽性者らに本当に役に立っているのか、もっと知りたいです。
で、私の質問ですが、パヤオにもゲイのＨＩＶ陽性者らはいますか？　彼らは、北タイではどのように受け入れられていますか？　現在、タイにおけるＨＩＶに関する最重要課題は、男性同性愛（ＭＳＭ）におけるＨＩＶ感染だと思います。特に、一二～一八歳の子どもたちの感染がクローズアップされています。もしあなたが、彼らをフォローしてくれればとてもありがたく思います。
直井：ありがとうございます。チュン病院でもゲイの方たちは、数人います。
司会者：私のＮＧＯスタッフの友人から聞いたことがありますが、パヤオでは、青少年たちが主体となって、ＨＩＶ感染予防活動を行っていると聞いています。
私も質問よろしいですか？　パヤオでこの一二年の間にＨＩＶ感染に関して一番変化したことは何でしょう？
直井：この映画は、ＨＩＶ陽性者の活動の変化の観察をまとめたものですが、活動に関する一番大きな変化は何かというと、一二年前は、病院に行って看護師スタッフらにカウンセリングを受けたり、抗ＨＩＶ薬の投薬方法の講義を受けたりと、センターではただ座って聞いているだけの受け身的な存在だったＨＩＶ陽性者らが、今では、看護師たちの補佐役、いや補佐役を超えて、看護師たちを引っ張っていくという存在になっているということです。看護師たちは、数年ごとに変わります。新しく仕事につく看護師たちは、ＨＩＶ陽性者のメンバー、アンナさんのような方たちに、ケアの仕方やセンターの状況を学んでいる状況が現在です。ＨＩＶ陽性者らは、今は、ケアセンターの中で中心的な役割を果たしているといってもいいと思います。ケアセンターに長く籍を置くＨＩＶ陽性者らが、新しいＨＩＶ陽性者のメンバーたちのカウンセリングをしたり、投薬の仕方を教えたりしています。この部分が一番の変化だと思います。ＨＩＶ陽性者らが、どのように関係を築いてきたのか、ということがこの映画で表現したかったことです。

司会者：北タイでは、病院の中だけでなく、外でもそのような活動が行われていますよね。私のＨＩＶ陽性者の友人は、自分でエイズクリニックを開いて、そこでＨＩＶ陽性者らのカウンセリングや感染防止のための講義などをしています。看護師らとどのようなコミュニケーションをとればよいのか、コミュニケーション手法に関しても指導しているらしいです。こういったことも、大きな変化の一部ですよね。

直井：はい。そうですね、大きな変化ですね。

皆さん、私は、今もまだこの映画の編集をしている最中です。何か映画の編集に関してアドバイスを頂ければありがたいです。映画の中でわかりづらかった箇所など、映画がもっとよくなるためのコメントなどありますでしょうか？

観客１：音の処理ですね。音が私にはちょっと大きくてうるさく感じました。私の耳のせいかもしれませんが、バイクや車の音、音楽など、もうちょっと音を下げて頂ければありがたいです。私は映画のことがよくわからないのですが、技術的な音の処理をすればもっと映画がよくなると思います。

直井：ありがとうございます。音の処理はご指摘の通り、大切な部分だと思います。

観客５：場面と場面のつなぎが、時々変化が（ジャンプしすぎて）いきなりすぎて、ストーリーについていけない所がありました。ある場面は長くて、ある場面はシーンが短い。もう少し、場面と場面を内容のつながりをもって編集をすると、物語の流れがスムーズになってよいと思いました。

観客６：場所の説明があったらよいと思います。色々な場所が出てくるので、イメージしやすいように、地域の名前を提示した方がよいと思います。私たちタイ人には場所が比較的わかりやすいのですが、タイ人以外の方が観た時に、場所が変化しすぎて、内容がわかりづらいかもしれません。場所がわからないために、物語の内容がジャンプしてしまうと思います。タイ人以外の方に見せる時には、パヤオ県の中でも、場所がどこなのか、村の名前や地域の名前を字幕で説明した方がよいと思います。

直井：ナレーションは必要だと思いますか？

観客7：字幕をもっと詳細につけると会話の内容がはっきりと伝わると思います。要約して表現しているのはわかりますが……。それと、できればデータなども、つけたら、もっと分かりやすくなると思います。

直井：わかりました。コメントをありがとうございました。今日は映画を観に来て頂き心から感謝致します。司会担当の方々も、大変ありがとうございました。

2―2．『いのちを紡ぐ』上映後の質疑応答二〇分（言語：日本語）

二〇一七年一二月二日（ひろしま国際センター）

司会者：『いのちを紡ぐ』は『アンナの道―私からあなたへ…』の続編として製作されましたが、HIV陽性者の映画を撮ろうと思ったのはどういう動機からですか。

直井：はじめまして。直井です。今は、大学でドキュメンタリー映画を作りながらタイにおけるHIVや難民をめぐる研究をしています。ある時は研究者として学会へ行って発表したり、あるときは映画監督として映画祭へ行ったり、色々な人たちと出会える仕事です。海外（の現場に行って）でのフィールド調査時間が長いので、アジアの色々な人たちと知り合いになれるので、とても面白い仕事です。この研究を、学術用語では、地域研究といいますが、この研究の面白さは、何よりも、異なる文化に触れることで、いままでの自分の先入観が崩れて、新しい世界の見方ができるようになるという点にあると私は思います。

映画制作のきっかけは、二〇〇〇年に今回の映画の主人公の方々と出会ったことです。その頃、テレビのドキュメンタリー番組制作の仕事で、タイ北部で、HIV陽性者の方たちを援助しているNGOの代表のある日本人の方の取材をしていました。その取材の過程で、今回の主人公のアンナとポムの家族に出会いました。彼らに会うまで、エイズという病気はとても悲劇的な病気というイメージを抱いていました。でも北タイで、大勢のHIV陽性者やエイズ患者の方々と出会うことによって、それまで抱いていたイメージが崩されました。

彼らはサッカーをしたり、冗談を行って笑ったり、明るく生きていました。HIVに感染したからといって、哀しみや苦悩にひたって生きてはいませんでした。生きるために、働いて、食べて、日常を丁寧に生きていました。日常生活を送り続けることは大変なことです。そんな彼らの生きる姿に出会って、とっても衝撃を受けました。

映画の中での主人公の方々の姿はとても元気そうに見えますが、エイズをすでに発症しています。人間の免疫力を表す目安の数字でCD4というものがありますが、主人公のアンナさんは撮影当時、一七しかない状態でした。彼女の旦那さんはポムといいます。彼も、映像の中ではとても元気そうに見えますが、エイズの発症値ギリギリの免疫体の数しかありません。人間の生命力というのは、とても不思議で科学では説明できないものだなあと取材中、ずっと感じていました。

司会者：CD4というのは、人間の免疫力を測る指標のことです。健康な人間はＣＤ４が七〇〇〇～一二〇〇くらいの間で上下します。ＣＤ４が二〇〇を切ると、エイズを発症します。ＨＩＶに感染してから、人によってまちまちですが、八年から一〇年ぐらい特に症状のない時期がありま す。その期間が経過した後、いろいろな病気や症状がでることによって、はじめてエイズと診断されます。

司会者：北タイのＨＩＶの現状と課題について教えてください。

直井：まず、調査地の概要です。調査地のあるパヤオ県は、タイ北部に位置します。チュン郡は県の中央に位置する人口約五万四〇〇〇人、感染者数約二二〇〇人と国内でもＨＩＶ感染率が高い地域です。チュン郡の感染率の高い要因として、所得格差、そしてそれに起因する移動労働があります。性産業に従事する女性や移動労働中に感染した労働者たちが、自分の感染に気づかずに帰省し、妻や夫、そして恋人に感染させてしまうケースが多いです。

パヤオ県の感染率の高い原因は、いろいろと考えられますが、やはり貧困と結びついています。今まで食べるためだけでしたら生活できていましたが、田舎にもいろいろな電気製品や自動車、バイクなどの製品が流れてきました。みんな借金をして買ってしまうのですね。そのため、両親の借金を返済するために売春をしている若い女性、都市に出稼ぎにいく男性が多いことなどがあげられます。都市や地方の貧富の格差、社会保障の未発達、観光産業の推進、これらが合わさって田舎の貧困問題が生じています。

それと、ベトナム戦争も一つの大きな原因となっていることを忘れてはならないと思います。ベトナム戦争時代にアメリカが東北タイに七つのベース基地を持つことにより、バンコクは、兵士たちの娯楽の場と化しました。ベトナム戦争後も、バンコクの観光地化は衰えることがなく、バンコクのセックスワーカーは一九八〇年までに五〇万～七〇万にも達したと言われています。

タイで最初にＨＩＶの感染が報告されたのは、一九八四年のことです。その後、ＨＩＶ感染は爆発的に拡大し、八〇年代後半には感染率が人口の一％を超えるまでになりました。そこで、一九八九年から、政府は、ＨＩＶ感染を抑えるためのイメージ戦略を盛んに行います。エイズの恐ろしさを強調した映像で危機感を煽ることを目的に制作された広告やテレビ番組などによる徹底的なキャンペーンを開始します。政府による対策は、ＨＩＶ陽性者のカウンセリングや家族のケア、エイズ自助グループ活動にも及びました。このような取り組みの結果、懸念されていた感染の爆発的増加を押さえることに成功し、発展途上国で最初のエイズ予防成功例とされました。一九九七年からは、エイズ予防対策国家五カ年計画が開始され、病院のケアセンターを中心に、ＨＩＶ陽性者とその家族、地域コミュニティ、村の行政機関や医療機関など、地域全体における活動が展開されました。感染率が高い地域四箇所がパイロット地域に選ばれましたが、本研究の調査地であるパヤオ県では、二つの病院が選ばれました。

アンナさんとポムさんの出会いの場である、チュン病院エイズデイケアセンターの「幸せの家」は一九九五年に設立されました。映画で観て頂いたように、地域におけるケアの活動が展開しつつあった自助グループ活動ですが、撮影終盤には、徐々に縮小されていきました。毎週センターで開かれていたミーティングは月に一度の薬の配給がメインになり、保健省のエイズにあてる予算が減少しはじめ、自助グループの活動範囲も縮小します。

しかし、同じ状況にあって、より持続的に活動を広げてきた事例がハクプサンというＨＩＶ陽性者同士の独立系自助グループでした。一九九九年にパヤオ県の北東部プサン郡で活動がはじまりました。二つのグループの大きな違いは、主に、資金の箇所です。資金集めなど、組織の運営などを、ＨＩＶ陽性者自身で行っているかどうか。さらに、日常における協働作業を可能にするための生活基盤があるかどうかという点でした。

司会者：ドキュメンタリー映画の場合は、その時に何が起きるかわからないと思いますが、どのように映画を作っていくのでしょうか。

直井：ドキュメンタリー制作においては、参与観察という手法をとっています。制作の際に、いつも心がけているのは、次の一〇項目です。

①　撮影対象者との関係性（ラポール）を構築する。
ドキュメンタリー映画制作は、主人公と制作者との協働作業です。対象者と自分、対象者とその周りの人たちの関係性を撮ります。

②　日常生活をともに過ごす。
日常を丁寧に撮ります。

③　変化（無常）を捉える。
雑念（感情）を払い、「今この瞬間」を見つめると、すべてのものは変化していることに気づきます。自分が見ているもの（視点をふくむ五感）の変化を把握する（観察力＝集中力＝洞察力）。これは、現代社会を捉える視点にもつながります。

④　固定観念を崩す。
あたりまえと思っていたことを疑うことです。

⑤　意見をおしつけない。
社会に対する怒りを発端とした感情的なメッセージ性より、作品を制作し作り上げる過程での気づきが重要です。
⑥　自分をみつめる。
自分の中の無意識にしている行動にきづくこと。これは、権力の監視にもつながります。
⑦　制作過程において自分の考えやテーマに固執しない。
絶対的なものは存在しないということ、つまり因縁に気づく作業（③と④にも関連）します。
⑧　自然を捉える。人間は自然の一部。
⑨　こころ（表情）を捉える。
⑩　人間とは何かを考える。

（中略：質疑応答）

司会者：最後に、HIV陽性者との交流を通して感じたこと、伝えたいことはありますか。

直井：今日は、エイズデー企画として、タイのHIV感染予防やHIVとともにどのように生きていくか理解を促すためのイベントでした。タイ北部におけるHIV陽性者のコミュニティの形成の事例から、私たち日本人が学ぶことは多いと思います。まずは、一人一人が地域で、人と人との関係性を築くことが、感染の予防にもつながっていくということをタイの事例から伝わればうれしく思います。今日は長い時間、ありがとうございました。

あとがき

本書は二〇一五年三月に京都大学大学院アジア・アフリカ地域研究研究科に受理された博士論文「北部タイにおけるＨＩＶをめぐる関係のダイナミクスの映像ドキュメンタリー制作――リアリティ表象における映画作成者の視点――」を加筆・修正したものです。

博士論文及び本書の執筆にあたり終始あたたかく懇切なるご指導を賜りました京都大学東南アジア地域研究研究所の速水洋子教授に心より深くお礼申し上げます。草稿に何度も目を通して頂き、映像作品にも数多くの建設的なコメントを頂きました。副主査を担当して頂いた本学の清水展名誉教授（関西大学政策創造学部特別任用教授）と西真如特定准教授にも、有益なコメントを頂きました。

本書の出版にあたっては、審査員の匿名の査読者三名の先生方と京都大学東南アジア地域研究研究所の出版委員会の先生方、また京都大学学術出版会の鈴木哲也氏からも多くの有益なご意見やコメントを頂きました。

そして、京都大学大学院後期課程入学以前から現在にわたりご指導とご支援を頂きました慶応義塾大学の田中茂範名誉教授に深く感謝いたします。また、アジアプレス・インターナショナル代表／早稲田大学教育学部教授、ジャーナリズム研究所所長の野中章弘氏、そして、吉田敏浩氏をはじめアジアプレス・インナーナショナルの皆さまにもご指導と励ましを頂きました。

京都大学大学院アジア・アフリカ地域研究研究科博士課程への進学は、筆者がバンコク在住中に、遠藤環氏（現・埼玉大学准教授）に「バンコク・タイ研究会」（現・バンコク・東南アジア研究会）や京都大学東南アジア研究所（現・東南アジア地域研究研究所）主催の「映像なんでも観る会」にお誘い頂き、映画上映後のディスカッションを通して京都大学の研究者の方々と出会い研究に対する熱い姿勢に刺激を受けたのがきっかけでした。一つの地域に足をつけて何十年もの月日をかけて地道に調査し続けることの大切さを改めて感じさせられました。

大学院では、とてもめぐまれた環境で地域研究を学ぶことができました。アジア・アフリカ地域研究研究科の先生方や院生の皆さんと接する中で、さまざまな視点から物事を観察・分析することの大切さを学びました。川瀬慈氏（現・国立民族学博物館・准教授）にもあたたかいサポートとご助言を頂きました。また、速水ゼミの皆さんには、ゼミを何度も開催して頂き、多くの建設的なコメントを頂いた他、日常のさまざまな局面においてもお世話になりました。二〇一一年度入学・編入学同期の皆さんにも、大変お世話になりました。四〇代前半、京都で再び青春の日々を送ることができました。

博士課程を終えてからは、東南アジア地域研究研究所に機関研究員（二〇一五年四月～二〇一七年三月）、連携研究員（二〇一七年四月～現在に至る）として所属しながら、本書の執筆を進めてきました。研究所では文理融合のさまざまな研究に触れることで、大学院とはまた違った新たな視点を得ることができ有意義な時間を過ごせました。研究所の先生方や研究員の皆さんをはじめ、職員および非常勤職員の方々には、大変お世話になりました。研究員室で向かい合わせの席に座る京都大学医学部医学研究科の竜野真維医師には医療用語の監修をして頂きました。同室の佐久間香子氏には本書に掲載用の地図を作成する際に、同じく同室の平松秀樹氏には、タイ語表記などの際にご協力頂きました。そして、ゲラ校正の際には設楽成実助教に大変お世話になりました。

二〇一九年の夏は、研究所と出版会を何度も往復し、編集者の鈴木氏から多くの御示唆を受けながら、校正を進めました。QRコードによる参照映像をはじめ、副タイトルの「共振」という言葉を考案してくださったのも、鈴木氏でした。厳しい残暑の中、辛抱強く伴走して頂きありがとうございました。

タイでのドキュメンタリー映画制作及び調査の際には、アンナとポムの家族をはじめチュン病院エイズデイケアセンターのメンバーの皆さん、ボンコット・プランスワン看護師、ケサラ・パンヤーウォン看護師をはじめとする病院関係者のスタッフの皆さん、そして、ハクプサンの皆さんやNGO関係者の皆さんに大変お世話になりました。特に、ラックスタイ財団の中薗久美子氏や谷口21世紀農場の故・谷口巳三郎氏と赤塚順・カニタご夫妻には、多大なるご支援とご指導を賜りました。映画のタイトル『アンナの道――私からあなたへ…』の副タイトルは、処女作『昨日 今日 そして明日へ…』（二〇〇五）に引き続き、二〇〇七年に開始したタイでの編集作業中に赤塚さんにつけて頂きました。私（アンナ）からあなた（観る人）へ、と同時に、私（制作者の私自身）からあなた（アンナ）へ、そして（観る人）へ、さらに、私（アンナ）からあなた（夫のポム、娘のジップ）

へ、という意味が込められています。『いのちを紡ぐ――北タイ・HIV陽性者の12年』も赤塚さんが名づけ親です。これも編集作業の過程でつけた頂いたものですが、作品完成前の編集作業の段階にタイトルを決めていくことで、新たな視点の生成へと繋がりました。その他、お二人には、映画制作をめぐってさまざまな相談に乗って頂きました。現地での赤塚ご夫妻のアドバイスなしには、作品は完成しませんでした。

タイにおける映像資料の収集の際には、バンコク在住の瀬戸正夫氏と高岡正信氏にご協力頂きました。そして、ワシントン州立大学大学院時代からの友人パッチャナ・マハパン氏には、公私共々、大変お世話になりました。タイ語の字幕翻訳作業は、シリポーン・ルンルアンタンヤ氏、高杉美和氏、吉村千恵氏に、英語の字幕翻訳作業は、キーラン・アレクサンダー氏に、そして映画のホームページ作成やチラシのデザイン等は、糸賀毅氏と盆子原明美氏にご協力を頂きました。また、地元の幼馴染たちや学生時代からの恩師や友人たちの存在も心の支えとなりました。

分野は違いますが、研究を続けながら大学教員として学生指導に打ち込む妹夫妻の存在には、いつも励まされました。何よりも、休日の甥とのひと時は、原稿執筆の合間のリラックスタイムとなりました。

そして、タイでのドキュメンタリー映画制作及び京都での研究生活を支え続けてくれた祖母と両親に感謝の気持ちを捧げます。はじめて手にしたビデオカメラは、祖母からのプレゼントでした。週末になると、自宅の書斎で大きな設計図を広げるエンジニアの父の背中と、音楽家の母が奏でるバイオリンの音色に日常の中で触れる中で、ドキュメンタリー映画制作という創る道に進んだ気がします。私自身、母の影響で、物心ついた時からピアノやバイオリンなど様々な楽器に触れてきましたが、中でもトランペットに最も魅了されました。指を介して弦と弓とを振動させて音を出す弦楽器と比べて、自らの肺の空気を楽器に吹き込み振動させて音を響かせる管楽器は、より身体が囚われやすかったのかもしれません。

楽器が放つ音の振動は、コンサート会場の設計や収容人数次第で変化し、重奏やオーケストラでは、他楽器の音色と響きあうことで新たな音色が生まれ、その音色は演奏者を統括する指揮者によって変化します。同一人物が同じ楽器を使っても、二度と同じ音色を響かせることはできません。この「一度きりの身体感覚経験」こそが、音楽の魅力の一つなのかもしれません。ステレオから流れる音を独りで聴くだけなく、私たちがわざわざコンサート会場に足を運ぶのは、その振動を自らの身体を通して音をよりリアルに感じるためなのかもしれません。会場での人とのつながりや出会いを求めて足を運ぶ人もいるでしょう。

映像も音楽同様、ビデオカメラを介して、撮る者と撮られる者、そして上映会場で映像と観客とが身体的に共振しあうことで創りあげられます。楽器は結局どれも長続きしませんでしたが、ビデオカメラという音と映像を同時に振動させる機材に魅了され続けて二〇年、なぜかその魅力は未だ褪せることがありません。

タイで感じる人と人や人と自然が調和し協調しあいながら奏でる振動は、ビデオカメラを介して私の五感にとても心地よく響き、「生きることとは何か」ということを、改めて考えさせてくれます。人を自然の一部として捉え、人間に限らず全ての「いのち」の「幸せ」を願うタイ人の協調性（譲り合いの心）から多くのことを学びました。しかし、自己再帰的手法により北タイのＨＩＶ陽性者をめぐる関係性を生き生きと描き出すには、これからも私自身が彼らと共振し続けていく必要があります。まだ私が気づいていないタイの様々な響きを少しでも多く感じとることができるよう、これからもタイでの映像と文章の往還を続けていければと思います。

最後に、筆者に「ドキュメンタリー映画とは、関係の変化を撮るために待ち続ける行為そのものですよ」と、足かけの聞き取り調査ではなく、フィールドに住み込みながら調査・撮影を長期にわたり根気強く継続するよう助言をくださった故・佐藤真監督のご冥福を祈りますとともに本書を捧げます。佐藤監督が生前残してくれた言葉を理解する試みをはじめてから、あっという間に一二年という月日が経ちました。未だ未消化部分が多々ありますが、それは、これからの課題にしたいと思います。

なお、二〇一四年の北タイでの調査は、科学研究費補助金・基盤研究（A）「東南アジアにおけるケアの社会基盤：〈つながり〉に基づく実践の動態に関する研究（研究代表者：速水洋子）」の助成費（研究協力者として参加）で可能となりました。また、本書の刊行には、学術振興会二〇一九年度科学研究費研究成果公開促進費（課題番号19HP5229）の出版助成金を頂きました。ここに深謝の意を表して謝辞と致します。

二〇一九年九月　直井里予　京都にて

事項索引

人名索引

著者略歴
直井里予（なおい　りよ）
京都大学東南アジア地域研究研究所連携研究員，早稲田大学ジャーナリズム研究所招聘研究員，龍谷大学非常勤講師他。
1970年生まれ，京都大学大学院アジア・アフリカ地域研究研究科博士後期課程修了，博士（地域研究）。

主な著書に，『アンナの道——HIVとともにタイに生きる』（岩波書店，2010年），分担執筆に『東南アジアにおけるケアの潜在力——生のつながりの実践』（速水洋子編，京都大学学術出版会，2019年），『越境する平和学——アジアにおける共生と和解』（金敬黙編著，法律文化社，2019年）など。
ドキュメンタリー映画作品に，『昨日　今日　そして明日へ…』（2005年，山形国際ドキュメンタリー映画祭アジア千波万波正式招待作品），『アンナの道——私からあなたへ…』（2009年，釜山国際映画祭正式招待作品），『OUR LIFE——僕らの難民キャンプの日々』（2010年，UNHCR難民映画祭正式招待作品）など。
作品公式サイト http://www.riporipo.com/

病縁の映像地域研究
——タイ北部のHIV陽性者をめぐる共振のドキュメンタリー
（地域研究叢書38）

2019年11月20日　初版第一刷発行

著者　直井里予
発行人　末原達郎
発行所　京都大学学術出版会
京都市左京区吉田近衛町69番地
京都大学吉田南構内（〒606-8315）
電話（075）761-6182
FAX（075）761-6190
Home page http://www.kyoto-up.or.jp
振替 01000-8-64677

ISBN 978-4-8140-0241-2
Printed in Japan
印刷・製本　亜細亜印刷株式会社
定価はカバーに表示してあります